琉球弧の島嶼集落における保健福祉と地域再生

田畑洋一 編著

南方新社

はしがき

鹿児島県と沖縄県に連なる島々のかたちを琉球弧という。本書はそうした島々、特に鹿児島県の奄美諸島と南の沖縄県の八重山諸島に位置する島嶼集落の保健福祉と地域づくりについてまとめたものである。これらの島々は、離島ゆえに、保健福祉サービスの利用に制約があるという点では共通性があるが、過疎高齢化については、奄美での進行が著しく、集落機能の低下がみられるのに対して、八重山諸島の石垣市・竹富町は観光産業等の進出により高齢化はそれほど進行していない。しかし、両地域とも集落を「シマ」と呼び、郷友会があり、集落により濃淡はあるものの、「結」の相互扶助の伝統・支え合い支援の地域文化あるいはその精神が残っている。だが、近年の人口流出、高齢化、単身世帯の増加等により、地縁を活かした関係性が希薄になりつつある。そこで、本書では福祉文化的な地域づくりを目途として、島嶼集落の伝統的な互助慣習の社会文化的意義を掘り起こし、保健・福祉基盤を把握すると同時に、生活慣習だけではなく社会的・心理的因子にも注目し、生きがい感に及ぼす社会関連性の影響、安全・安心の確保と維持のための地域支え合い活動等を取り上げることにした。

元来、地域での福祉サービスや住民ネットワークというものは、自然発生的に形成されているのではなく、地域力の構成要素としての仕掛けや仕組みづくりがあって形成され維持できうるものである。本書では、安全・安心な地域づくりを実現するため、そこに住む人間同士の関係性と営みに着目し、地域力の源泉を地域文化に求めている。地域づくりは福祉の地域づくりに他ならないが、それは公的環境基盤整備とともに、日々の暮らしが豊かに築けるようなコミュニティーづくりやネットワークづくりを進めることである。そのためには、地域振興・島おこし活動等と医療・福祉等の生活基盤サービスや住民の生活状況の関係性を把握し、地域文化的特性が住民の福祉システムの形成や住民生活に与える影響がどのようなものかを検討する必要がある。
こうした調査の試みは、島嶼集落の定住人口を維持・増加させ、島嶼部の地域力・福祉力の持続的発展を考える上で有用となる。この観点から、私どもは長い間、島嶼集落の保健福祉の調査研究を行ってきた。そのなかで、島嶼地域の不利性を有利性に転換し、地域文化である「絆」を再構築し、安全・安心な地域づくりの取り組み、まさに福祉文化的な地域づくりをしている町村もみられた。過疎高齢化の問題を抱え、地域消滅の危機さえ叫ばれているなかにあって、本書が福祉文化的な地域づくりの先進事例を紹介する意味は小さくないと思われる。

グローバル化が急速に進行している今、恐れずに言えば、本書により特定地域を舞台に織りなす自然と人間界の動態を複合的にとらえることができる。この点は、私どものこれまでの調査研究でも明らかになっている。本書の各執筆者により、各集落の共通性と差異、または基本に流れる郷土愛の精神と文化については描くことができたと自負している。いうまでもなく、島嶼地域に限らず、すべての地域が歴史と文化の深みを有していることを考えれば、そこに住む人々への根源的な理解と、相互理解に基づく友好な関係をつくる取り組みの必要性が増してくる。ましてや、グローバル化により文化の多様性や地域性が失われる観のある現在、多様な人間同士の関係性と営みに着目し、地域文化に裏打ちされた地域づくりが必要なのである。換言すれば、地域力の現代的発展によって人間関係の基礎条件の保持を図る必要がある。本書がそのための一助になれれば幸いである。

本書は島嶼地域の福祉文化的な地域づくりを目指した共同研究の一環であるが、島嶼地域の社会的経済構造の分析に十分な時間を割くことができなかった。その結果、島嶼地域に内在する問題性を踏まえた政策提案がラフ・スケッチになり、総合的な観点からの論及が今一つできなかった。この点については今後の研究課題としたい。

◇本書は左記の調査を基本にしている。
・日本学術振興会科学研究費補助金基盤研究（B）「離島の離島における高齢者の自立生活と地域の役割に関す

る研究」（二〇〇三年度、研究代表：田畑洋一、二〇〇四年度 - 二〇〇五年度、研究代表：小窪輝吉、課題番号一五三三〇一三〇）

・日本学術振興会科学研究費補助金基盤研究（B）「琉球弧における地域文化の再考と地域再生プランおよび実践モデル化に関する研究」（二〇一一年度 - 二〇一三年度、研究代表：田畑洋一、課題番号二三三三〇一九〇）

・日本学術振興会科学研究費補助金基盤研究（B）「琉球弧型互助形成にみる島嶼防災と地域再生実践モデルの開発評価に関する研究」（二〇一四年度 - 二〇一六年度、研究代表：田畑洋一、課題番号二六二八五一四二）

これらの調査の実施に当たっては、鹿児島県大島支庁、奄美市、瀬戸内町、大和村、瀬戸内町社会福祉協議会、沖縄県宮古市、石垣市・竹富町、那覇市社会福祉協議会、石垣市社会福祉協議会、竹富町社会福祉協議会、各自治体の民生委員協議会、奄美郷土研究会、特別養護老人ホーム加計呂麻園など、多くの機関・団体、集落の区長・民生委員・住民の皆様のご理解とご協力を得ることができた。この場を借りて、これら調査に関わってくださったすべての方々に心から敬意と感謝の意を表したい。

最後になったが、本書出版の意義にご賛同いただき、本書の刊行を快くお引き受けいただいた南方新社の向原祥隆社長に深く感謝申し上げたい。

二〇一六年八月三〇日

編著者　田畑洋一

琉球弧の島嶼集落における保健福祉と地域再生――目次

琉球弧の島嶼集落における保健福祉と地域再生

装丁　大内喜来

第Ⅰ章　島嶼集落における伝統的互助慣行と生活立地

はじめに

東日本大震災が発生した時、そこには自分のことより他人のために動き回る被災地の人の姿があった。この粘り強い絆を目の当たりにし、多くの人々が「この地域で助け合っていけそうだ」と感じたに違いない。このことは「人を思う気持ちにより人は救われている」ということ、すなわち人間が社会的な生き物であるということを示し、その上で、私たち人間が他者の支援なしには生きていくことはできないということをも教えてくれる。同時に、現代社会に時代を超えた互助精神がいまだ残っている、すなわち互助行為が普遍的であるということを想起させる。

本研究の研究対象となっている島嶼集落には、伝統的な地域文化が息づいているが、なかでも地域社会における相互扶助としての互助行為は、一定の地域や集団における恒常的な生活過程のなかで、一定の生活目的のために特定の機会に行われるという特殊性をもっている慣行でもあった。そこで、本章では島嶼集落の地域文化を福祉資源という視点でとらえる手がかりとして、「伝統的互助慣行」を分析することを試みる。

ところで、互助慣行に関わる先行研究は、恩田の指摘にもあるように各地の事例紹介にとどまることが多く、また現代社会との関連についても非連続性に力点が置かれがちである（恩田二〇〇六：一二）。そこで、本章では互助慣行を現代社会との連続性に焦点をあてつつ現代社会の問題として検討した恩田による互助社会論を参考にしながら、相互扶助について、整理し確認していくこととしたい。

一、互助の定義

1．相互扶助とは何か

ミクロ社会学では社会の要素を社会的行為ととらえているが、それは他者に対して働きかけ、かつ他者を必要とする行為とされている。このような社会的行為を通し、さまざまな社会の単位が構成されている。いうまでもなく社会的行為の基本となる単位は家族であるが、家族は自己と他者の協力関係の行為すなわち互助行為を本質的な行為としてもっており、この互助行為こそが相互扶助であるといえる。そして行為の根底には、自利的もしくは利他的な感情ではなく、他者に対する共感という感情が存在している。このようにして、相互扶助としての互助行為は家族から生まれ、その後、生活圏の拡大と共に家族以外の社会集団や地域社会に広がっていった。

前述したように互助行為は他者に対して働きかける社会的行為であるが、それは段階を経てその質的機能を変化させてもいる。最初の段階としては単純に単独では為しえないことを他者と共に行う共同行為、次の段階としてはそれぞれの役割を明確化し、他者と協力の上行う協同行為、そして、最終的には責任を自覚し成果を共有する協働行為となっていった（恩田二〇〇六：一三）。

2．互助行為の分類

相互扶助とは自己と他者の協力関係の行為すなわち互助行為をさすが、厳密には双方向の行為と一方向の行為に分けられる（図1-1）。前者は自己が他者からの協力を受け、それに対して他者に協力する双方向の互助行為である。一方、後者は自己が他者からの協力を受けるだけ、もしくは他者に協力するという一方向の片助行為である。ここでは、これら両者の行為を最広義の互助行為として、さらに前者を広義の互助行為、後者を広義の片助行為として、主に農村社会の枠組みのなかでその形態をみていく。

まず、双方向の行為としての前者についてであるが、これは互酬的行為と再分配的行為に分類される。互酬的行為とは、行為者が特定の相手との互酬的な関係にあり、主体と客体が双方で入れ替わるものである。そして、再分配的行為とは行為者間で資源の配分を公平に行い、その成果を成員間で再分配するというような主体と客体が特定行為者関係に限定されないものである。これらは労働だけではなく生活全体の互助行為であるが、一般的に前者はユイと呼ばれ農作業や屋根の葺き替えなどの交換労働、後者はモヤイと呼ばれ道普請や共有地を維持管理する協同労働とされている。また、両者はともにヨコの社会関係に基づく行為でありながら、ユイにおいては見返りが明確に期待され、他方モヤイでは分配という形態で見返りが行われるという差異がある（恩田二〇〇六：八）。

次に一方向の行為である片助行為であるが、これは一般的にテツダイと称され、手伝いをしてくれた相手への報酬を

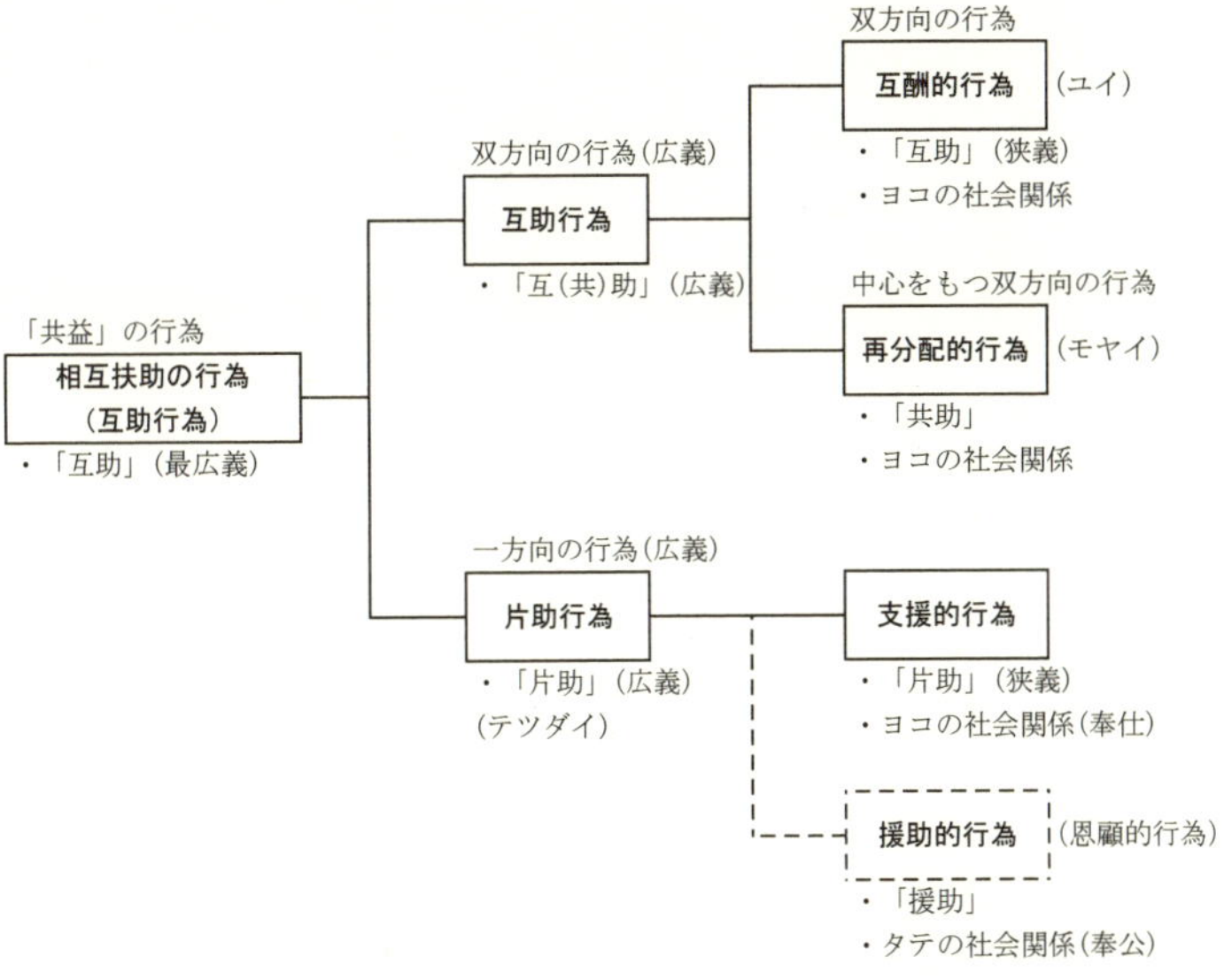

図1-1　互助行為の分類
出所：恩田守雄『互助社会論　ユイ、モヤイ、テツダイの民俗学』（2006,8頁）

強要されない、すなわち片方に依存した行為である。この片助は共同体が前提としている成員間の対等なヨコの社会関係に基づく支援的行為と社会的弱者が地位や財産のある者から保護を受けるというように行為者間に力の格差が存在するタテの関係に基づく援助的行為に分類される。特に支援的行為はヨコの社会関係を反映した互助行為でありながら、相手からの直接的に要請されることのない自発的な行為である（恩田二〇〇六：九）。例えば冠婚葬祭のときに多く見られ、災害など突発的な困難に際して手助けする行為も含んでいる。

3．互助社会の基礎理論

人が一人では生きていけないところに社会が成立し、そのなかで相互に行為を交換しながら生活していることからも分かるように、社会学における行為理論は、人間の行為を他者との交換過程としてとらえている。行為の誘因は相手との交換対象であり、その見返りは報酬として得られる愛情や感情、地位や役割である。つまり人は自己の欲求と相手から得られる報酬の総量を比較判断して行為しているのである。また、この交換行為は主体と客体が交互に入れ替わる相互行為でもある。言うまでもなく、互助行為における双方向の対象的な行為と一方向の非対称的な行為ではその特性が異なる。例えば、行為者が双方で行為を交換する互酬的行為（ユイ）が労力交換で、そこでは同量同質の対等交換が前提となる。そのため交換する行為が不均衡なときはモノで御礼をしたり、飲食でもてなすなどしてそのバランスを取ろうとする。このような対称的な行為と異なる一方向の非対称性の支援的行為（テツダイ）では、相手から労働力やモノの提供を返礼として受けることもあるが、多くは感謝の念を受けるだけの交換行為である。これらに対して再分配的行為（モヤイ）は、労働力やモノなどを集約する各行為が一カ所に集中し、集約された行為の結果は仲間内で再分配されるという特徴をもつ。

二、互助の概念

恩田は、日本には、相互扶助に関することばは多く存在するが、互助慣行についての記録は少ないと述べ、それは地域社会の中でごく普通に行われてきたことだけに、それらの慣行をあえて記録する必要がなかったためであろうと述べる。そして恩田は、互助慣行に関することばから、その実態を把握する方法をとっているが、その中でも特に重要な手がかりとして、ユイ、モヤイ、テツダイなどをあげている（恩田二〇〇六：三四）。

以下では、恩田の記述を基とし、これらの概念をまとめる。

1. ユイ

ユイの語源は、「結」であり、この意味は、ヒトであれ、モノであれ、「結び付ける行為」「結合」であると解される。また、「ユイ」は一定の目的を持った組織、強い団結力を示す言葉として広く使われてきたようである。社会学では「友情者の結合」を社会関係の基本とするが、ヒトとヒトが結びつき、一定の目的を達成するときに使われてきた言葉がユイであり、やがてそれは、組織された集団の労力結集の意味に限定されるようになった（恩田二〇〇六：四〇）。

しかしそこには単に労働力を一つにする経済的な意味だけではなく、ヒトとヒトとの関係をつくる社会的な意味（社会結合）が含まれている。恩田は、「元結」や「結納」を例にとり、結納の儀式について、それは男性と女性の両家を結び付け、新しく親戚関係となる社会的行為であるが、そこには嫁を出すことによる労力不足と嫁をもらうことによる労力増加があると説明してる（恩田二〇〇六：四〇）。ムコがある期間、ヨメの家に入って働き、やがてヨメを連れて帰る習慣では、ムコをもらった女性はムコの家と実家を往復して手伝いをする。このようにヨメとムコの両実家で双方向の労力交換があり、労力不足を補う互酬的な関係があったわけである。

このように社会結合としてのユイは労力結合の意味をもつが、それはもっぱら姻族を含む親戚関係の労力提供が中心であったといわれる。また手伝いをしてもらった相手には手間返しとしてお返しがされてきたが、恩田は、この手助けのユイには貸し借りの相殺（互酬性）の意味が含まれているとする（恩田二〇〇六：四一）。つまり、ユイの最も原始的な意味が結合にあり、それがヒトとヒトとを結びつける社会結合から労力結合へ、特に労力交換に代わってきたと解される。

さらに恩田は、ユイの最広義、広義、狭義の意味を以下のように述べている（恩田二〇〇六：四一‐四二）。最広義の結合としてのユイは共同生活圏をさし、生活共同体あるいは生活協同組織としてとらえることができる。広義には「互酬的行為」としてユイは社会結合の意味をもつ。「互酬的行為」は市場的な交換行為とは異なる。この広義の意味はその社会的視点からとらえたもので、経済的視点からみた狭義のユイは労力交換としての経済結合を意味する。交換行為に力点を置けば労力（労働）交換であるが、労働それ自体に着目すると交換労働になる。人間が生活する限り、相互扶助の交換行為があったといえる。

2. モヤイ

八戸藩では金銭の互助組織といえる舫（モヤイ）制度がある。モヤイとは船と船とをつなぎ合わせることであり、船を二隻以上連結し波浪に負けない強力なものにする。このことから恩田は、モヤイは単独ではできないことを協力して する協働の意味に転じたものであろうと述べる（恩田二〇〇六：四二）。また『広辞苑』によれば、催合《もやい》は二人以上の者が一緒に仕事をすること、共同、おもやい、の意味をもち、モヤイは合同（共同）や共有を意味として、共同で働いた（協働）成果を原則として仲間で平等に分配する行為を示している。

沖縄におけるモヤイについて、恩田は、沖縄では、模合の漢字がよく使われるが、それはモアイの当て字で慣用されてきた。これは仲間内で金銭を集めて順番に取り合う小口の互助金融であるとする。もともと互助行為の交換対象はヒト（労力提供）やモノ（現物支給）であった。やがて貨幣経済の浸透によってカネがもっぱらモヤイの対象となったが、その一方で「家摸合」や「茅摸合」として共同で茅を持ち寄る摸合が、また墓を造るのに労力提供するモヤイもあった。

恩田は、このようなモヤイの使われ方について、沖縄では初めは必ずしもカネの互助行為を意味したのではなく、貨幣経済の浸透によって交換や価値表示、貯蔵の各機能が高く汎用性があるカネのモヤイが多くなり、やがてモヤイ（摸合）と言えばカネによる互助金融に限定されてきた歴史があるとする。そして小口金融としてのモヤイ（摸合）は他の地域に比べ、沖縄独特の使い方が現在もされている。しかしそれは経済的な目的に加えてメンバー間の交流や親睦を深める社会結合の意味合いも強く、豊かな生活が浸透するにつれてますます後者の意味が強くなっている。この点は、ユイ言葉の結合特性に近似するように思うと述べている（恩田二〇〇六：四三）。

またモヤイは、共に仕事をする、モノを共有する、相互に連携する意味をもっており、モヤイは持ち寄ったものをメンバー間で分け合うところに特徴がある。ユイが自然発生的な行為の性格が強いのに対して、モヤイは集めたモノを再分配するという点で意図をもった人為的な性格が強いといえると述べる。そしてユイは労力交換を通した双方向の協同性（隣保相助）に、モヤイは協同労働の結果得られた成果物の共有と分配（隣保共助）に両者の違いを認めることができる。また「ユイをモヤってする」という使われ方もあるため、もともと両者が共同生活を意味しているとみるのが妥当であり、ユイもモヤイも共同で作業をするが、モヤイの方が共産的内容が濃厚で、ユイは逆に私経済間の相互利益が中心であるという考えもある（恩田二〇〇六：四五）。

3. テツダイ

テツダイは、地方によってさまざまな呼び方があるが、いずれも共通するのは、相手からの見返り（反対給付）を前提にした行為ではなく、一方向（片務）の無償行為ということである。

恩田は、テツダイとユイの違いについて、テツダイはユイに比較し、扶助や助力の意味として相互的な意味に欠けるとし、次のように述べる。テツダイは双方向（双務）性ではなく、何よりも相手からの見返りを期待しない片頼みの行為であり、テツダイを受けた側からは、その返礼行為は道義的に感じてもそれを強要されない点でユイのような互酬性はなく、また必要に応じて与えるという点でともに分かち合うモヤイのような厳密な分配性はない（恩田二〇〇六：四六）。

なお、テツダイの類義語として、「手」のつく言葉がいくつかあり、中国地方では手伝いをすることをテゴというところが多い（恩田二〇〇六：四七）。これは相手からの見返りを期待することなく、手を出すこと、手を合わせること、すなわち支援することがテツダイである。

また手の間と書く「手間」とは、「或る事のために費やす時間。またその間の労力」を意味する（『広辞苑』）。恩田は、この点について、これは手と手の間をつなぐ、結ぶという点でユイに近い言葉であるが、相手に手を差し伸べるテツダイであると述べる（恩田二〇〇六：四七）。そして農作業はもともと家族労働のウチデマ（内手間）が基本であったが、田植えの水路を共同で利用するとき他家との協力なしにはできなかった。家族による手間だけでは間に合わないところで共同労働の慣行が生まれた。近畿以西では手間がつく言葉が用いられ、手間の交換（テマガエ）がユイであった。しかし恩田は、これは先にあげたユイとは異なる語系とされるとし、相手から見返りを期待しない一方向の行為であるテツダイが特に返礼による交換関係を強調するとき、貸し借りの言葉として手間が使われてきたと述べる。

つまり、本来の手伝いの行為特性は一方向の行為として相手に返礼を求めない点にあるが、テゴを受けてもテマガエをしないと、村民から義理を知らぬとかジンギを欠くと言われ非難されたことに関連する。テゴの行為が善意から見返りを求めないのは火事など不慮の事故にあった時であるとし、家が焼けた時には、小屋がけが済むまで手伝いが行われた。以上述べたように「手を差し伸べる」のは、本来「片助」として相手の自助を促す支援のためでもある（恩田二〇〇六：四八）。

以上、ユイ、モヤイ、テツダイについて、恩田の見解をまとめた。ユイ、モヤイ、テツダイの共通点は、共同生活を営むという点であり、それぞれ広義の意味と考えられる。しかし、その使われ方などから、広義、狭義の意味は異なる点もある。

ユイは、広義では、互酬行為としての社会結合の意味をもち、狭義では、労力結合（労働交換、労力交換）の意味をもち、モヤイは、広義では、再分配行為としての平等分配の意味をもち、狭義では、協働（共同労働）の意味をもつ。

ユイとモヤイの語源をみると、ユイは、役割分担を明確にして共同仕事を双方向でする「協働の互酬制」があり、それは自然集団的結合であり、隣保相助の意味が強い。モヤイの語源は、舫、催合などあり、舫は、船を連結しあって波浪に負けないものにする、催合は、寄り合って共同で仕事をすることの意味がある。モヤイは、集約された共同労働で得られた成果を分配する「協働の分配性」があり、機能集団的結合、隣保共助の意味が強い。

テツダイは、広義では、片助（支援、援助的行為）の意味をもち、狭義では、奉仕としての手伝い（無償労働）を意味する。

三、奄美と沖縄八重山における伝統的互助慣行

1．奄美における伝統的相互扶助

奄美では、部落のことを「シマ」「ムラ」ともいい、一つの締り（掟）を共にする自治体として存在していた。そして、部落における自治による日常的な共同作業を「ムラシグト」といい、その内容は道普請である「ンミチサレ」、ハブ狩りである「ハブガリ」、防火活動としての「ゥマチガナシ」、遭難船の救難活動の「フナコブレ」、山火事の際の消火活動の「エーノアブラシ」等であった。

共助のための作業は「ユイ（結い）」といわれ、伝統的相互扶助ととらえられていた。まず、「ウブシ」と「タンミ」であるが、ウブシとは「家普請」、タンミとは「頼み」つまり、家を建てるための労働力（人手の手伝い）を頼むとい

う習俗を意味している。戦前は補助者の大部分はタンミによる人手で賄われていた。次に「ケンゼ」であるが、これは「献菜」を意味し、ウブシ（家普請）を催す家でタンミで手伝ってくれる人に対して準備される食事に必要な野菜類の寄贈を指した。ウブシ（家普請）を催す家ではタンミで手伝ってくれる人に出す食料を前もって備蓄しておくが、野菜については貯蔵ができないため、その調達が困難だった事情があった。そして、タンミの場合と異なり、労働力の提供の依頼はないが、その家の多忙な状態を見かねて、自発的に駆けつけ作業を手伝うという「カセ」（「加勢」が訛ったもの）。主に製糖時季の終盤、作業の進んでいない親戚や恩義のある家などにカセに行くものであり、現在でも行われている。カセはタンミとは異なり自分から手伝いに行くため、カセに行く者は、自分の食事ばかりでなく、カセを受ける家の分までの食事を持参することがあるという。さらに、狭義の意味のユイをさす「ユイワク」。これは労働力の貸し借り関係で共同作業を行うもので、その季節の期間内で返賦を終わらせるというものである。その家の家族だけで数日掛かって行うより、大勢で一挙に行った方が効率的に終了させられる作業をユイワクで行うというもの。その代表的なものが田植えで現在でも続いている。最後に「コウ」であるが、これは「講」を意味し、利子のつかない金を借りることができる、相互金融組織のようなものであった。そのため講は長患いをしたり、不慮の災害を被ったり、家普請など、多額の費用が必要となった時に組織され、加入者は講を頼む者（「親」）を救う意味で加入していた。

奄美には分け前を表す「タマス」という言葉があるが、これが再分配行為としてのモヤイに類する行為を指している。例えば猪狩りで射止めた者以外が鉄砲の音を聞き、山に駆け付けただけで、獲物の分け前をもらうことができた。また、猪を食べるときには皆で食べ、その席には誰でも参加してよいことになっていたという。このモヤイからは、島で獲れる獲物は島民皆の共有物であるという考えがあったことが分かる。このように奄美においてはさまざまな互助行為が共同生活を支えていた。

2. 八重山における伝統的相互扶助

八重山でも各地域を奄美同様「シマ」とか「ムラ」と呼び、規制を共有する自治体として存在していた。そして各地域ではそれに則って、相互扶助・共同労働が行われていた。ここでは、石垣島と竹富島を取り上げ、その互助社会について見ていくこととする。

①石垣島の互助社会

親戚、友人、近隣で農繁期や家造り等の際、互いに等量の労力を交換し合い助け合うことをユイ（あるいはユイマーリィ：「結い回る」）という。このユイの語源に関しては、「結」という漢字が当てられることが多いが、「寄り」と解される場合もある。このユイという労働交換の慣行は、かなり古い時代から行われてきた。地域では、さらに百姓五人ずつで「ゑい組」（ユイ組）を作って耕作に従事するようになっており、同時に地域全体では農事に関する話し合いや租税の納付に関する連帯責任などを通し、助け合うようになっていた。このように八重山のユイ慣行は、耕作上の相互扶助、連帯責任を義務づけられたものとみられるが、その範囲は家屋建築にまで及んでいた。このようにしてユイを通し各家の仕事を効率的に片付けられ、同時に親しい者同士の心の結びつきが強化されたのである。

石垣島ではモヤイ（模合）はムヤイまたはムエイと言うことが多い。その意味は共に金や物を持って寄り合うことであった。こうしたモノ中心の互助行為は沖縄本島よりも長く続いていた。八重山には物品モヤイとして、「籾（俵）模合」「コウ模合」「畳模合」「ブー模合」があった。

「籾（俵）模合」とは稲の収穫期に籾百斤詰俵を出し合うもので、明治三十年代末頃から年に二回ほど行われた。抽選で順番に貸与し合った。「コウ模合」は沖縄本島の「龕（ガン）模合」に当たり、葬式の諸費用を捻出するために開催された。コウは線香の香や講とも解釈されるが、棺をいれて墓まで運ぶのに使われた本島の「龕（ガン）」（八重山ではガンダラコウ）を意味する。「コウ模合」のメンバー（ムエイニンジュ）に不幸があると寄り合って手分けをして、造花や銘旗、棺桶作り、墓の清掃などを行った。「コウ模合」は地域社会内の不幸や悲しみを分かち合い、助け合う物心両面で最も古い互助慣行とされている。その他、畳の新調を目的とした「畳模合」や八重山上布の横糸となる芋麻(ブー)を紡いで、その作業に集まった家のなかで順にもらう「ブー模合」などがあった。石垣島のモヤイも、仲間が寄り合うことで参加メンバー間のコミュニケーションを深める場となっていた。

また金銭モヤイとしては、年一回または二、三回開催される大口の「年模合」が、農家に現金が入る米の収穫期や製糖期に、家の建築や屋敷の購入資金を目的に開催された。ただし、このモヤイには「金銭モヤイ」のような競争入札やくじ引きによる落札ではなく、模合の中での話し合いでお互いに譲り合いながら受け取りが決まった。このように初期のモヤイ(模合)は、生活のための互助精神に基づく「共済型モヤイ」が多かった。月一回集まる「月模合」は最も一般的な模合で、主に商業資金を作ることが目的で、その他、家の新築や修理、結婚式、法事などの資金、田畑を購入するために開催された。現在一般的に行われている「月模合」は、その目的が自由で、模合を形成する人々の間での親睦により力点が置かれている。

ユイに似たものとしてバフというものがある。バフは人を雇い入れて仕事をすることで、家の建築や開墾など共同労役を必要とする時になされた慣行である。労力提供者が各自食事を持参するユイに対し、バフでは労力の返済を行わず、手伝いを受けた者が雇い入れた人(バフ人)に三度の食事を提供することが労働の代償となっていた。これは互助行為の分類ではテツダイに当たる。特に建築用の材木を伐り出しのための山バフは農閑期を利用して行われる重労働の一つで、相当の労働力を必要とした。そのため労力提供を依頼した家主は、労力を提供してくれた人とお見舞い品などを記帳して後日の返礼に備えた。

②竹富島の互助社会

竹富島は強い自治をもつ島として知られている。竹富島では「村モヤイ」といわれる毎月の例会でゴミの問題などについて話し合いがなされ、道路の清掃は門の前の家が掃除をするという取り決めなどがあり、その実施が義務付けられてきた。さらに各集落の代表者三人に加えて、老人クラブや婦人会、郵便局長、小学校長、町議会議員からなる公民館の組織体があり、ここで島全体のことを決定してきた。例えば、島の土地についてもその所有権を私有地（公民館有地）化することで、土地の処分が地域住民（島）でできるようにしてきた。これは、土地が島外の人手に渡らないようにし、行政や民間主導の土地開発に歯止めをかけるための共有地（コモンズ）保存の「生活の知恵」といえる。

以上のような共生自治の下で、互助慣行が強く残ってきた。ユイは播種や除草、収穫、整理、開墾などの農作業、大工や石工などの技術を相互に提供し合う形で行われた。家造りや墓造り、屋根の修繕や増築、井戸掘り、船造りなど労力提供を受けた側では食事を出し、その返礼は三〇～四〇年に及び、世代を超えて続いていた。また家造りなどは数年前から準備するが、その手伝いとして「『バフ』をお願いする」場合は、労力提供をした者は昼食や夕食を食べて帰っていく。このようにテツダイとしてのバフは大量の労働力を必要とするときに行われたが、自分が「『バフ』をお願いされる」際に事実上お返しをしたため、ユイのような返礼はなかった。

以上の手伝いに対して、「公務型モヤイ」という村作業が行われていた。これは一八歳から六九歳までの老若男女で働くことができる者が参加した。そして、これらに参加しない場合は過怠金が科せられた。「金銭モヤイ」としては、大正末期から昭和初期に改良便所などをモヤイ（模合）で造ることがあった。しかし、竹富島は自給自足の地域であったため、地域社会でモヤイ（模合）の必要性は低く、あまり発達しなかった。他方、年二〇回ある祭祀行事の方が、島民の親睦と団結力を高める大きな機会となった（恩田二〇〇六：三四〇）。

四、互助組織の変容

1. 互助組織の特性

互助行為が行われるためには、適切な活動単位を必要とするが、社会学の領域では、特定の目標を達成するために個人や専門分化した集団の活動を動員し調整するシステムを組織と定義している。一般に組織は目標の達成と成員の欲求充足を機能的要件としているが、そのために参加の協働意欲を引き出し成員間のコミュニケーションを促進することが求められる。相互扶助の行為を通して成員間の生活を支えるという明確な目的をもっており、血縁と地縁を基にした村落集団によって支えられ、濃密な社会関係が蓄積された共同体を生み出してきた。前近代社会の互助組織は血縁や準血縁関係に基づくという特徴をもっていたが、その後は、居住地域における近隣関係という生活圏の共有すなわち地縁関係による集団を基に拡大していった。このように互助組織は血縁集団や生活圏域に基づく地縁集団を基に発生してきた。そして、都市が村落から派生してきたとするならば、村落社会に互助組織の原型をみることができるのは明白で、そう考えると互助組織は実質的に村民の合意に基づいた自治を基盤にしているといえる（恩田二〇〇六：一五五）。

かつて村落における共同生活圏は為政者の末端行政事務の分掌とは異なるムラ社会独自の自治機構をもっていた。その一つが共同生活の協議機関としての近世初期以来受け継がれてきた寄合であった（近代以降は地方によって区会、部落総会などの名称で呼ばれてきた）。寄合へは世帯の代表者が参加し、それは村民の義務であった。そこでは地域社会の自治活動を進めるうえで各戸の役割分担を決め、さまざまな伝達、道路保全など共同生活全般にわたる意思決定がなされてきた。特に意思決定の過程においては、「多数決の原理」ではなく、全員が納得する「共同体的一致」といえる意思決定の方式が採用されていた（恩田二〇〇六：一五五）。このように寄合という場は全員一致の寄合合意を適切に進めながら共同意識や一体感を醸成し、顔が見える社会的交流の場として機能した。こうしてムラ独自の寄合合意に基づく共生自治の中から互助行為が多く生まれてきた。しかし、その後の近代化と共に個人の自発的意思が尊重されるようになり、意思決定においては、反対者の存在を認めながら、新しいルールを作り理解させるというコミュニティー的意思決定が求められるようになっていった。

広義における互助組織には、為政者が統治のために互助組織を強制した近世の「五人組」や戦時中の「隣組」のような「強制的互助組織」や、村民自身が生活防衛のためにつくった自生的な「共生的互助組織」などさまざまな組織がある。

そして、官による「公益」と地域住民の「共益」は必ずしも一致しなかったため、当然、強制的互助組織と共生的互助組織の単位は一致しなかった(恩田二〇〇六：一五八)。しかし、現代社会における自治会は一見互助組織とは異なるが、地区住民の親睦、相互扶助による社会福祉の推進などをその目的とし、地域住民を統制する行政の基本的構成要素として強制的な互助組織の機能を担うことが少なくない。また、自治会のなかには、強制力が強くなればなるほど、その自生力が強くなり結束力が高まるものもあり、強制的互助組織と共生的互助組織の機能を重複してもつ自治会も存在するようになってきたのである。

2. 互助組織の将来像

こうしてみると現在の自治会は、「強制的互助組織」と「共生的互助組織」、すなわち「公」と「共」の中間に位置し、ある意味不安定な組織といえる。地域社会のなかには、「自治の精神」に欠ける自治会への不満などから、ＮＰＯ（Non - Profit Organization：特定非営利活動法人）のような新しい市民組織が誕生しているところもある。しかし、ＮＰＯのような市民団体が生まれる過程で、従来の自治会以外にも自治的な互助機能をもつ組織が発生し、その加入を強制されるのではなく、地域住民が自由に選択できる仕組みが必要ではないだろうか。かつて互助行為が自生的な組織を必要とするのは地域の共同的行為が行政の公的行為や個人の私的行為と対立する場合であり、自生的な互助組織は「共」領域を基盤とし、かつ「公」と「私」の領域から独立した住民組織であった。しかし、自治会の例のように「公」と「私」領域の交わりの中から「公益」と「私益」を統合する「共益」の視点が開けてくることもあろう（恩田二〇〇六：一六一）。

かつて共同生活の仕組みは「共」の領域で能動的につくられてきたが、その基本は村民の連帯と共生に基づくムラ社会にあった。そして、互助行為に示される自主的秩序は行政の諸制度の外で機能し続けていた。言うまでもなく「公」の領域は互助行為の範囲が比較的広い広域的な互助組織に対応するのに対して、「私」領域には比較的狭い近隣互助組織が対応する。新たな「共生的互助組織」の像を創造するには、地域単位における多種多様な社会集団ごとの、「公」と「私」双方の領域の重なりの部分を細かく分析することが必要である。

（大山朝子・山下利恵子）

文献

安良城盛昭（一九八〇）『新・沖縄史論』沖縄タイムス社
石垣市史編集委員会（一九九四）『石垣市史　各論編　民俗上』石垣市
惠原義盛（二〇〇九）『復刻　奄美生活誌』南方新社
恩田守雄（二〇〇六）『互助社会論　ユイ、モヤイ、テツダイの民俗学』世界思想社
恩田守雄（二〇〇八）『共助の地域づくり―公共社会学の視点』学文社
亀井秀一（一九九〇）『竹富島の歴史と民俗』角川書店
瀬戸内町誌編集委員会（一九七七）『瀬戸内町誌』瀬戸内町
新村出編（二〇〇八）『広辞苑　第六版』岩波書店
鳥越皓之（一九九三）『家と村の社会学　増補版』世界思想社
鳥越皓之（一九九四）『地域自治会の研究』ミネルヴァ書房名瀬市誌編纂委員会（一九九六）『改訂　名瀬市誌　三巻　民俗編』名瀬市
平野敏政（二〇〇九）「わが国における『相互扶助』の民族的特質と精神的風土―地域内をヨコにつなぐ協同」協同組合経営研究所『協同組合経済研究誌にじ』第六二六号、三一‐一五頁

第Ⅱ章　奄美群島瀬戸内町における保健福祉の現状と課題

一、瀬戸内町の保健福祉の現状

瀬戸内町は大島本島の南部に位置し、広大な行政面積に小規模集落が点在するのみならず、さらに三つの有人離島を有する人口一万五人（二〇一一年九月末現在）の町である。介護保険サービスの見地から、日常生活圏域は次のように六つの圏域に設定されている。

1．圏域ごとの高齢者人口等

高齢化率の高い西方・請島・与路島で、認定率が古仁屋に比較して低くなっているが（表2‐1）、圏域ごとの介護保険サービス事業者等の整備状況とクロスさせると、サービス事業者のいない圏域の住民ほど認定率が低くなっているのが分かる（表2‐2）。加計呂麻西において高齢化率も認定率も高くなっているのは、入所施設があることを考慮すると理解できる。しかし、加計呂麻西において、同様に認定率も高齢化率も高くなっているということは、通所・訪問系の在宅サービスが準備されていると、定住促進につながるということを意味している。

2. 高齢者人口の推移と見込み

総人口は緩やかに減少し、六五歳以上人口も同様な減少傾向である（ただし、二〇一四年以降は微増を予測している）。高齢化率は、前期高齢者率が減少傾向であるのに比し後期高齢者率が増加しており、わずかではあるが増加の傾向にある（第五期計画では、六五歳以上人口・高齢化率・前期高齢者・後期高齢者ともに増加すると予測されている：表2 - 3）。

3. 要介護認定者等の推移と見込み

要介護認定者等の見込み数は、介護区分それぞれにおいても増加傾向にあるが（表2 - 4）、要支援2と要介護3に関しては減少傾向にある。第四期計画よりも第五期計画において右肩上がりに増えることが予想されている。

4. 生き甲斐活動への支援

高齢者が気軽に社会参加ができるようさまざまな支援策が行われているが、なかでも瀬戸内町独自の特徴ある施策を例示する。

表2 - 1　圏域ごとの高齢者人口等

日常生活圏域		人口（人）	高齢者数（人）	高齢化率（%）	認定者数（人）	認定率（%）
圏域①	古仁屋	7,799	2,219	28.5	564	25.4
圏域②	西方	518	251	48.5	52	20.7
圏域③	加計呂麻東	635	268	42.2	81	30.2
圏域④	加計呂麻西	803	413	51.4	141	34.1
圏域⑤	請島	142	84	59.2	18	21.4
圏域⑥	与路島	108	57	52.8	13	22.8
合計		10,005	3,291	32.9	869	27

＊平成 23 年９月末現在（認定者数については住所地特例分を除外）

表2 - 2　圏域ごとの介護保険サービス事業者等の整備状況等

	古仁屋	西方	加計呂麻東	加計呂麻西	請島	与路島
介護老人福祉施設	55床	—	—	55床	—	—
介護老人保健施設	60床	—	—	—	—	—
介護療養型医療施設	—	—	—	—	—	—
認知症対応型共同生活介護	18床	—	—	—	—	—
小規模多機能型居宅介護		—	—	1ヶ所	—	—
通所介護	2ヶ所	—	1ヶ所	2ヶ所	—	—
通所リハ	2ヶ所	—	—	—	—	—
訪問介護	3ヶ所	—	1ヶ所	1ヶ所	—	—
訪問看護	2ヶ所	—	—	1ヶ所	—	—

出典：瀬戸内町老人福祉計画介護保険事業計画：平成 24 年３月

①「八月踊り及び八月唄」の保存伝承活動

郷土の先人の英知により創造され、各集落に伝えられてきた八月踊りとその唄は、八月踊り及びその唄を踊り・唄える人たちが高齢化してきたため、集落の若者や子供たちに保存・伝承活動が行われている。

②島口（方言）の伝承活動

瀬戸内町の集落は、山を一つ越すとアクセントやイントネーションが違う言葉で、島唄や八月踊りにもみられるように、島口を使わなければならない。そのため中央公民館において、失われつつある島口の普及と島口を使えなくなった子供たちのために、各分館で子供たちが集落のお年寄りから島口の指導を受けることのできる取り組みをしながら、年一回の子供島口大会を開催している。

③「諸鈍シバヤ」保存伝承活動事業

「諸鈍シバヤ」は、国指定重要無形文化財である。保存会員が高齢化してきたため、後継者の育成を図る目的で、集落の小中学生が踊りの練習に参加し、年一回の大屯神社祭でその成果が披露されている。

④「油井の豊年踊り」保存伝承事業

「油井の豊年踊り」は、一九八三年に県の指定無形民俗文化財に指定され、集落民が一体となった保存・伝承活動が行われている。

表２-３　総人口及び高齢者人口の推移と見込み（単位：人）

	平成18年	平成19年	平成20年	平成21年	平成22年	平成23年	平成24年	平成25年	平成26年
総人口	10,904	10,705	10,438	10,280	10,167	10,005	9,794	9,601	9,406
40～64歳	3,639	3,621	3,588	3,587	3,558	3,549	3,513	3,419	3,353
65歳以上	3,528	3,500	3,459	3,406	3,390	3,292	3,293	3,319	3,325
高齢化率	32.40%	32.70%	33.10%	33.10%	33.30%	32.90%	33.60%	34.60%	35.30%
前期高齢者	12.60%	12.40%	12.10%	11.60%	11.30%	10.90%	11.20%	11.90%	12.70%
後期高齢者	19.80%	20.30%	21.00%	21.50%	22.00%	22.00%	22.40%	22.70%	22.60%

＊平成 23 年９月末現在（認定者数については住所地特例分を除外）

表２-４　要介護認定者等の推移と見込み

	要支援1	要支援2	要介護1	要介護2	要介護3	要介護4	要介護5	合計人数(%)
平成21年	90	124	120	147	111	112	105	809(23.5%)
平成22年	101	112	113	168	104	107	119	824(24.1%)
平成23年	116	109	123	164	100	123	127	862(26.1%)
平成24年	129	106	139	166	97	137	139	913(27.7%)
平成25年	147	104	159	169	96	153	155	983(29.6%)
平成26年	165	101	180	177	99	166	179	1,067(32.1%)

出典：瀬戸内町老人福祉計画介護保険事業計画：平成 24 年３月

二、瀬戸内町の保健福祉の課題

1. 適切な介護保険サービス事業者の配置

六圏域のうち、三圏域で介護保険サービス事業者が皆無の状況が続いている。地域包括ケアが適切に実施される意味からも、介護保険サービス事業者のいない三圏域に、離島独自の事業形態を考慮する必要がある。何故なら、これらの圏域在住者の認定率をみると、他の圏域に比較して認定率が低くなっているが、これは、この圏域の住民全体が他の圏域の住民と比べて健康だからというより、健康でなければ住めない圏域であるということを意味しているのである。高齢化率に反比例し認定率が低くなるということは、一般的にいってあり得ないことである。前回の調査結果（「離島の離島における高齢者の自立生活と地域の役割に関する研究：二〇〇三年度～二〇〇五年度科学研究費補助金（基盤研究）B：研究代表者小窪輝吉」）でも明らかになったように、これらの圏域では、食事・排泄などが自力でできなくなると住民は泣く泣くシマを離れざるを得なくなるのである。

2. 継続発展的な地域活動や社会参加の促進

生き甲斐活動への支援としてさまざまな施策がなされているが、これを系統付け、体系化し、継続発展化させていくことが大切である。なぜなら、奄美大島は「結の島」だといわれ続けてきたが、市街地において互助意識は次第に形骸化、都市化しつつあるのである（表2-5）。「よく参加している」と「ある程度参加している」をあわせると、瀬戸内町では九四・〇％に

表2-5　集落行事への参加程度の内訳（単位：人）

	よく参加している	ある程度参加している	あまり参加していない	ほとんど参加していない	その他	合計
奄美市	8（5.8%）	33（23.7%）	38（27.3%）	60（43.2%）	0（0.0%）	139（100%）
瀬戸内町	86（73.5%）	24（20.5%）	4（3.4%）	2（1.7%）	1（0.9%）	117（100%）

＊出典：奄美大島と八重山諸島における一般成人の生活と福祉ニーズアンケート結果一部変更
＊網掛けはそれぞれの地区での第1位

なるが、反対に、奄美市では、「あまり参加していない」と「ほとんど参加していない」を合わせた数が七〇・五％になっている。

奄美市のような市街地で互助意識が緩慢に減少してきたなか、瀬戸内町においては依然として高い意識性が保たれていた。しかしこれらの地域で、今後もこのような状況が続くかというと、そうでもないことが分かる。高齢化率の増加と後期高齢者の増加である。これは、互助意識の高い高齢者がいなくなり、次世代と入れ替わったとき、急激な変化をもたらすことを意味している。これは、前回の調査（田中二〇〇六）の次のような言葉からも見て取れる。「自分達が若いうちは高齢者の面倒を見てこられたが、自分達が高齢になった今、互いに助け合おうにも体力的にも困難であり、さらに自分達の面倒を見てくれる若者がいないという現実に直面している」。

三、まとめに代えて

1．離島等相当の基準の介護保険サービスの構築（産業の創出）

離島に限らず縮小する集落は、高齢化の一途をたどるものである。要因としては産業の衰退が大きい。体力的に低下した高齢者の面倒を見る人材の確保を産業として創出することも有効な手段となる。対策として、離島等相当の介護保険サービスを提供する事業所の構築がある。

規模の大小を問わず、すべての集落には公民館がある。また宿泊施設（民宿等）や食堂、簡易商店など、何らかのサービス業が存在しているものである。このような施設を介護保険サービス事業所として再利用することで、新たな施設を構築する費用が省け、財政規模の小さな町村にとって集落存続のみならず集落の発展や財政の安定化に寄与することができるようになる。このような地域にふさわしい事業所として次のようなものが考えられる。

①小規模多機能型居宅介護

登録定員二五人以下の利用者に対して「通いサービス」や「訪問サービス」「宿泊サービス」を状況に応じて提供する介護保険サービスであり、離島や縮小する集落にとって有効・効率的なサービスを展開することのできるサービス形態である。

事業を展開する上で問題になるのが、事業者として誰が運営するかであるが、地域住民を社員とするＮＰＯや社団法人などを立ち上げ、地域住民による事業経営という形をとることで、薄れつつある地域のつながりを再構築することが可能になると思われる。

②短期入所・通所介護・訪問介護等複合事業所

住み慣れたシマを高齢者が離れる要因は、「食事・入浴・排泄」等が自力で困難になった時、もしくは病弱になった時である。しかし、軽度な疾病や「食事・入浴・排泄」等が幾分困難になったとしても、短期入所や通所介護、さらに訪問介護等の事業所がシマにあったならば、高齢者はシマを離れる必要性がなくなることになる。「小規模多機能型居宅介護」同様、本事業の場合も地域住民による事業経営という形をとることが可能である。

このように、体力的に低下した高齢者の面倒を見る事業システムが実現できたなら、Ｕターンしてシマで暮らしたいという希望を持っている人は大勢いる（小窪・田畑他：二〇〇四、田中：二〇〇六）のであり、シマの活性化にもつながる。このような職員雇用がなされることで、離島や縮小する集落においても介護サービスの提供が可能になり、ひいては地域での看取りにまでつながることで、人口増へ結びつくことになる。

2．若者世代に向けての互助・共助思想の伝達、郷友会の活性化と加入促進（伝統文化の継承等）

離島や過疎地域において五〇％以上の高齢化のため、青・壮年団による自治消防団や婦人会の存続が、事実上名前だけの存在になっている地域や、名称さえない地域があるように、そのような地域においては互助・共助の思想は崩壊の危機にある。

さらに、都市部は離島部よりも集落行事への参加率が極端に低くなっている（表2‐5）。このことは、奄美大島や琉球地方において脈々と受け継がれてきた「結（ゆい）」の精神に見るような互助機能が早晩失われることを意味している。

郷友会の活性化と加入促進の取り組みとして大切なことは、既述したUターン・Iターン者の掘り起こしはもとより、新たな伝統文化を生み出し継承することである。人は時代の子。継承者の価値観は時代とともに変化する。入会権の活用も失われつつある集落において、郷友会も豊年祭・敬老会・新年会・運動会などへの郷友会単体としての参加だけでなく、郷友会同士のつながりを模索しながら継続を図る時期に来ているのではないかと思われる。

解決に向けて三つの方策がある。一つ目が、公民館単位での共同芸能大会（文化祭、豊年祭）・体育大会・学童保育・新年会等の開催である。これは互助的色彩の強い内容となる。

二つ目が市町村単位での共同芸能大会（文化祭・豊年祭）・敬老会・体育大会・新年会等の開催である。これは共助的色彩の強い内容となる。夏休み期間などの長期休暇の時期にサマースクールを開催し、内地からの旅行客を受け入れることも可能になる。

三つ目が群島間持ち回りでの共同芸能大会（文化祭、豊年祭）・敬老会・体育大会・新年会等の開催を計画することである。これは公助的色彩の強い内容となる。四年に一度（市町村単位活動の谷間の年に実施する）の郷友会大会を開くなどして、全国から帰郷してもらうのも大いに意義のあることである。そのためには、群島間を一日に二往復する定期航路が開発されていなければならない。奄美群島振興開発基金を利用して高速船を二隻購入し、運航させるのである。奄美大島住民の場合、群島内の他の島を観光したことのない人が多くいるが、これなどは群島間を往復する船舶がなく、日帰りできない現実のためである。群島間を一日に二往復する定期航路の開発は、既述の「産業の創出」にも大きく影響するものである。

この時、本来ならば沖縄県のように浮桟橋ができるに越したことはないが、定期航路の開発が最優先事項である。加計呂麻島・請島・与路島など、有人離島を行政区に抱えている瀬戸内町において、保健福祉にかかわらず、人口減に歯止めをかけることは重要な政策課題の一つである。「結い」のシマとして互助意識の強い地域ではあるが、助け合おうにも、基盤となる人材が不足しているという現実が目の前にある。とはいえ、郷友会という奄美独自の地域システム（単一公民館ごとに郷友会が組織されている）に支えられ、人口数十名の地域でさえも存続が可能になっているのである。さらに高齢者の場合、「昔に比べ、今は水道等もあり、生活のし易さは夢のようである」という言葉が聞かれるように、生活の不自由さ困窮さを苦にしない住民の意識性に支えられている。前述した問題点の具体的な解決策を提示することで、新たな町づくりが可能になると思われる。

（田中安平）

文献

小窪輝吉・田中安平・田畑洋一・大山朝子・山下利恵子（二〇〇六）「離島の離島における高齢者の生活と福祉ニーズ―二〇〇四年大島郡瀬戸内町高齢者実態調査から―」『離島の離島における高齢者の自立生活と地域の役割に関する研究』（二〇〇三年度～二〇〇五年度科学研究費補助金（基盤研究B）研究成果報告書

瀬戸内町（二〇一二）「老人福祉計画・介護保険事業計画」

第Ⅲ章　八重山諸島の保健福祉の現状と課題

――多島から構成される竹富町の人々の暮らしと保健・福祉サービス――

はじめに

八重山諸島は沖縄本島から南西四〇〇～五〇〇キロメートルに位置する石垣島、八重山諸島最大の西表島、最西端の与那国島をはじめとする大小の三二の島々から形成された島嶼であり、石垣市、竹富町、与那国町の一市二町から構成されている。

八重山諸島の経済の中核である石垣市は、空港の整備や県内外の航空機の増便によって島外との行き来の利便性の向上や、近年の自然派志向の高まりによる県外からの移住者の増加など、人々の生活環境が著しく変化している。

島外との交通については、空港が設置されているのが石垣島、与那国島、波照間島の三島で、その他の島々の交通手段の中心は船舶である。石垣港を拠点としたフェリーが島々と石垣島との間を結び、島で生活する人々にとって、なくてはならない生活の足としての役割を担っている。その一方で、石垣島以外の島と島の行き来の手段はそれほど整備がなされていない。

竹富町は石垣市からフェリーで所要時間一五分程度の距離にある竹富島をはじめとして、一六の有人・無人の島々から構成されている。竹富町の島々にはそれぞれに特徴のある伝統文化が継承され、祭事や行事を中心として島の人々の暮らしや世代間の交流が営まれている。町役場は町外の石垣市に置かれ、職員のほとんどが石垣市民であるという特徴的な状況にある。

与那国町は八重山諸島の最西端に位置する。台湾を間近に望む国境の離島として、地理・国際関係において重要な位置にある。一方で石垣島からの移動に要する時間、手段ともに限定され、他の八重山諸島の島々と比較すると、島民の社会サービスへのアクセスが不便な状況にあるといえる。

このようにそれぞれに特徴をもつ市町から構成される八重山諸島のなかの、さらに複数の島々から構成されている竹富町の高齢者を対象とした保健福祉の現状と課題等について論述する。

一、竹富町の概況

竹富町は、西表島、竹富島、小浜島、黒島、波照間島、鳩間島、新城島、由布島の有人島と仲の神島をはじめとする一六の島々からなる（図3-1）。それぞれの島には、異なる自然環境や伝統芸能が人々の生活に根づいている。そのため、固有の自然や文化を求めて観光で島を訪れる人々が多く、島外から移住する人々も少なくない。

二、人々の暮らし

産業については、約七割が第三次産業に従事している。なかでも飲食業や宿泊

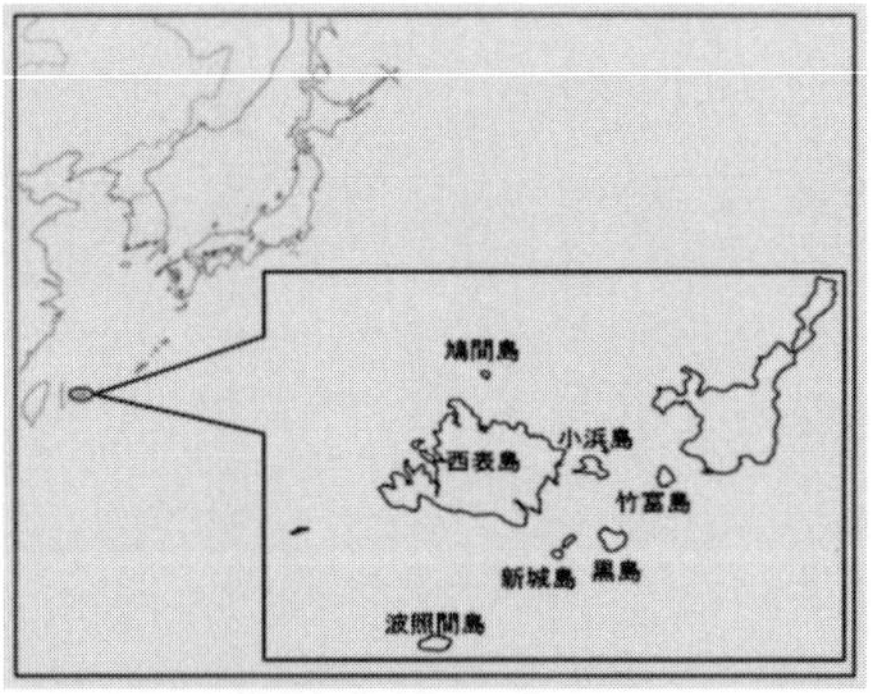

図3-1　竹富町地図
出所：「第４次竹富町国土利用計画」

業の占める割合が高い。島で生まれ育った人々は、高校就学を契機に島を離れ、その後も島外に生活の基盤を置くというパターンをたどる場合が多い。その一方で、県外から個人あるいは家族を伴い島に移住する人々がいる。そのような人々には、一定期間島で暮らす場合と長期間在住するというケースがある。また竹富島、小浜島、西表島には大型のリゾート施設があり、施設に勤務する人々が個人あるいは家族で一定期間転居してくるというケースもある。このように移住者や転勤者の存在が、島々の人口の減少や高齢化に歯止めをかけているという側面もある。

交通については島々と石垣市を結ぶ船舶が住民の重要な移動手段となっている。島の人々は日常的に石垣市と行き来しているが、船舶の運航は台風や強風などの天候の影響を受けやすく、特に外海に位置する波照間島、鳩間島、西表島東部では、他の島々に比べて船舶の欠航にみまわれることが多い。船舶の運賃は、二〇一二年四月から一括交付金を活用した県離島住民等交通コスト負担軽減事業によって、通常運賃より三割程度引き下げられ、経済的な負担が軽減された（表3－1）。

八重山諸島の医療は、県立八重山病院（石垣市）が中核となり、島々に提供されている。竹富町では竹富島と黒島に町立診療所、小浜島と西表島（西部・大原）そして波照間島に県立診療所が設置されている。島の診療所での対応が困難な場合には、県立八重山病院で対応するほか、疾病の状況や家族の事情等によっては沖縄本島で治療を受ける場合もある。鳩間島と新城島には診療所が設置されておらず、無医島となっている。

表3-1　フェリーの往復運賃

航路	割引運賃	通常運賃
竹富一石垣	800円	1100円
黒島一石垣	1,540円	2150円
小浜一石垣	1,490円	1960円
西表（大原）一石垣	2,400円	2930円
西表（上原）一石垣	3130円	3800円
鳩間一石垣	3660円	4390円
波照間一石垣	4040円	5700円

三、高齢者の状況

1. 竹富町の人口

二〇一三（平成二五）年三月の竹富町の総人口は三九七三人である。二〇〇七（平成一九）年から二〇一一（平成二三）年まで減少傾向が続き、二〇一二（平成二四）年から増加傾向を示している（図3-2）。

島別の人口をみると、西表島が二二四九人（東部地区八七六人、西部地区一三七三人）で最も多く、新城島が一七人で最も少ない。

表3-2　島別の人口（平成25年3月）

島　別	人口(全体)	高齢者(%)
竹富島	346	102(29.5)
黒島	201	53(26.4)
小浜島	585	116(19.8)
新城島	17	9(26.0)
西表島	2,249	392(17.4)
鳩間島	59	11(18.4)
波照間島	516	152(29.5)
合計	3,973	835(21.0)

高齢者は竹富町全体で八三五人、高齢化率は二一・〇％となっている。最も高齢化率が高いのは竹富島と波照間島で二九・五％、最も低いのは西表島の一七・四％となっている。

八重山諸島一市二町の高齢化率（二〇一三年一〇月）を比較すると、竹富町が二〇・六％、石垣市が一七・四％、与那国町が二一・〇％で（沖縄県全体は一七・九％）、いずれも県内の他の有人離島の高齢化率に比べるとかなり低い（表3-2）。

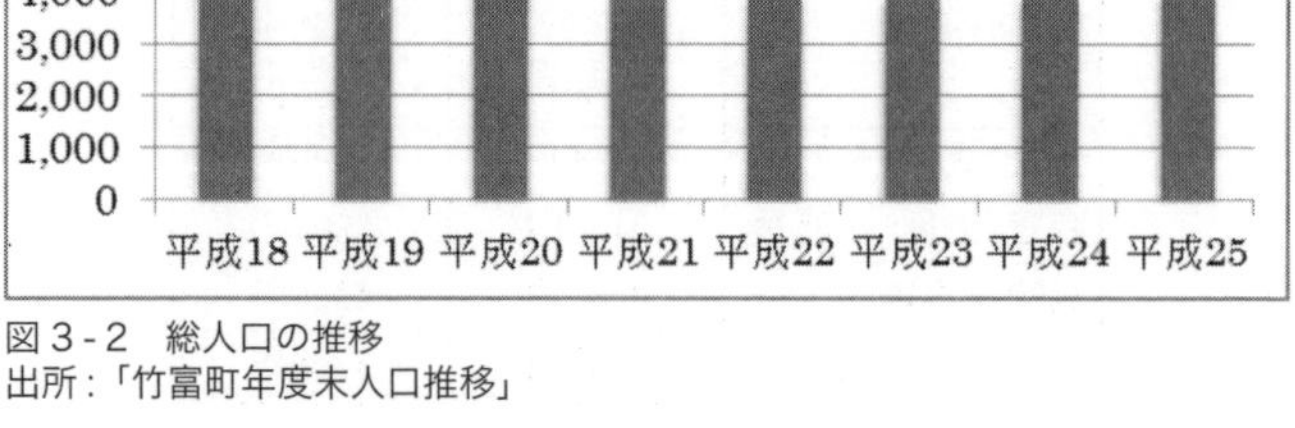

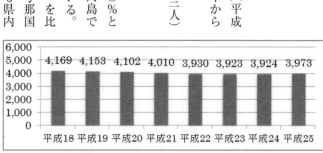

図3-2　総人口の推移
出所：「竹富町年度末人口推移」

2. 高齢者像

日常生活圏域ニーズ調査の内容（二〇一二年三月、竹富町介護福祉課）から、竹富町の各地域の高齢者の状況をみると、生活機能の評価では一次予防、二次予防対象者ともに認知症やうつ予防の必要性のある高齢者が多く、日常生活動作については各地域ともに排尿・排泄などの自立の割合が低い。疾病については地域や要介護認定の有無にかかわらず、高血圧症の既往率が最も高い。

二〇一三年一〇月の要介護（要支援）の認定者数は一八三人、認定を受けた介護度で最も多いのは要介護2で、要介護3、要介護1と続いているが、認定される介護度は軽度から重度までおおむね同程度数である。要介護認定者総数の推移では、二〇一一年一二九人、二〇一二年一七八人、二〇一三年一八三人と増加し、認定者の重度化がみられる。

四、保健・福祉の状況

竹富町第六次高齢者保健福祉計画及び第五期介護保険事業計画の介護保険サービスの状況から高齢者の保健・福祉のサービスの状況をみる。

1. 介護予防・在宅福祉サービスの実施状況

第六次高齢者保健福祉計画及び第五期介護保険事業計画によると、二次予防事業については、介護予防の拠点となる「ゆくい処」の各島への設置が順次計画されている。すでに整備がなされているのは小浜島、黒島の二島で、ほかの島々は順次整備がなされる予定である。プログラムの内容は、運動機能の向上に加えて認知症予防プログラムが実施され、生活機能低下のリスクへのアプローチが強化される。そのほか一次予防事業として、生きがい支援型のデイサービスが月一回、波照間島を除く各島での実施がすすめられている。

在宅福祉サービスについては、食の自立支援事業（配食サービス）、介護教室、軽度生活援助（ホームヘルプサービス）、地域ケアについては小地域支え合いネットワーク事業が各島で実施されている。

2. サービス種別の介護保険サービス事業所の設置状況

施設サービスは西表島に一カ所が設置されている。居宅サービスについては、訪問看護・訪問リハの医療系サービスを県立・町立の診療所がみなし指定を受けて実施している。

訪問介護は竹富町社協が事業を実施しており、石垣市に事業所の拠点を置いて島々を巡回してサービスを提供している。通所介護については、西表島では社会福祉法人（介護老人福祉施設と同一法人）と合同会社によるサービスが提供されている。他の三島は、竹富町社協によるもので、小浜島が週三回、竹富島と黒島はサテライト式で週二回のサービスを提供している。波照間島には二〇一三年二月からNPO法人による小規模多機能居宅介護が設置されている（表3-3）。

居宅介護支援についても、竹富町社協が事業を実施し、各島で居宅サービスを利用する住民のケアプラン作成を行っている。

表3-3　竹富町の介護保険サービス

介護老人福祉施設	西表島
訪問介護・訪問リハビリ	西表島
	波照間島
	小浜島
	竹富島
訪問介護	全域（町社協）
通所介護	西表島（3カ所）
	小浜島
	竹富島
	黒島
短期入所生活介護	西表島
小規模多機能居宅介護	波照間島
居宅介護支援	全域（町社協）

五、竹富町の保健福祉の課題

1. 交通手段（運航の不安定・運航数の制限など）

強風や台風によってフェリーが運休すると、その時点でサービスの提供も困難になる。「台風の速度が遅い時は、強風時も含めて長期間訪問介護を提供することができなくなる場合がある」「島の天候は通所介護の利用に支障がないような場合でも、船が運休すると事業所のスタッフが揃わないため、サービスを休止にせざるを得ない」「訪問時間の設定を利用者ではなくフェリーの時間に合わせざるを得ない」などの課題がある。また、「島外に出かけてサービスを利用するという場合には、桟橋の利用やフェリーの乗降が困難」「フェリーの揺れが身体の負担になる」などの課題もある。また、移動に要する経済的負担が大きいことも課題のひとつである。

2. 医療・福祉サービスの連動

鳩間島・新城島を除く竹富町の各島には、県立・町立の診療所が設置され、一次医療の体制は整っている。ところが生活を支えるための福祉サービスが種類、時間帯ともに限定されるため、頻回にサービスを必要とする場合や、夜間の支援が必要な場合などは、そのニーズに応えることができず、島での生活維持が困難になる。一方、「台風が近づくと一番心配なのは病気のこと」という島の人々のことばに表されているように、日常は自力あるいは定期的なサービスの利用によって生活を維持することができている場合であっても、島の医療体制が在宅生活を継続するうえでの不安要因になっている。

3. 保健・福祉を担う人材の確保

竹富町の島々では、島外から移住をしてきた人々が島の保健・福祉を支えているという側面がある。このような人々のなかには、島で暮らし続ける人もいるが、一定期間在住し、離島する人も少なくない。人材の安定的な確保が困難なことは、サービスの維持、ひいてはそれを利用する島の人々の生活に影響を及ぼしている。

4. 生活の全体像の把握

通所介護（西表島を除く）、訪問介護、居宅介護支援等の支援は石垣市を拠点に置く事業所から提供されているため、支援にあたる専門職はその都度、石垣島から各島のサービス利用者を訪問するため、対応の機会が限られる。加えてフェリーの便数や運航時間の制限を受けることから、利用者と直接関わる時間も限定される。別の利用者の訪問のついでに寄る、通りがかりに様子をみる、声をかける等、在宅高齢者の支援では日常的に行われているこまめな関わりが島では難しい。そのため利用者がどのように過ごしているのかという生活の全体像をとらえるための機会が得にくくなる。

5. プライバシーの保護

通所介護や訪問介護等のサービスの提供は、島内に在住するスタッフと島外から来訪するスタッフによって行われる。そのため、同じ島の人間に自分のプライバシーを知られたくない、という理由からサービスの利用に心理的なブレーキがかかりやすい。また「自分の担当者は島外の人に」という要望が寄せられる場合があり、サービス利用の調整に困難を来す場合がある。島という限定された空間・人間関係においては、通常でもプライバシーが守られにくい。さらに保健・福祉のサービス提供は心身・社会的関係等の情報共有を前提として進められるため、プライバシーの保護への不安からサービスの利用に慎重になるという傾向がみられる。

6. 島の高齢者の生きがい・幸福感

「島で暮らせるのは元気な間だけ」「病気になったら、島を出なければならない」――これは、ひとり暮らしの高齢者が語ったことばである。生きがい支援、介護予防等のサービスの延長線上に、住み慣れた島で人生の最期を迎えることができるような選択肢を設けることが、島の高齢者の生きがいや幸福感に影響を及ぼすと考えられるが、島完結型の医療・福祉の支援が整備されていないことによって、島の高齢者は島で暮らし続けるという希望をもつことができず、将来の生活への不安をもちながら生活している。

おわりに

多島から構成される竹富町の高齢者の状況、保健・福祉サービスの現状、課題等を整理した。竹富町を構成する島々の規模、地理的条件、文化等はそれぞれ異なるため、高齢者の保険・福祉の課題については、さらに詳細な情報収集に基づいて検討する必要がある。

本報告は、二〇一二年二月、二〇一三年三月及び九月の竹富町の現地調査、町社協職員への聞き取り調査に基づいてまとめた。この場を借りて、調査にご協力いただいた皆様に深く感謝を申し上げます。

（玉木千賀子）

注

本稿は、田畑洋一（二〇一四）「島嶼地域の保健福祉と地域再生―奄美・八重山の調査から―第二章　八重山諸島の保健福祉の現状と課題―多島から構成される竹富町の保健・福祉を中心に―」平成二三年度～平成二五年度日本学術振興会科学研究助成費補助金基盤研究（B）「琉球弧における地域文化の再考と地域再生プランおよび実践モデル化に関する研究（研究代表者：田畑洋一、課題番号二三三三〇一九〇）」研究成果報告書二〇 - 二四頁を再掲したものである。

文献

沖縄県企画部地域・離島課　離島関係資料

厚生労働省『介護保険事業状況報告』
竹富町（二〇一二）『竹富町第6次高齢者保健福祉計画及び第5期介護保険事業計画』

第Ⅳ章　奄美群島瀬戸内町と八重山諸島竹富町の集落の現状と課題

――集落区長へのアンケート調査から――

はじめに

本研究の目的は、琉球弧の北部と南部の島嶼集落の現状と課題を、アンケート調査を通して把握することである。調査対象とした奄美大島の瀬戸内町は、奄美大島の南西端地区と離島の離島といわれる加計呂麻島、請島、与路島からなる。また、八重山諸島の竹富町は一〇の有人離島からなり、役場だけを石垣島に置いている。両地域とも離島を抱える町という共通点を持つ。琉球弧の北に位置する奄美群島は一四〇〇年代に琉球王朝の支配下に置かれ、いわゆる「那覇世《なはゆ》」を過ごした。その後、一六〇〇年代に薩摩藩が琉球を間接的支配下に、奄美を直接的支配下に置いた。明治になって、奄美は鹿児島県に帰属し、琉球王朝は日本に組み入れられて沖縄県となった。両地域の底流には琉球文化が共有されている。ちなみに琉球弧という地理学の言葉を、琉球文化を背景とする奄美諸島から八重山諸島に至る地域の呼称として用いたのは島尾（一九九二）である。ここでは、瀬戸内町加計呂麻島と八重山諸島の竹富町の集落の現状と課題について述べておこう。

一、瀬戸内町の場合

1．概況

奄美群島の瀬戸内町について、町のホームページは「鹿児島から南へ約三八〇キロメートルの洋上に浮かぶ奄美大島本島の南部に位置し、大島海峡をはさんで加計呂麻島、請島、与路島の有人三島を含む、総面積二三九平方キロメートルに及ぶ広大な行政区域を有している。面積の約八七％が山林で占められ、いずれも三〇〇～四〇〇メートルくらいの山岳地が連なり、急傾斜となって海岸に迫っている。沿岸には五六の集落が点在している。四囲の海域は暖かい黒潮に恵まれ、海岸線は典型的なリアス式海岸を形成し、水深の深い入江が多く、水産業や避難港としても利用されている。気候は亜熱帯海洋性で年間を通して温暖多雨である」と、紹介している。一九五六年に加計呂麻諸島の鎮西村・実久村と奄美本島側の古仁屋町・西方村が町村合併して瀬戸内町となった。合併当時の人口が二万六六三八人であったが、過疎化が進行し、二〇〇五年には一万七八二人へと減少している。過疎化の傾向は役場のある古仁屋を除く加計呂麻諸島と本島側の西方地区で著しい。たとえば、合併当時の加計呂麻島の人口は八五一三人、請島の人口は一一七四人、与路島の人口は九九六人であったが、二〇〇五年にはそれぞれ一五四七人、一六一人、一三七人へと激減している。

「平成二四年度奄美群島の概況」（鹿児島県大島支庁、二〇一二）によると、瀬戸内町の奄美大島側の面積は一三七・二四平方キロメートル、加計呂麻島は七七・三九平方キロメートル、請島は一三・三四平方キロメートル、与路島は九・三五平方キロメートルである。また、二〇一〇年国勢調査によると、瀬戸内町の奄美大島側の人口は八二一一人、加計呂麻島は一四二八人、請島は一三二人、与路島は一〇三人である。なお、奄美本島側の西方地区も加計呂麻諸島と同じく過疎高齢化が進行している。瀬戸内町には加計呂麻島の諸鈍シバヤや西方地区の油井豊年踊りなど伝統文化が残っているが、その継承が困難になりつつある。また、「過疎地域自立促進計画書」（鹿児島県瀬戸内町、二〇一三）

によると、高齢化率は二〇一〇年現在、町全体で三三・九％、加計呂麻地区で四九・八％、請・与路地区で六一・三％となっていて、家族の介護機能や地域の相互扶助機能が低下してきている。

ここで、瀬戸内町地域おこし協力隊として加計呂麻島で活躍されてきたAさんへのインタビューを通して加計呂麻島の地域おこし活動と島の状況を紹介する。なお、インタビューは二〇一三年八月に行ったもので、その内容の公表については本人の承諾を得ている。

2．地域おこし活動について

①活動内容

a．Iターン・Uターン者受け入れ促進活動

地域での取り組みとして、Iターンの方の受け入れ促進活動を手伝った。都会からゆっくりと生活がしたいとのことで四〇歳代の男性が移住してきたが、島での暮らしは、地域との付き合いや干渉もあり、想像していた生活とは違うということで、まもなく戻って行ったというケースがあった。集落の維持のための人材は必要であるが、同時に、集落以外の人が入ってくることを好まないという風潮もある。高齢化も進み、地域を挙げて何かに取り組もうという感覚は薄いように思う時もある。Uターンの人は歓迎されるが、Iターンの人々にとっては、集落の人々に受け入れていただくための橋渡しをしたり、サポートをしたりする機関や人が必要であると思う。

b．Uターン者による地域おこし活動への支援

一方では、Uターンの方で、ペンションをされている奥様が中心になって地域の方々を巻き込み、地域おこしに協力してくださっているケースもある。数名の女性たちがグループで畑を借りて、手がかからない作物ということで、長寿草と島小豆を栽培している。収穫できたら、加工して地域の特産品にできないか検討していくことにしている。現在、活動費用を得るために、ある助成金の募集にエントリーしており、その結果を待っているところである。行っている活動の中では比較的順調に展開できる

ような気がしている。(聞き取り後、助成がもらえるようになったとのこと)

c．民泊導入への取り組み

また、全国の各地において盛んに行われている民泊を地域おこしのために試してみようと考え、地域の住民の方で民泊(学生を対象)を受け入れ可能な方に声をかけモニターツアーなどを行っている。今まで中学生〜大学生の参加があったが、今後事業化していくためにはいくつかの課題があることが分かった。まず中学生や高校生は、教育旅行(修学旅行)という目的で民泊の際に、島生活体験料として宿泊料金をもらうことは可能であるが、大学生以上になると成人とみなされるということで、旅館法との兼ね合いで宿泊させられないということ。県にも問い合わせてみたが難しい。次に高齢化が進行している過疎地域では、自分たちの生活を行うだけでも体力的に大変な中、中高生を招くだけの余裕がなく大変であることが分かった。仮に、五〇〜六〇歳代の年代に受け入れの協力を依頼するとしても、その年代は、親の介護を行っている方々も多く、これもまた受け入れるだけの余裕がない。このように地域おこしのための民泊には、法制度上の制約がかかり進めにくいことや、地域おこしを展開するには、支え手の確保からもある程度の集落人口の年齢構成のバランスが必要であることが分かった。

d．生涯学習活動の場づくり

そのほか、地域の公民館などでの生涯学習活動の場づくりを行っている。活動施設としては、休校になった小学校など施設は一応あるが、空調設備がないなどの理由で夏場は実施できないでいる。また、講師を呼ぶにも島までの交通費が必要になるので、島内に居住している方で協力して下さる方を探し、少しずつ活動している。高齢者の方々には生涯学習への意欲があるにもかかわらず、場所の調整や講師有無に左右されている現状がある。

②地域おこし協力隊活動の自己評価

地域おこし協力隊として活動してきたことを振り返ると、そもそも「地域おこし」とは何なのかと考えることがある。いくら自治体が地域おこしの必要性を感じ、いろんな事業を展開しても、当事者である地域の人々の理解がなければうまくいかない。そういう意味からも、地域おこしがうまくいくには、やはり活動の中心となる人物がその地域に一人でもいることが必要ではないかと思う。

③地域おこし活動の今後の展望

自然が残る、地域の人々のあたたかさ、いろいろな面から自然思考の子育てにはとてもいい場所である。小中の九年のうち、一年でも留学のようにして生活してみると人生に絶対プラスではないかと思う。そんなシステムも、パソコンやゲームだらけの人工物に囲まれた子どもたちは、必要なのではないかと思う。経済的に島にプラスになる可能性は考え方ひとつであると思う。どうにかしなきゃと思う地元の人が本気になれば、さらにいいと思う。

3. Iターン者として

①加計呂麻島での生活

ただ健康で車があれば、島での生活にはさほど不便は感じない。都会の人が三〇分～一時間かけて電車やバスで通勤したり、移動するのと同じ感覚である。それが、船だというだけで、古仁屋まで二〇～三〇分移動にかかるという点では、変わりはない。

②今後の展望

地域おこし協力隊の任期は、今年度いっぱいで切れるが、次年度、地域おこし協力隊事業が継続するかが分からない。移住、農家になることを決めていたため、今後も加計呂麻島に住み続け、果樹を中心に、かっこよくて、お金になる農業を目指していこうと思う。ダイビングインストラクターなので、合間に、シュノーケリングツアーもできたらいいなと思う。

二、竹富町の場合

1．概況

八重山諸島の竹富町について、町のホームページは「沖縄本島から南西に四五〇キロメートルの八重山諸島、石垣島の南西に点在する大小一六の島からなる。最大の島は県下でも二番目に大きい西表島、また、日本最南端の有人島波照間島・竹富島・小浜島・黒島・鳩間島・新城島・嘉弥真島の島々からなり、東シナ海と太平洋に翡翠玉のようにちらばる」「総面積三三四・〇二平方キロメートル、東西約四二キロメートル、南北四〇キロメートルの広範囲に及ぶ。町役場を八重山経済の中心地（石垣市）に置く、特異な行政形態となっています」「東支那海の南方に位置し、四面を海に囲まれた本町は、四季をとおして気温の変化が少ない。過去における年間平均気温は、二三・七℃、湿度七九％、年平均降水量二三四二・三ミリと、温暖多雨亜熱帯性気候である。雨量は、特に梅雨期と台風期に集中的な豪雨が多い。しかし、台風の少ない年の夏場は、干ばつに見舞われることもある」と紹介している。竹富島の町並みや種子取祭、西表島のエコツアーや節祭など伝統と自然を活かした観光地としても有名で、二〇一二年度の竹富町入域者数は八八万七一五人に達する（瀬戸内町への入域者数は「過疎地域自立促進計画書」（鹿児島県瀬戸内町、二〇一三）によると年間一二万人程度である）。

「八重山要覧」（沖縄県、二〇一二）の指定離島一覧によると、竹富町には竹富島（面積五・四二平方キロメートル）、小浜島（面積七・八四平方キロメートル）、嘉弥真島（面積〇・三九平方キロメートル）、黒島（面積一〇・〇二平方キロメートル）、新城島《あらぐすくじま》・上地《かみぢ》（面積一・七六平方キロメートル）、新城島・下地（面積一・五八平方キロメートル）、西表島（面積二八九・二八平方キロメートル）、由布島《ゆぶじま》（面積〇・一五平方キロメートル）、鳩間島（面積〇・九六平方キロメートル）、波照間島（面積一二・七七平方キロメートル）の一〇の有人離島と内離島《うちぱなりじま》、外離島の二つの無人離島がある。二〇一〇年国勢調査によると、竹富島の人口は三〇三人で高齢化率は三一・四％、小浜島の人口は五八五人で高齢化率は一八・五％、黒島の人口は一九四人で高齢化率は二七・三％、新城島（上地・下地）の人口は一六人で高齢化率は四三・八％、西表島の人口は二三一九人で高齢化率は一六・九％、波照間島の人口は四九九人で高齢化率は二九・五％となっている。竹富町全体の人口は三八五九人で高齢化率は二〇・七％である。

ここで、沖縄で二番目に大きく、人口も竹富町の六割近くを占める西表島で長年民生委員をされてきたB氏へのインタビューを通して西表島の状況を紹介する。インタビューは二〇一二年二月に行った。内容の公表については本人の承諾を得ている。

①西表島の集落

西表島は沖縄県で沖縄本島に次ぎ二番目に大きい島で、人口は約二〇〇〇人である。島は東部と西部に分けて呼んでいる。今いるところ（特別養護老人ホーム「南風見苑」の会議室）は西部の上原である。西部の集落は、船浦、上原、中野、住吉、浦内、干立、祖納、白浜、船浮の九集落である。船浮は道路が通じていないので白浜から船でしか行けない。祖納と干立は、公民館は別だが、地域的には西表と呼ぶ。二つ合わせて、人口はそれぞれ二〇〇～三〇〇人である（平成二四年二月末の人口動態票では、祖納は一五一人、干立一〇八人）。それと、近くに鳩間島があり、そこに鳩間集落がある。東部の集落は、豊原、大原、大富、古見、美原の五集落である。

西表島で古い集落は、祖納、干立、古見である。この近辺では昔からの稲作が続いている。また、古い祭りも残っている。船浦、上原、中野、住吉、浦内は、上原地区内での幾度かの変遷ののち、他所から人々が移住して現在の五集落になっている。その他、大原、大富、美原、白浜なども移住により新しくできた集落である。区長は、それぞれの集落ごとにいるので西表島に一四人、鳩間島に一人いる。民生委員は、船浦、上原、中野、住吉、浦内は、上原地区として一人、祖納と干立の二集落も西表地区として一人いる。その他の集落には集落ごとに民生委員がいる。鳩間島を加えると全部で一七人の民生委員がいて、そのうち二人が主任児童委員を兼ねている。私（B氏）は竹富町全域担当の民生委員である。ちなみに、西表島以外の島の民生委員はそれぞれの島に一人である。

私（B氏）は一九七七年に西表島に来た。三四年になる。私が西表島に来た時の人口は一七〇〇人ぐらいだった。ここ数年人口の社会増が多かったが、自然増も徐々に増えてきている。現在の西表島の高齢化率は二〇～三〇％である。島によっては結構高いところもあるが、他所から人が入らなければ過疎になっていったと思う。農業基盤づくりなどの事業が入り、道路も電気も通じて観光関係などで人口が増えてきた。

②西表島の交通

石垣島からの航路でいえば、今日（二〇一二年二月）こちらの上原に来る航路は欠航している。こちらの航路は外洋になっていて、冬場は北風が当たるので欠航になることが多い。石垣島から西表島の大原への航路は内海というか、島とサンゴ礁のおかげで欠航することはあまりない。交通の便でも西部と東部とで人の行き来が夏と冬で違うという状況である。

極端な例を挙げると、船浮集落は道路が通じていないので、白浜に船で渡って、そこから陸路を通って上原港に来て、船で石垣島に行く。であるから、石垣島への日帰りといっても丸一日がかりになる。

私（B氏）が西表島に来た頃（三〇年以上前）は東部の高那と西部の船浦の間に道路がなかった。一つの西表という島であるが、生活圏がまったく別で、その為に今でも東部、西部と呼ばれている。なお、今は高那に温泉が出ていくつかの施設がある。昔は、西表島の反対側に行くのに、一度石垣島に行って、そこで船を乗り換えて行かねばならなかった。当時一日一往復くらいの船だから、二日がかりだった。実際、それほど島の反対側に行く用事がなかったので、どうしてもという方は、船をチャーターして近くまで連れて行ってもらうということもあったそうだ。なお、現在は東部の大原と西部の白浜の間をバスが走っていて、島民は無料で利用できる。

③祭り

古い祭りがあるのはやはり、祖納や干立など古い集落で、それには有無を言わさず参加ということになる。棒術などは若い連中がする。新しい集落である上原には伝統的な祭りはない。祭りは集落で完結している。なかには、伝統行事に興味のある人がいて、上原から祖納の祭りに手伝いに行って一緒に踊ったりしている者もいる。東部の古見は古い集落で、ここの祭祀は秘祭というか秘密的な祭りでアカマタというのがあり、よそ者を入れない。昔はそれこそ、その話をするのもダメと言われていた。

④婦人会・青年会・郷友会

婦人会はある。集落の女性が入っているが、最近少なくなってきている。青年会を含めて集落の祭りごとの実働部隊になっている。一番小さい集落は、船浮集落で二〇世帯（平成二四年二月の人口動態票では二五世帯とある）であるが、青年会はない。青年会は、祖納と干立は一つの「西表青年会」というのを作っている。それから、上原も五つの集落で一つ「上原青年会」を作っている。どなたか亡くなって葬式の準備という場合、青年会がぱっとテントを張ったりして動く。あと古い集落の祭りは大掛かりなので、石垣島から集落出身者の郷友会が応援に来たりしている。

⑤商店

島にはスーパーと名前がついた店がある。雑貨屋が集落それぞれにあったが、今は白浜に一軒ある。上原ではスーパーというのが二カ所ある。値段が少々高いが、ほぼ賄える。あとは、石垣島に出たときに買い物をする。石垣島の大きいスーパーでは買い物を船に荷積みしてくれる。移動販売車はない。ただ、無料の送迎バスを船会社が船に乗るために走らせていて、好意で乗ることができるので、お年寄りはそれを使って診療所に行ったり、スーパーへの買い物に乗ったりする。あとは、集落の誰かを捕まえてあそこまで行ってくれと頼む。店がなくて不自由というのはないが、上原界隈は広いので店まで距離がある。

小浜島は島内の店でだいたい賄っている。リゾートが二つあるので物は常に石垣から来ている。それで、店自体は小さいが、売っている物はまあまあある。竹富島などは、石垣島に通っている。店はない。ほとんど経済は石垣圏内である。民宿なんかが多いから、まとめて買ってきたりとかだろう。波照間島は共同売店である。ここは船が止まったらそれこそ三、四日足止めされる場所だから、自分たちの集落で出資してまとめて購入して共同売店をしている。共同売店は沖縄本島北部が発祥である。鳩間島には、店は一軒ある。石垣から買ってきた場合、桟橋は集落からすぐなので、一輪車に載せて取りに来る。鳩間島は最近でこそ車が走っているが、昔は車がなくて、リヤカーを使っていた。

⑥郵便局

今はお金をおろして来てくれなどいう話はないが、前は郵便集配の人に頼むというのはあった。郵便局と診療所は近くにあるので、診療所に行くついでに寄って行くというのはある。郵便局や診療所は、離れている人には不便なので、船会社が運営する無料バスに乗ったりする。誰かに乗せてもらったりというのはある。

⑦Iターン

この二〇年くらいだと思うが、観光が盛んになって、外からの移住者、内地からの人間も増えてきている。こちらで農業をやりたいという若者もいて、それが定住して、子供たちができて、その子供たちのための保育所が必要になり、今はいっぱいの状態である。

私が知っている限り、とりあえずアルバイト的に来て、住んで、子供ができるが、景気があまり良くなくて、帰る人は帰ってしまい、今残っている人は定住しようと残っている人である。町営住宅や貸家などは住宅難で入るのが難しい。土地の売買はあまりない。そのなかで、自分で土地を求めて家をつくる人もいる。上原は観光業、祖納と干立は農業をやっている人もいる。それぞれ、集落の集まりとか公民館の活動に積極的に参加している。

⑧Uターン

親をみるために戻る人はいる。なかには、誰もいなくなっているけれど戻ってきた人もいる。私が今知っているのでは、三〇代の子どもが戻ってきて、家の仕事（建築業や農業）を手伝ったり、あとは自分で違う仕事を始める者もいる。都会の大変さよりこちらの方がいいという人もいる。戻ってくるのは長兄というわけではない。また、子供は残るものだという決まりのようなものはない。親が一線を退くと、まったく別に家を建てるものもいるし、同居もいる。これにも決まりのようなものはない。戻ってくるのは家業があるからということが大きいと思う。また、上原でいえば、お年寄りがいるからとかとは関係なく島外から移入で来た世帯が多く、若者世帯が多い。お年寄りと一緒に交じってということが少なく、それで常日ごろお年寄りに何かしてあげようというのはあまり見受けられない。

⑨高齢者

a．家族構成

二世代家族が多い。まったくの独居もしくは老人だけの世帯というのはあんまりない。近所に子どもさんがいらっしゃるところが多い。祖納あたりで何世帯かあると思うが、子供がこちらにいなくて向こうで居を構えているということで、お年寄り夫婦がこちらに住んでいるということもある。しかしそれは少ない。こちらは三世代世帯も、四世代世帯もある。

b．高齢者の普段の生活

家庭菜園などをしていて、日中畑で仕事をしている方が多い。老人クラブの活動は盛んでゲートボールの練習をしたりしている。最近はグラウンドゴルフをする人もいる。ゲートボールとグラウンドゴルフの両方をする人が多い。基本的に寝たきりの方はあまりいないが、病気で入院したり、施設とかに入ったり、デイサービスに行ったりしている方は増えている。診療所が西部と東部にそれぞれ一カ所あり、そこに通っている人もいる。それでもみんな何らかの仕事をしている。

c．高齢者の集まり

頻繁にしている。一番多いのは夕方のゲートボールの練習である。そのほかは、どこかに集まるというよりも隣近所の家にお茶のみに行っている。訪ねたり、野菜ができたから持って行ったりという集まりである。私（B氏）が知っているのは西表島の西部であるが、祖納や干立は、祭りだけで五〜六〇〇年続いている古い集落で、住宅が固まっているのでお互いに訪問し合っている。白浜は沖縄本島からの移民が多く、そこも集落がまとまっている。上原地区は船浦集落から浦内集落までだが、新しい入植者の集落で、入植六〇周年ぐらいになる。みなさん七〇代の人であるが、固まって入植した集落はまとまっていて、誰かの家にみんなが集まったりしている。まとまってお年寄りがいるのが少ない集落では、訪問し合うというよりは自分で畑に行ったり家族で過ごしたりしている。また、こちらでも島唄はある。何かの催しの時や、行事の時に歌い、普段も人によって島唄を歌う。

d．農業と高齢者

古い集落は稲作で、牧畜もやっている。はるか昔には集落があったが、一時途絶えて新しく移民が入ってできた上原あたりでは、パイナップル作りと牧草地で、稲作は昔はあったが、現在稲作が残っているのは祖納、干立だけである。東部では、古見、大原、大富の集落には稲作が残っている。稲作があるところは大体古い集落である。あとは東部の大富、大原の方はサトウキビである。西表島は、農業としてやっていけるところがあるともいえると思う。

高齢者だけで家庭菜園ではない農業をやっているというのは、あまりない。子供と一緒にやっているケースはある。子供と一緒にやっていなくて、現役で農業をしている七〇歳代の方がいて、その人はパイナップルをつくっている。そのほか、やはり七〇歳代で稲を現役で作っている方がいる。

e．見守り

民生委員は乳幼児からお年寄り、障害者を含めて、基本的に自分の担当区のことは把握しているので、どういう世帯があるかは頭に入っている。誰かが最近どうも調子悪い、というのは近所からも情報は入るし、保健師も回っているし、そういう意味では民生委員だけが見ているというよりもいろんなところが情報を把握している。台風などの対策も集落の機能のなかで賄っている。基本的に集落ごとに公民館があるから、公民館という組織の中でもカバーしている。ほとんどの集落に担当民生委員がいて、あとは消防団や、隣近所もある。集落機能はうまく働いている。逆にいえば悪いことはできないことになるが。

f．福祉ニーズ

お年寄りが、体が不自由になったりすると、子供たちは仕事があるので、常に面倒を見ることができない場合、デイサービスを利用する人が多くなっている。あと、ヘルパーが島内に一人しかいないので、やはりもっといてほしいという意見は結構ある。

栄養的に配食サービスを受けて食べさせた方がお年寄りのためにいいという者はいる。しかし、自分のスタイルを変えたくなくて、小さな店で買うものは知れているので、毎回そういった出来合いの物を食べているのはどうかと思って勧めるが、なかなか、うんと言わない。細かく見ると必要な人はいるが、本人からのニーズはあまりない。店に行ったら売っているから、栄養の問題はあるが（配食サービスの）希望は出てきにくい。

年をとって身体が不自由になると、子どもさんがいる場合、ある程度は面倒を見ていたりもするが、ぎりぎりになって病院ということになり、石垣に入院となる。入院されると長くなり、ほかの機能も弱って、転院、療養になることが多い。中には戻って来て、南風見苑のデイサービスに行く人もいる。家族の中には、近くというか生まれた島がいいということで南風見苑を希望する人もいる。しかし、基本的には西表島内でカバーすることができないので、石垣島の施設に入所する方もいる。

g. 診療所

診療所は、入院はできない。具合が悪くなったら石垣島の病院に行く。悪く言えば石垣島に行ってそれっきりという方もおられる。ドクターも西表島の東部と西部に一人ずついる。二四時間体制で、夜間の診療で引っ張り出されて昼間も診療があり、結構大変である。医師の中には積極的に離島医療をやりたいという人もいる。

緊急通報はこれといってやっていない。家で倒れていてたまたま誰かが見つけてヘリを飛ばしてというのは何回かあった。西表島の住吉、大原、それと鳩間島にヘリポートがある。以前付き添いでヘリに乗ったことがあるが、石垣空港に救急車が待機していて病院まで三〇分かからなかった。

医療的にもうちょっとちゃんとしてほしいというのはあるのだろうけれども、具体的には特にないと思う。昔は、ドクターが入れ替わるときに次のドクターが決まらなくて、無医村になることがあったが、今はそれもない。歯医者もいる。週に三日か四日だったと思うが、町立の歯科医院が大原に、こちらの上原には医療法人の歯科医院がある。石垣島も、何とか医院というのも含めて、病院が増えた。歯医者も増えた。

h. 葬式

火葬場は石垣島にしかない。許可された簡易のものが西表島にあるが、薪をくべてみんなで焼くというのしかない。場所は、昔から使っているところである。石垣島で火葬して、そしてお骨で帰ってきて、告別式となることが多い。

緊急の場合、診療所で手に負えない場合は、ヘリコプターで病人を石垣島の病院に運び、そして亡くなるということもある。あとはどうしてもここ（西表）でという方は、診療所に往診をお願いし、最期を看取っていただく。そういう方は古い集落に多いが、火葬は地元の何名か手慣れた人達が夜通しで薪をくべるということもあるが、それはごく少ない。その場合、「霊柩車」、こちらでは「ガン」と言って屋根のついたのに入れて火葬場に連れて行く。

お寺は石垣島にある。お骨と一緒にお坊さんが来る。葬儀屋は石垣島に三社ぐらいあり、そこが昔からの付き合いがあるから、それこそ家族構成まで知っているので、頼んでおけば手配してくれる。留守番をしている者がちゃんと葬式の準備をして、そうでない場合は、葬儀屋が来て準備する。葬祭の道具は業者が貸し出している。JAや社協は葬儀を扱ってはいない。

墓は、一族の門柱墓でなくなってきている。今は家族墓が多い。亀甲の大きい墓は少ない。今は破風と言うか、地面があってコンクリートで作ってという家族の墓が多い。古いところは先祖からのを入れているところもある。

三、区長調査による瀬戸内町と竹富町の現状と課題

奄美の瀬戸内町と八重山の竹富町は高齢化率や産業構造など異なる面も多々あるが、島嶼性の持つ地理的なハンディと琉球弧の基底文化を共有している。本研究は、琉球弧の北と南の集落の現状を調べることで、琉球弧の島々の福祉文化を背景にした集落コミュニティー再生の可能性を考察する上の一助としたい。

1. 方法

調査対象者は鹿児島県瀬戸内町と沖縄県竹富町の集落の区長であった。瀬戸内町には五六集落があるが、集落によっては地区分けをしているところがあるので六四人の区長(町嘱託員)がいる。竹富町には二一集落があり二一人の区長がいる。両町合わせて八五人の区長を対象にして郵送調査を行った。瀬戸内町では四〇集落、竹富町では一一集落の計五一集落から回答を得た(回収率六〇・〇%)。調査時期は二〇一二年一〇月中旬~一一月中旬であった。

調査内容は、集落の祭りや伝統芸能と存続の見通し、集落の協働作業・集落の良さ・集落の維持の見通し、集落内の団体、郷友会の有無、高齢者の生活、緊急事態への体制、集落の課題と対策、区長の個人属性と区長の選任方法、であった。

2. 結果

回答を寄せていただいた集落名は次の通りであった。なお、瀬戸内町については奄美本島地区と加計呂麻諸島地区に分けて集計した。①鹿児島県瀬戸内町奄美本島地区の一七集落（船津、嘉徳、節子、網野子、勝浦、阿木名西、伊須、蘇刈、嘉鉄、清水、手安、久根津、油井、小名瀬、管鈍、古志、篠川）、②鹿児島県瀬戸内町加計呂麻諸島地区の二三集落（呑之浦、押角、生間、渡連、徳浜、諸鈍、秋徳、佐知克、勢里、花富、請阿室、与路、瀬武、木慈、知之浦、俵、瀬相、西阿室、嘉入、須子茂、芝、実久、薩川）、③沖縄県竹富町の一一集落（小浜、細崎、大原、大富、上原、中野、住吉、干立、祖納、船浮、鳩間）。

3. 両集落の現状

①祭りや伝統芸能とその存続の見通し

a. 祭りや伝統芸能

現在集落で行われている祭りや伝統芸能について自由記述で答えてもらった。

地区ごとの祭りや伝統芸能を示すと、瀬戸内町加計呂麻諸島と瀬戸内町奄美大島地区で行われているのは、豊年祭、敬老会、浜下り、神社祭が多かった。竹富町で行われているのは、豊年祭、節祭（シチ）、入植祭、敬老会が多かった（表4-1）。入植祭は竹富町には開拓移民の集落があることを示している。また、三地区とも集落独自の祭りや伝統芸能が残っている。その中には、国指定重要無形民俗文化財に指定されている瀬戸内町加計呂麻諸島の諸鈍シバヤ、竹富町の種子取祭（タナドゥイ）、祖納と干立の節祭、小浜の結願祭や、県指定無形民俗文化財に指定されている瀬戸内町奄美大島地区の油井の豊年祭などがある。

b．祭りや伝統芸能の存続の見通し

集落の祭りの見通しについて調べるために、「今後の集落の祭りや伝統芸能の存続の見通しについてどのようにお考えですか」と質問した。

集落の祭りや伝統芸能の存続の見通しについては、回答のあった四八集落のうち、全体では「しばらくしたら存続できなくなる」と答えたのが四五・八％（二二集落）で最も多く、次いで「将来も存続していける」と答えたのが四一・七％（二〇集落）と続いた。地域でみると、竹富町では「将来も存続していける」と答えるのが多かったが、瀬戸内町加計呂麻諸島では「しばらくしたら存続できなくなる」と答えるのが多かった。瀬戸内町奄美本島地区では「将来も存続していける」というのは半数以下であった（表4－2）。

②協働作業、集落の良さ、集落の維持の見通し

a．集落で行われている協働作業

集落の協働作業について、「現在集落で行われている協働作業にはどのようなものがありますか」と質問し、複数回答で答えてもらった。

集落内の協働作業については、全体で最も多いのは「集

表4－1　現在集落で行われている祭りや伝統芸能

	祭りや伝統芸能（カッコ内は集落数）
瀬戸内町加計呂麻諸島（23集落回答）	豊年祭（20）、敬老会（8）、浜下り（4）、神社祭（4）、八月踊り（3）、新年祝賀会・拝賀式（3）、合同歳の祝・合同祝賀会（2）、舟漕ぎ大会（2）、十五夜（2）、神拝、寺山参拝、権現山参拝、クガックンチ、旧盆、お盆、七夕、夏祭り、芝のバッケバッケ、芝の楼踊り（ローオドリ）、諸鈍シバヤ、実久棒踊り、薩川安来棒踊り、木慈の垣起こし、新年ゲートボール大会、ウオークラリー請阿室
瀬戸内町奄美大島地区（17集落回答）	豊年祭（12）、敬老会（7）、八月踊り（4）、浜下り（4）、権現祭り（2）、盆踊り、十五夜、新年祝賀会兼歳の祝、神社際、送り盆、清水のティヤー（神社の祭り）、嘉鉄の家まわり、網野子の瀬戸内町民無形文化財（踊り：アンドンデー）、蘇刈の棒踊り、蘇刈の伊勢立頭、小名瀬のトモチ
竹富町（10集落回答）	節祭（3）、入植祭（2）、豊年祭（2）、敬老会（2）、種子取祭（2）、世願祭、小浜の結願祭、細崎のハーリー祭、小浜のお盆行事の芸能、大原まつり、上原のデンサー祭り、祖納のユニンガイ・シコマ・ブリヨイ・ソール、島興しライブ、砂浜芸能祭

表4－2　集落の祭や伝統芸能の存続の見通し(カッコ内は人数)

	将来も存続していける	しばらくしたら存続できなくなる	今、存続の瀬戸際にある	合計
瀬戸内町加計呂麻諸島地区	22.7%(5)	63.6%(14)	13.6%(3)	22
瀬戸内町奄美大島地区	40.0%(6)	40.0%(6)	20.0%(3)	15
竹富町	81.8%(9)	18.2%(2)	0.0%(0)	11
合計	41.7%(20)	45.8%(22)	12.5%(6)	48

落の清掃」でほぼすべての集落がこれを挙げていた。次に多いのは「川の清掃」で、三番目が「道路の維持管理」であった。

地域でみると、竹富町では「墓地の維持管理」と「川の清掃」が集落の協働作業としてあげられていないのが特徴的であった（表4－3）。

b．集落の良いところ

集落の良いところについて、「集落の良いところはどのようなことですか」と質問し、複数回答で答えてもらった。

集落の良いところについては、全体で最も多いのが「自然環境が良い」の九二・二％（四七集落）、二番目に多いのが「みんなが協力的」の六八・六％（三五集落）、三番目に多いのが「人情が良い」の六六・七％（三四集落）であった。地域でみると、竹富町が瀬戸内町よりも「伝統文化が良い」の割合が高かった。また、瀬戸内町加計呂麻諸島では、「暮らしが便利」と「交通の利便が良い」が他の二地区よりも低く、「人情が良い」が他の二地区よりも高かった（表4－4）。

c．今後の集落の維持の見通し

今後の集落の維持の見通しを調べるために、「今後の集落の維持の見通しについてどのように考えていますか」と質問した。

集落の維持の見通しについては、五一集落のうち、全体では六六・七％（三四集落）が「このまま集落を維持できるだろう」と答えていた。一方、「維持が難しく、消滅するだろう」と答えたのが二一・六％（一一集落）あった。「消滅する」と答えたのは瀬戸内町の集落に多かった。竹富町の場合、ほとんどの集落が「このまま維

表4-3　集落内の協働作業（複数回答、カッコ内は人数）

	清掃活動	墓地の維持管理	お宮の維持管理	道路の維持管理	川の清掃活動	その他	回答集落数
瀬戸内町加計呂麻諸島	100.0%(22)	63.6%(14)	50.0%(11)	72.7%(16)	100.0%(22)	13.6%(3)	22
瀬戸内町奄美大島地区	100.0%(17)	41.2%(7)	52.9%(9)	41.2%(7)	82.4%(14)	35.3%(6)	17
竹富町	90.9%(10)	0.0%(0)	36.4%(4)	81.8%(9)	0.0%(0)	27.3%(3)	11
合計	98.0%(49)	42.0%(21)	48.0%(24)	64.0%(32)	72.0%(36)	24.0%(12)	50

表4-4　集落の良いところ（複数回答、カッコ内は人数）

	自然環境が良い	伝統文化が良い	暮らしが便利	交通の利便が良い	人情が良い	みんなが協力的	その他	回答集落数
瀬戸内町加計呂麻諸島	95.7%(22)	34.8%(8)	4.3%(1)	13.0%(3)	87.0%(20)	78.3%(18)	4.3%(1)	23
瀬戸内町奄美大島地区	94.1%(16)	41.2%(7)	29.4%(5)	35.3%(6)	47.1%(8)	64.7%(11)	5.9%(1)	17
竹富町	81.8%(9)	63.6%(7)	27.3%(3)	27.3%(3)	54.5%(6)	54.5%(6)	0.0%(0)	11
合計	92.2%(47)	43.1%(22)	17.6%(9)	23.5%(12)	66.7%(34)	68.6%(35)	3.9%(2)	51

持できる」と答えていた。また、瀬戸内町加計呂麻諸島地区では「近隣集落と統合になるだろう」と答えるところもあった（表4－5）。

4．集落内の団体

集落内の団体について、老人クラブ、青年団、青壮年団、婦人会の有無を聞いた。集落内の団体の有無については、全体では老人クラブは約六割の集落にあった。超高齢社会を考えると組織化が求められる団体である。青年団と青壮年団は五割前後の組織率であった。若者の数が少なくなると青年団がなくなり青壮年団として組織化される傾向がみられる。瀬戸内町で青年団が少なく、竹富町で青壮年団が少ないのは、瀬戸内町で若者が減少しているが、竹富町では若者が多いことを示している。これも瀬戸内町の方が竹富町よりも少ない傾向にある。婦人会も瀬戸内町が竹富町よりも高齢化が進んでいることを反映していると思われる。青年団、青壮年団、婦人会は集落の行事や祭りの実行を担う組織であるので、これらの団体の充実は集落機能の充実と密接な関連がある（表4－6）。

5．郷友会

郷友会は集落（シマ）から都市部に出た者が集まって「相互扶助や情報交換の場として結成された（須山、二〇〇三）」組織である。最近は高齢化と世代交代とともに数が減少してきているところもあるが、残っている所では出身地である集落の維持や祭り等の存続に大きな役割を果たしている。なお、奄美では郷友会を「ごうゆうかい」

表4-5　集落の維持の見通し（カッコ内は人数）

	このまま集落を維持できるだろう。	近隣集落との統合になるだろう。	維持が難しく、消滅するだろう。	その他	合計
瀬戸内町加計呂麻諸島地区	56.5%(13)	13.0%(3)	26.1%(6)	4.3%(1)	23
瀬戸内町奄美大島地区	64.7%(11)	5.9%(1)	23.5%(4)	5.9%(1)	17
竹富町	90.9%(10)	0.0%(0)	9.1%(1)	0.0%(0)	11
合計	66.7%(34)	7.8%(4)	21.6%(11)	3.9%(2)	51

表4-6　集落内の団体の有無（複数回答、カッコ内は人数）

	老人クラブ	青年団	青壮年団	婦人会	回答集落数
瀬戸内町加計呂麻諸島	50.0%(7)	57.1%(8)	50.0%(7)	71.4%(10)	14
瀬戸内町奄美大島地区	66.7%(10)	33.3%(5)	66.7%(10)	86.7%(13)	15
竹富町	60.0%(6)	80.0%(8)	20.0%(2)	90.0%(9)	10
合計	59.0%(23)	53.8%(21)	48.7%(19)	82.1%(32)	39

と呼ぶが、沖縄では「きょうゆうかい」と呼ぶことが多い。郷友会の有無について調べるために、「郷友会はありますか」と質問した。郷友会の有無については、回答のあった五〇集落のうち、全体では、「ある」と答えたのが四六・〇％（二三集落）、「ない」と答えたのが五四・〇％（二七集落）であった。この傾向に地域差は見られなかった（表4－7）。かつて、奄美、沖縄のすべての集落にあったといわれる郷友会は時代の変化のなかで半減してきているといえよう。

郷友会の所在地について、瀬戸内町加計呂麻諸島では九集落から回答を得た（複数回答）。ここでは役場のある古仁屋にあるのが六集落、関西にあるのが四集落、東京にあるのが三集落、奄美大島の中心の名瀬にあるのが二集落あった。瀬戸内町奄美大島地区では八集落から回答を得た。ここでは関西にあるのが四集落、東京にあるのが四集落、古仁屋にあるのが一集落、名瀬にあるのが一集落あった。竹富町では五集落から回答を得た。ここでは役場のある石垣市にあるのが五集落、沖縄本島の那覇にあるのが四集落、東京を含む本土にあるのが二集落、西表島にあるのが一集落あった。

瀬戸内町加計呂麻諸島と島嶼からなる竹富町は役場の所在地に多くの郷友会があった。瀬戸内町では鹿児島市に郷友会があると答えた集落はなかったが、竹富町では那覇市に郷友会があると答えていた。また、両町とも東京や関西に郷友会があると答えた集落があった。

また、郷友会と集落の関わりの内容について、瀬戸内町加計呂麻諸島では七集落から回答を得た。ここでは集落行事への協力・参加が五集落、祭りへの寄付が一集落、運動会や学校の清掃への協力が一集落、五年に一度の里帰りツアーが一集落あった。瀬戸内町奄美大島地区では六集落から回答を得た。ここでは祭りや行事への参加が二集落、行事への電報送信が一集落、郷友会所在地での集落の祭りの開催が一集落、集落から郷友会の会に参加するのが一集落あった。竹富町では四集落から回答を得た。ここでは行事や祭りへの参加が四集落あった。

表4－7　郷友会の有無（カッコ内は人数）

	ある	ない	合計
瀬戸内町加計呂麻諸島	45.5%(10)	54.5%(12)	22
瀬戸内町奄美大島地区	47.1%(8)	52.9%(9)	17
竹富町	45.5%(5)	54.5%(6)	11
合計	46.0%(23)	54.0%(27)	50

両町とも集落行事や祭りへの参加が多かったが、瀬戸内町では郷友会が独自に祭りをしたり、集落から郷友会の会に出向いたりと多様な関わりをしていた。

6．高齢者の生活

①見守り体制の現状

各集落の区長に対し、集落の高齢者の見守り体制の現状について質問した結果を示すと、全体では、「整備する必要がある」が半数以上の五四・九％と最も高く、次いで「整備の必要はない」が二一・六％、「うまく機能している」が一七・六％であった。対象地でみると、「うまく機能している」と認識している割合は、瀬戸内町加計呂麻諸島が三〇・七％と最も高く、次いで、瀬戸内町奄美本島地区が一一・八％、竹富町は〇％と最も低かった。また、「整備する必要がある」と認識している割合は、瀬戸内町奄美本島地区が七六・五％と最も高く、次いで、竹富町が六三・六％、瀬戸内町加計呂麻諸島が三四・八％の順であった。

一方、「整備の必要はない」と認識している割合は、竹富町が二七・三％と最も高く、次いで、瀬戸内町加計呂麻諸島が二六・一％、瀬戸内町奄美本島地区が一一・八％であった（表４‐８）。

このうち、「うまく機能している」と答えた区長に対し、高齢者や生活弱者に対してどのような見守り体制を作っているか自由表記で質問した。

瀬戸内町加計呂麻諸島では、高齢化率・独居高齢者の割合の高さから、住民組織の見守り隊など共助による体制が、二重三重にとられていた。民生委員・区長・郵便配達員の訪問が多く、その他、民生委員と地域住民で組織する見守り隊、住民の声かけ運動、足の不自由な高齢者一名に対し元気な高齢者が二名付いて見守る体制をとっている集落もあった。また、島内の介護施設（ＮＰＯ介護事業所）

表４-８　高齢者の見守り体制（カッコ内は人数）

	うまく機能している	整備する必要がある	整備の必要はない	その他	合計
瀬戸内町加計呂麻諸島	30.7%(7)	34.8%(8)	26.1%(6)	8.7%(2)	23
瀬戸内町奄美本島地区	11.8%(2)	76.5%(13)	11.8%(2)	0.0%(0)	17
竹富町	0.0%(0)	63.6%(7)	27.3%(3)	9.1%(1)	11
合計	17.6%(9)	54.9%(28)	21.6%(11)	5.9%(3)	51

の配食サービス利用時の安否確認などが挙げられた。瀬戸内町奄美本島地区では、民生委員、自治会長、兄弟、見守り隊が挙げられた。竹富町は、瀬戸内町に比べ高齢化率が低く、子どもとの同居率が高いことも影響してか、見守り体制はほとんど機能していなかった。

②元気高齢者の普段の生活

元気な高齢者の普段の生活の過ごし方について、自由記述で答えてもらった。各対象地ともに野菜づくり（農作業）が最も多く、家事、庭の手入れ、散歩、ゲートボールやグラウンドゴルフといったスポーツ、釣り、仲間同士の会話が主な日中の過ごし方であることが分かった。

③虚弱高齢者の普段の生活

虚弱な高齢者の普段の生活について、自由記述で答えてもらった。各対象地ともに施設のデイサービスやショートステイ、訪問介護、訪問看護などの在宅サービスを利用しながら、主に自宅内で生活されていた。散歩や庭の手入れなどは体調をみながら行っており、食事に関しては、家族や介護施設の配食サービスを活用していた。健康状態の悪化や要介護度が高くなれば、島外や子どもの居住地へ転居し、病院や介護施設などの施設サービスを利用されていた。

④緊急事態への体制

a. 急患発生への体制の現状と内容

i. 急患発生への連絡・協力体制の現状

病気やけがなどの急患が発生したときの体制について質問した結果を示すと、全体では、「整備する必要がある」が四六・六％と最も多く、次いで「うまく機能している」が三六・〇％、「整備の必要はない」が一二・〇％の順であった。対象地でみると、「うまく機能している」と答えた割合は、竹富町が五〇・〇％と最も高く、次いで、瀬戸内町加計呂麻諸島の三四・八％、瀬戸内町奄美本島地区の二九・四％の順であった。次に、「整備する必要がある」と答えた割合は、瀬戸内町奄美本島地区が五二・九％と最も高く、次いで、瀬戸内町加計呂麻諸島の四三・五％、竹富町の四〇・〇％であった。また、「整備の必要はない」と答えた割合は、瀬戸内町加計呂麻諸島が一七・四％と最も高く、次いで、竹富町の一〇・〇％、瀬戸内町奄美本島地区の五・九％の順であった（表4‐9）。

ⅱ．連絡・協力体制の内容

上記の質問で、連絡・協力体制が「うまく機能している」と答えた区長に対し、現在どのような急患体制をとっているか、自由記述で答えてもらった。

瀬戸内町加計呂麻諸島では、すぐに消防（119番）に連絡し、救急車または救急艇を要請していた。状況によっては、元看護師に症状をみてもらい、救急車を要請するか判断し、軽症の場合には軽い処置を行ってもらっている集落もあった。また、急患の発生に備えて、日頃から隣近所の声かけや看護師との連絡を取っていた。

瀬戸内町奄美本島地区では、消防に連絡し、救急車を要請していた。また、急患の発生に備え、隣近所の声かけ、自治会長を中心に民生委員等と見守り体制をとり、常に安否確認を取っていた。

竹富町では、緊急時は時間外診療の受付に連絡、救急車要請、警察などと連携しており、特徴的な通報の体制として、ワンクッションコールという番号へ電話し、そこで、患者からの第一報を受け、おおまかな症状、連絡先を聞いてから診療所の医師に伝え、医師はあらためて患者へ電話し容体を尋ねるという体制を取っていた。なお、診療所で対応（処置）が無理な場合は、ヘリコプターで石垣島の病院へ搬送する体制が取られていた。ここでも同様に、急患の発生に備え、近くにいる者が高齢者との交流を図っていた。

b．災害発生への体制の現状と内容

ⅰ．災害発生への連絡・協力体制の現状

災害発生への連絡・協力体制の現状について質問した結果を示すと、全体では、「整備する必要

表4-9　急患が発生した時の体制（カッコ内は人数）

	うまく機能している	整備する必要がある	整備の必要はない	その他	合計
瀬戸内町加計呂麻諸島	34.8%(8)	43.5%(10)	17.4%(4)	4.3%(1)	23
瀬戸内町奄美本島地区	29.4%(5)	52.9%(9)	5.9%(1)	11.8%(2)	17
竹富町	50.0%(5)	40.0%(4)	10.0%(1)	0.0%(0)	10
合計	36.0%(18)	46.6%(23)	12.0%(6)	6.0%(3)	50

がある」が七三・五％と最も多く、次いで「うまく機能している」が一八・四％、「整備の必要はない」が六・一％の順であった。対象地でみると、「うまく機能している」と答えた割合は、竹富町が三〇・〇％と最も高く、次いで瀬戸内町加計呂麻諸島の二一・七％、瀬戸内町奄美本島地区の六・二％であった。次に、「整備する必要がある」と答えた割合は、瀬戸内町奄美本島地区が九三・八％と最も多く、次いで、瀬戸内町加計呂麻諸島の六五・二％、竹富町の六〇・〇％であった。また「整備の必要はない」と答えた割合は、竹富町が一〇・〇％と最も高く、次いで、瀬戸内町加計呂麻諸島の八・七％で、瀬戸内町奄美本島地区は〇％であった（表４‐10）。

ⅱ．連絡・協力体制の内容

上記の質問で、連絡・協力体制が「うまく機能している」と答えた区長に対し、現在どのような急患体制を取っているか、自由記述で答えてもらった。

瀬戸内町加計呂麻諸島では、要支援者をリストアップし、年一回の防火訓練・避難訓練を行っており、小中学校の職員の方にも協力依頼をし、連携を図っていた。また、状況を区長へ連絡し、区長は役場防災担当と連絡を取りながら対処していた。

瀬戸内町奄美本島地区は、二〇一一年一一月、一時間に一四三・五ミリの豪雨に見舞われた「瀬戸内町豪雨災害」は記憶に新しい。このこともあり、災害発生時における避難・誘導体制が確立しており、集落を区分し要援護者の把握と支援者の指定を行い、人員掌握版を作成していた。また、常時、火災・風災害などの連絡を取っていた。

竹富町では、消防、警察との連携が取られていた。一七七一年に八重山・宮古島（先島諸島）を襲った大津波災害により群島人口の三二・一％を失った、いわゆる「明和の大津波」の教訓や伝説が現代にも引き継がれており、地震、津波等の避難時の連絡方法が確立していた。高齢者に対する補助活動

表４‐10　災害が発生した時の体制（カッコ内は人数）

	うまく機能している	整備する必要がある	整備の必要はない	その他	合計
瀬戸内町加計呂麻諸島	21.7%(5)	65.2%(15)	8.7%(2)	4.3%(1)	23
瀬戸内町奄美本島地区	6.2%(1)	93.8%(15)	0.0%(1)	0.0%(0)	16
竹富町	30.0%(3)	60.0%(6)	10.0%(1)	0.0%(0)	10
合計	18.4%(9)	73.5%(36)	6.1%(3)	2.0%(1)	49

として、消防団員や家族、隣近所の人たちと地区の支えあい会が作られている集落もあった。一方では、体制は整っていても、いざ地震や津波が発生した場合の避難経路や避難場所が周知されていないという集落の意見もあった。

7. 集落の課題と対策

①集落の高齢者の問題と対策案

a. 集落の高齢者の問題

集落の高齢者の問題については、調査地域共通の問題として、独居高齢者への日常生活支援および災害時支援が挙げられていた。また、瀬戸内町加計呂麻島・竹富町では公共サービス（医療・介護・交通）の利便性に関する問題も指摘されていた。具体的には独居高齢者への日常生活支援に関しては、子どもたちが同居、もしくは近くに住んでいる高齢者が少なく、その結果買い物や農作業などに支障が生じていることなどの記述があった。また災害時における避難支援について、具体的な支援体制が整備されていないなどの指摘があった。さらに公共サービスについては、瀬戸内町加計呂麻諸島や竹富町において、医療サービスや介護サービスの供給量が十分でないため、将来サービスが必要になった際の対応や移動手段としての公共交通機関の利便性の問題が指摘されていた。

b. 集落の高齢者の問題への対策案

日常生活支援に関しては、瀬戸内町奄美本島地区では民生委員、青壮年会、婦人会、在宅アドバイザーなどと協力する見守り活動、瀬戸内町加計呂麻諸島・竹富町（西表西部・小浜島）でも区長を中心とした見守り活動が挙げられていた。なかでも瀬戸内町加計呂麻諸島・竹富町（西表西部・小浜島）では、各高齢者から区長へ緊急連絡ができる電話の設置や緊急時に連絡できる通報ボタンの設置の要望もあった。

災害時支援への対策としては、瀬戸内町奄美本島地区や竹富町（西表西部・小浜島）では、行政が進めている「災害時要援護者」登録制度を活用した支援体制の整備、防災マップの作成および活用を挙げていた。

公共サービスに対しては、加計呂麻島においては診療所への医師の常駐、タクシーやバスの増便など公共交通機関の整備、竹富町（西表東部・西表西部・小浜島）では介護施設やリハビリ施設の設置希望の記述があった。

なお、以上のような高齢者の問題・不安に対して、瀬戸内町加計呂麻諸島では、月一回民生委員、婦人会が計画を立て、みんなでビデオを見たり、談話をしたりする機会を設けたり、高齢者自身が栽培した野菜などをお互い持ち寄るなどし、交流の場を設けている地域もあり、多くの高齢者がそれらを楽しみにしているという記述があった。これらの取り組みは、他の地域へのモデル提示として有効であろう。

その他「高齢者問題が多すぎて、一口で話せない！」という高齢者問題の解決の困難さへの苛立ちを感じさせる意見や、「子や孫、地域の出身者に帰ってきてもらいたい。故郷をもっと知って欲しい……」という故郷の存続に対する思いの吐露もあり、地域における高齢者問題への複雑な心情を垣間見ることができる。

②集落の課題と対策

a．集落の問題

集落の問題としては、少子高齢化による人口の減少、就労の場の少なさ、頻発する自然災害が調査地域共通の問題として挙げられていた。一方で瀬戸内町本島部では、地域住民間の交流が少なくなってきているという指摘、瀬戸内町加計呂麻諸島・竹富町（西表東部・西表西部・小浜島）では公共サービスの利便性についての課題が挙げられており、一部は集落の高齢者の問題と重複する内容となっている。

人口の減少に関しては、高齢者への支援の問題と後継者不足の問題（地域における行事・作業の維持の困難性）、就労に関しては島に就労の場が少なく、若者は職を求め島から出ていかざるを得ない現状にあるという記述があった。また、地域住民間での交流が少なくなってきている理由として、外出ができなくなった一人暮らしの高齢者の増加によるところと、地域住民の中で地域共同体への愛着に温度差がでてきているということが指摘されていた。また、このアンケートに回答して下さった区長のなかには、「休日に一人ですべての集落の作業等をしており、すべて自腹で費用を賄っています……」という記述もあり、地域生活が特定の住民による行為（善意による）でなんとか維持されているという厳しい現状をうかがい知ることができる。

b．集落の問題への対策案

人口の減少の対策としては、I・Uターンを増やし地域の活性化を図り、就労の場や住居の整備を進めてはどうか、などという意見が多く見受けられた。特に国・県・町の施策による農地等を活用した一次産業等の活性化と定住促進への要望があったが、現状では地域の区長、民生委員、在宅アドバイザー等が連携を密にした上で問題を共有し、行政からのアドバイスを受ける、といったような対策が妥当であろうという記述もあった。

自然災害に対しては、防災マップの作成・見回り・声かけ・支援者間の連絡網の整備、災害避難場所の整備などの意見があった。また、現状について大幅な改善の見込みはないだろうが、現段階で行われている住民同士による相互扶助をなんとか維持していくことも重要な対策の一つとして挙げられていた。

公共サービスの利便性については、瀬戸内町加計呂麻諸島・竹富町（西表東部・西表西部・小浜島）において、公共交通機関の増便や送迎サービス事業への委託による補助事業の推進などの意見があった。加えて竹富町（西表西部・小浜島）では救急車の配備について、消防署員の配置や墓地の造成等、行政の施策としての実施を希望する記述があった。

なお瀬戸内町加計呂麻諸島の区長の中には、このアンケート自体に対して、「高齢者支援を考えてのことだと思うが、高齢者という一つのくくりではなく、元気な方は畑仕事をし、魚を獲り、ある面、幸せに暮らしています。問題、課題はあると思うが……」というように、上記に挙げたことが地域のすべての人々にとって常に課題であり、あるいは問題とされているかどうかという点について疑問を呈する意見もあった。とはいえ、ある区長さんの「集落民大部分が未来のことを仕方なく思っている」という意見のように、地域の現状に対し、諦めの念が拭えないのも事実であろう。

③現在の区長について

a．区長の個人属性

i．区長の性別

地区ごとの区長の性別の内訳を示すと、瀬戸内町加計呂麻諸島において女性が多いのが特徴的である（表4－11）。

ii．区長の年齢

瀬戸内町の奄美本島地区で一番若いのが五六歳、最高年齢が七四歳である。瀬戸内町加計呂麻諸島では五二歳から八七歳の年齢幅がある。竹富町は三〇歳から六三歳と年齢が若い。この意味するところは、後述の「iv．区長経験の年数」から見ても分かるように、瀬戸内町加計呂麻諸島において、人材が不足しているということである。

iii．区長の職業

三地区ともに共通する職業としては「農業」と「無職」が挙げられ、瀬戸内町加計呂麻諸島と瀬戸内町奄美大島地区において共通する職業は「嘱託員」が挙げられていた。瀬戸内町加計呂麻諸島と竹富町に共通する職業は「自営業」であった。

iv．区長の経験年数

地区ごとの区長の経験年数の内訳を示すと、瀬戸内町は竹富町に比べ、奄美本島地区において一・九〇倍以上、加計呂麻諸島において二・〇〇倍以上経験年数が長くなっているが、人口構成により、区長のなり手がいないことを意味している。これは、次項「i 区長の選任理由」から見ても分かる（表4－12）。

b．区長の選任理由と選任方法

i．区長に選ばれた理由

地区ごとに区長が選ばれた理由の内訳を示すと、瀬戸内町においては、奄美本島地区、加計呂麻諸島ともに「他に区長をする者がいなかった」と答えた人が八六・七％、七五・〇％とかなり高率で、竹富町の三六・四％の二倍以上になって

表4－11　区長の性別（カッコ内は人数）

	男性	女性	合計
瀬戸内町加計呂麻諸島	78.3%（18）	21.7%（5）	23
瀬戸内町奄美本島地区	94.1%（16）	5.9%（1）	17
竹富町	90.9%（10）	9.1%（1）	11
合　計	86.3%（44）	13.7%（7）	51

表4－12　区長の経験年数

	平均値（年）	人数（人）
瀬戸内町加計呂麻諸島	4.73	23
瀬戸内町奄美本島地区	4.49	17
竹富町	2.36	11
合　計	4.14	51

いる（表4‐13）。その他の項目内容を考慮すると、選任理由の多くは次のようになる。加計呂麻諸島の場合、「経験のあるものを区長に推薦しようとしたが、他になり手がいないので、継続して自分がなった」。奄美本島地区の場合、「推薦しようにも他に人材がいないので、継続して自分がなった」。竹富町の場合は、「原則的に順番制であるが、交代が難しい場合、経験などを考慮しながら人物を選び、推薦する中で区長を選任している」。

ⅱ．区長の選任方法

地区ごとに区長を選んだ方法の内訳を示すと、選任理由とも関連しているが、推薦・指名が圧倒的に多いのが分かる。竹富町において、「ⅰ 区長の選任理由」の項で順番という回答が本質問ではゼロになっているが、聞き取り調査の内容から推察すると、「推薦・指名」に含まれているものと思われる。いずれにしても、選挙で選ばれる割合は三地区ともに低くなっている（表4‐14）。

四、まとめに代えて

本研究は、奄美群島の瀬戸内町と八重山諸島の竹富町の集落区長に郵送法によるアンケートを実施し、集落の現状と維持の見通し、集落の団体、郷友会、高齢者の生活、緊急事態への体制、集落の課題と対策、区長の個人属性等について答えてもらった。

祭りや伝統芸能の現状については、集落独自の祭りや伝統芸能が残っていた。両町に共通して行われているのは豊年祭である。ただし豊年祭は瀬戸内町では集落の中心的な

表4‐13　区長の選任理由（複数回答、カッコ内は人数）

	年齢	経験	他に区長をする者がいなかった	その他	回答者数
瀬戸内町加計呂麻諸島	10.0%(2)	25.0%(5)	75.0%(15)	15.0%(3)	25
瀬戸内町奄美本島地区	0.0%(0)	0.0%(0)	86.7%(13)	20.0%(3)	16
竹富町	18.2%(2)	18.2%(2)	36.4%(4)	36.4%(4)	12
合計	7.5%(4)	13.2%(7)	60.4%(32)	18.9%(10)	53

表4‐14　区長の選任方法（カッコ内は人数）

	選挙	推薦・指名	順番	その他	合計
瀬戸内町加計呂麻諸島	13.6%(3)	68.2%(15)	9.1%(2)	9.1%(2)	22
瀬戸内町奄美本島地区	11.8%(2)	82.4%(14)	0.0%(0)	5.9%(1)	17
竹富町	9.1%(1)	81.8%(9)	0.0%(0)	9.1%(1)	11
合　計	12.0%(6)	76.0%(38)	4.0%(2)	8.0%(4)	50

祭りになっているが、竹富町では一部にとどまっていた。竹富町では八重山独自の伝統的祭りが残り、また開拓移民の集落では入植祭も行われていた。祭りや伝統芸能の維持が可能である集落は半数を切っていた。なかでも瀬戸内町においては祭りや伝統芸能の存続が危うい集落が多く、豊年祭への一本化の傾向がうかがえた。

集落の協働作業で多かったのは、清掃と道路の維持管理であった。瀬戸内町では墓地の維持管理と川の清掃が行われていた。集落の良さでは、自然環境の良さが第一に挙げられていた。竹富町では伝統文化の良さ、瀬戸内町加計呂麻島では人情の良さが高かった。集落の維持の見通しでは、竹富町では維持の可能性がある集落が多かったが、瀬戸内町では少なかった。

集落の団体で最も多いのは婦人会であった。老人クラブがあるのは約六割であった。高齢化の程度を反映して、青年団は竹富町に多く、青壮年団は瀬戸内町で多かった。郷友会は両町とも約半数の集落にあった。集落単位の郷友会は高齢化と世代交代の中で減少しているといえる。また、両町とも役場の所在地（古仁屋と石垣市）に郷友会があり、次いで東京や関西にあった。郷友会は集落行事や祭りへの協力参加をすることが多かった。

高齢者の見守り体制の整備を求める集落が半数あった。一方、瀬戸内町加計呂麻諸島では見守り隊を作るなどして見守り体制がうまく機能している集落もあった。元気高齢者は、菜園、スポーツ、趣味活動をして過ごし、虚弱高齢者は在宅サービスを利用したり、体調に応じ散歩や庭の手入れなどして過ごしていた。

急患発生への体制の整備を求める集落は半数近くあった。竹富町ではうまく機能している集落が半数あった。急患発生への体制がうまく機能していると答えた瀬戸内町の集落では救急車や救急艇の利用があり、竹富町の集落では救急車とヘリコプターの利用があった。災害発生への体制の整備を求める集落は七割を超え、特に、瀬戸内町奄美本島地区で整備を求める集落が多かった。災害発生の体制がうまく機能している集落では消防・警察・行政との連絡体制を作り、住民の側でも協力体制を作っていた。

集落の高齢者の問題としては、調査地域共通のものとして独居高齢者への日常生活支援、災害時支援の記述があり、その対策として、民生委員、青壮年団、婦人会、在宅アドバイザーなどが協力する見守り活動、行政が進めている「災害時要援護者」登録制度を活用した支援体制の整備、防災マップの作成および活用を挙げていた。また、瀬戸内町加計呂麻諸島・竹富町では公共サービス（医療・介護・交通）の利便性についての課題が指摘されており、対策としては診療所への医師の常駐、タクシーやバスの増便など公共交通機関の整備（加計呂麻島）、介護施設やリハビリ施設の設置（竹富町〈西表東部・西表西部・小浜島〉）を要望する意見があった。

集落の問題としては、少子高齢化による人口の減少、就労の場の少なさ、頻発する自然災害が調査地域共通の問題として挙げられていた。一方で瀬戸内町本島部では、地域住民間の交流が少なくなってきているという指摘、瀬戸内町加計呂麻諸島・竹富町（西表東部・西表西部・小浜島）では公共サービスの利便性についての課題が挙げられており、一部は集落の高齢者の問題と重複する内容となっていた。いずれの課題に対しても国・県・町の施策の推進による解決が望まれていた。

区長は男性が多かった。区長の年齢は、竹富町の方が瀬戸内町よりも若かった。高齢化が進んでいる瀬戸内町加計呂麻諸島では女性の区長も少なからずいた。区長経験年数は竹富町の方が瀬戸内町よりも短かった。瀬戸内町では区長の人材が不足しているので区長経験年数が長い人が多いものと思われる。それは、瀬戸内町の区長の選任理由として「他に区長をする者がいなかったから」と答えたのが多かったことにも表れている。区長の選任方法は推薦・指名が多かった。

以上、奄美群島瀬戸内町と八重山諸島竹富町の集落の様子をアンケート調査から見てきた。ともに亜熱帯の島嶼という点で自然環境や地理的環境がもたらす自然環境の良さ、自然災害、生活の不便性などに共通点がみられた。また、中央から離れた辺境の島嶼ということで、保健福祉サービス体制や緊急事態への体制作りの必要性でも共通点がみられた。郷友会が残っているのも中央の経済圏から離れた辺境性によるものと思われる。一方、祭りや伝統芸能などの顕現的な文化面では違いが目立った。特に自然と文化を活かした観光産業で潤う竹富町は若者が多く残り、祭りや集落の維持、集落の団体構成、区長の属性などで瀬戸内町と異なる点が見られた。このように文化、産業、人口構成等では大きく異なる点がみられる両地域であるが、琉球弧という括りがなされるように、奄美と八重山の集落は気候、島嶼性、基底文化を背景にした共通した特徴と課題も有している。

（小窪輝吉・岩崎房子・田中安平・大山朝子・田畑洋一・髙山忠雄・玉木千賀子）

注

（1）本研究において、鹿児島県瀬戸内町および沖縄県竹富町の集落区長に調査票への回答・返送をしていただいた。また、調査実施において両町役場のご協力を得た。書面を借りて感謝申し上げる。

なお、本研究は、日本学術振興会科学研究費補助金基盤研究（B）『琉球弧における地域文化の再考と地域再生プランおよび実践モデル化に関する研究』（研究代表者：田畑洋一、課題番号：二三三三〇一九〇）の成果の一部である。

（2）本稿は、小窪輝吉・岩崎房子・田中安平・大山朝子・田畑洋一・高山忠雄・玉木千賀子（二〇一四）「奄美諸島瀬戸内町と八重山諸島竹富町の集落の現状と課題—集落区長へのアンケート調査から—」鹿児島国際大学福祉社会学部論集第三二巻、三 - 一〇四頁を再掲したものである。

文献

沖縄県（二〇一二）『八重山要覧（平成24年版）』沖縄県総務部八重山事務所

(http://www.pref.okinawa.jp/site/somu/yaeyama/shinko/youran/h24yaeyamayouran.html)

沖縄県a（二〇一三）『沖縄のしまじま』沖縄県企画部

(http://www.pref.okinawa.lg.jp/chiiki_ritou/simajima/,2013.10.13)

沖縄県b（二〇一三）『離島関係資料（平成25年1月）』沖縄県企画部地域・離島課

(http://www.pref.okinawa.jp/site/kikaku/chiikirito/ritoshinko/ritoukankeisiryou.html,2013.10.13)

鹿児島県大島支庁（二〇一二）『平成24年度奄美群島の概況』鹿児島県大島支庁総務部企画課
(h t tp://www.pref.kagoshima.jp/aq01/chiiki/oshima/chiiki/zeniki/gaikyou/documents/30390_20130308144629-1.pdf,2013.10.14)
鹿児島県瀬戸内町（二〇一三）『過疎地域自立促進計画書（平成22年度‐平成27年度）』
(http://www.amami-setouchi.org/sites/default/files//img/kasojiritsukeikaku.pdf,2013.10.15)
島尾敏雄（一九九二）『新編・琉球弧の視点から』朝日新聞社（朝日文庫）
須山聡（二〇〇三）「3章　奄美大島、名瀬の郷友会—組織の機能と空間的性格—」平岡明利編『離島研究』海青社、四一‐五七頁
瀬戸内町（二〇一三）『瀬戸内町の位置』
(http://www.amami-setouchi.org/node/26,2013.10.15)
竹富町（二〇一三）『美しき島々』竹富町
(http://www.town.taketomi.lg.jp/islands/index.php?content_id=1,2013.10.13)

第V章　奄美諸島と八重山諸島における高齢者の生活と福祉ニーズ

一、研究の背景

社会福祉法第四条では、「地域住民、社会福祉を目的とする事業を経営する者及び社会福祉に関する活動を行う者は、相互に協力し、福祉サービスを必要とする地域住民が地域社会を構成する一員として日常生活を営み、社会、経済、文化その他あらゆる分野の活動に参加する機会が与えられるように、地域福祉の推進に努めなければならない」と地域福祉の推進について明示されており、各地方公共団体では、市町村地域福祉計画（社会福祉法第一〇七条）、そして都道府県地域福祉計画（社会福祉法第一〇八条）の一環として健康の維持・増進に向けた具体的な取り組みが行われている。しかし、このような取り組みは、主に地域における社会資源の活用の促進による政策目標の達成が意図されており、保健医療福祉サービス等の社会資源が十分に整備されていない島嶼地域においては、政策目標の達成に資するべき社会資源の整備に関する地域間格差の是正が最重要課題となっている。一方、島嶼地域では、その地理的環境によって、財政力・経済力に恵まれず、健康状態の悪化が島内での生活継続を困難な状態に陥れる大きな要因の一つとなっており、社会資源によらない健康の維持・増進方法を模索することが喫緊の課題と考えられる（山下・村山他二〇〇七：二四〇）。

ところで、鹿児島県奄美諸島の島嶼集落に関する研究は、九学連合奄美調査委員会（一九八二）による民俗学的・社会学的研究が代表的なものであり、生業の変化と過疎化による地域共同体の崩壊、それに伴う住民の連帯感や協力意識の低下の懸念が指摘された。その後、明治学院大学による研究グループ（原田ら一九九九）が加計呂麻島の集落調査を行い、相互扶助の伝統が根強く残っている地域特性を挙げ、過疎高齢化の進行する中で高齢者が連帯して積極的に参加して地域社会の活力維持に努めている「長寿村」のモデルとして紹介した。

本研究代表者である田畑（一九九六）は、奄美大島南部の高齢者の生活を調査し、低収入と公的年金あるいは生活保護に頼らざるを得ない高齢者の生活の中で、交際費の占める割合が高いことを指摘し、この支出が相互扶助という共助のサービスを受けるための一種の対価あるいは貯金の役割を果たしていると考察した（田畑一九九六：二四二）。その後に行われた奄美南部の加計呂麻島と古仁屋の高齢者調査（小窪・田畑二〇〇一）において、①島嶼集落の高齢者が離島という地理的・経済的に不利な状況におかれながら、良好な地域・近隣関係に支えられて心豊かな生活を送っていること、しかし②離島では島嶼集落の基盤が低下しているため、いわゆる「元気高齢者」しか生活しにくいこと、③共同体の再生を促す努力がいま一層求められていること、が指摘された。その後、科学研究費研究助成「二〇〇三年〜二〇〇五年度　基盤研究（B）『離島の離島における高齢者の自立生活と地域の役割に関する研究』」（研究代表者：田畑洋一、二〇〇四年度より代表者を小窪輝吉に変更、課題番号一五三三〇一三〇）を受け、奄美大島南部の加計呂麻島、請島、与路島の保健福祉サービス提供と利用の現状とそこで暮らす高齢者の生活実態を文献資料や聞き取り調査およびアンケート調査から明らかにした。結果、①福祉制度はあるが福祉サービスが受けられない離島の現状、②離島ゆえに日常生活基盤が整っていない中での高齢者の生活の問題、③相互扶助的な文化の残る地域特性、④過疎高齢化による地域基盤の弱体化など、離島ならではの生活問題が明らかになった。離島高齢者が住み慣れた土地で豊かな老後を送るのに必要なものとして、また持続可能な集落を維持していく生活基盤として役に立つ福祉サービス拠点の整備の必要性を指摘した。研究終了後も、加計呂麻園地域包括支援センターと意見交換を継続して研究対象地域の現状把握を行っている。結果、島嶼地域においては、保健・福祉の充実ばかりではなく、地域や集落の維持と活性化が急務であるという認識に至った。

また、髙山（例えば二〇〇三）は、これまで永い間、地域で生活する障害者を支援するための生活環境設計のあり方の研究にかかわってきた。最近では、科学研究費研究助成「二〇〇四～二〇〇六年度　基盤研究（B）『健やかで安らぎのある生活環境の形成—美的倫理的ヒューマン・エコシステムの要件』」（研究代表者：髙山忠雄、課題番号一六三〇〇二三二）を受け、医療・保健・福祉を基盤に置く生活環境を新しい文化として形成する方法について多角的に学際的研究を行った。また、厚生労働科学研究費補助金〈長寿科学総合研究事業〉「二〇〇六～二〇〇八年度『効果的な介護予防型訪問・通所リハビリテーションの実態把握からみた自立生活支援プログラムの開発評価に関する研究』」を受け、地域特性を考慮した介護予防のあり方に関する評価研究を行った。結果、地域リハビリテーションを推進するには新しい生活文化学的ヒューマン・エコシステム（人間的生態系）の構築が必要で、そのためには医療・保健・福祉を基盤に置くこと、衣食住の生活環境や生活デザインの整備、伝統的・歴史的文化への考慮が重要であることを指摘した。

集落の活性化の課題とその解決に向けた検討を行い、①伝統文化が根強く残る島嶼集落の地域文化を福祉資源の観点から掘り起こし、②それを活かした地域再生・活性化を高山の提唱する地域リハビリテーションの方法をもとに構想し実践する、という着想に至った。

しかしながら、これまでは奄美群島に限定していたが、本研究では、典型事例となる島嶼集落の研究知見の一般化を図るために、琉球弧の北に位置する奄美諸島と南に位置する沖縄県の八重山諸島における島嶼地域の高齢者の生活の現状とニーズを把握することにした。本稿では、調査対象地（奄美市、瀬戸内町、石垣市、竹富町）間の比較を中心に報告する。

二、研究方法

1. 調査対象

琉球弧を形成する島嶼集落における高齢者の生活の現状と福祉ニーズを把握するため、鹿児島県の奄美諸島の中心である奄美市および島嶼集落部である瀬戸内町、沖縄県の八重山諸島の中心地である石垣市、その島嶼集落部である竹富町の四つの地域（集落）を調査対象とした。奄美市と石垣市では、持ち家の多い住宅街を調査対象地として選定し、瀬戸内町では加計呂麻島から二集落選び、請島の二集落、与路島の一集落を調査対象地とした。竹富町では西表島西部から五集落、鳩間島の一集落を調査対象地とした。

2. 調査方法

留置き法で、民生委員から配布と回収の協力を得た。調査対象者は四つの地域に居住する高齢者で、四地域から約二〇〇人ずつ約八〇〇人を対象とした。奄美市と石垣市の場合、調査対象となる地区を選定し、調査実施に協力していただいた地区担当の民生委員に均等になるように割当人数を決め、民生委員の自宅から近い順に必要人数を対象者として選んでもらった。奄美市では、四人、石垣市では五人の民生委員に調査実施に協力して頂いた。島嶼集落部の場合、集落担当の民生委員に調査実施の協力をして頂いたので、瀬戸内町および竹富町ではそれぞれ六人の民生委員の協力を得た。なお、竹富町西表島西部の一集落の対象者が多かったため、町全域担当の民生委員にも協力を得た。調査実施においては、「調査協力を断られた場合や、調査不能の場合は調査しない。いわゆる補充調査はしない。調査に協力する意向があるが、自分で回答できない場合は、聞き取り形式で調査する」という条件のもとで行ってもらった。調査は七六七人を対象とし、七三二人からの回答を得た（回収率九五・四％）。調査時期は、二〇一二年一〇月中旬～一一月中句であった。調査結果の集計は、IBM SPSS Statistics 19を用いた。なお、以下の集計結果においては、質問項目への無回答が含まれるので、回答者数は質問項目ごとに異なる。

3. 倫理上の配慮

調査票に調査の趣旨とともに、回答は自由意志であり、拒否しても不利益を被ることがないこと、調査は無記名で、個人が特定できないよう統計処理をすることを説明した文書を添付した。また、本研究の研究対象者に対する倫理的配慮について、鹿児島国際大学教育倫理審査委員会の承認を得たうえで実施した。

三、結果

1. 調査対象者の属性

①居住地域と年齢構成

対象者の居住地域および年齢構成を示すと、居住地域については、島嶼地域の島嶼都市部と島嶼集落部、および県別においてもほぼ均等の回答者数が得られた。年齢構成については、全体の平均年齢は七七・八歳（SD=7.695）であった。奄美市の平均年齢は七六・八歳（SD=7.61）、瀬戸内町が七九・五歳（SD=7.397）、石垣市は七八・二歳（SD=7.769）、竹富町は七六・五歳（SD=7.633）であった。四対象地域を比較すると、島嶼集落部ではあるものの、竹富町では前期高齢者の割合が最も高く、後期高齢者の割合が最も低かった。一方、同じ島嶼集落部でも瀬戸内町は、前期高齢者の割合が最も低く、後期高齢者の割合が最も高いという傾向がみられた（表5‐1）。

②性別

対象者の性別構成を示すと、全体では、男性二八七人（三九・九％）、女性四三二人（六〇・一％）であり、四対象地域ともに男女比はほぼ同様であった（図５-１）。

２．健康状態

①主観的健康状態

主観的な健康状態について「あなたのお体の具合はいかがですか」と質問した結果を示すと、全体では、「健康である」が三一・六%、「あまり健康であるとはいえないが、病気ではない」が五六・四%、「病気がちで、寝込むことがある」が一〇・一%、「病気で、一日中寝込んでいる」が二・〇%であった。カイ二乗検定をする際、期待度数が五未満のセルを解消するために「病気がちで、寝込むことがある」と「病気で、一日中寝込んでいる」を合計した。その結果、対象地と健康状態の間に有意な関連性はみられなかった（χ^2=5.940, df=6, p>.10）。これは健康状態に地域差がないことを示している（表５-２）。

内閣府が公表した「二〇一二年度版　高齢社会白書」によると、六〇歳以上の男女に対する健康についての意識調査（平成二二年度）では、「健康である」六五・四%、「あまり健康であるとはいえないが、病気ではない」二八・七%、「病気がちで、寝込むことがある」五・一%、「病気で、一日中寝込んでいる」〇・四%となっている。本調査では、「健康である」と答えた人より「あまり健康であるとはいえないが、病気ではない」と答えた人の割合が高かった。この結果は、調査対象

表５-１　分析対象者の年齢（単位：人）

		前期高齢者	後期高齢者	合計
奄美市	男性	30	36	66(34.9%)
	女性	48	75	123(65.1%)
	合計	**78(41.3%)**	**111(58.7%)**	**189**
瀬戸内町	男性	22	43	65(38.2%)
	女性	21	84	105(61.8%)
	合計	**43(25.3%)**	**127(74.7%)**	**170**
石垣市	男性	27	50	77(40.3%)
	女性	37	77	114(59.7%)
	合計	**64(33.5%)**	**127(66.5%)**	**191**
竹富町	男性	48	28	76(46.3%)
	女性	24	64	88(53.7%)
	合計	**72(43.9%)**	**92(56.1%)**	**164**
合計	男性	127	157	284(39.8%)
	女性	130	300	430(60.2%)
	合計	**257(36.0%)**	**457(64.0%)**	**714**

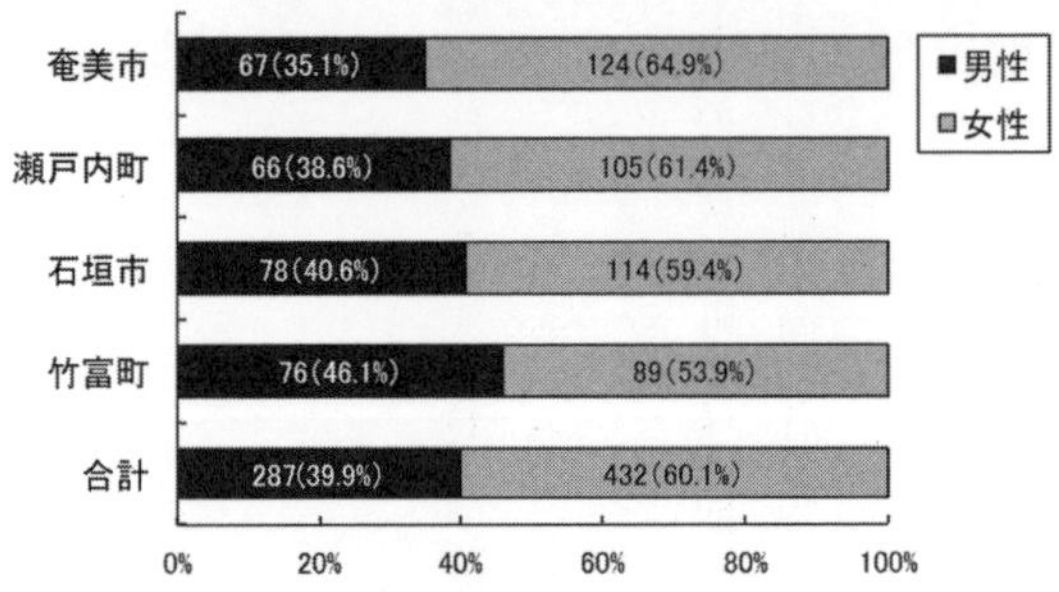

図５-１　対象者の性別と居住地域（単位：人）

者の六四％を後期高齢者が占めているためであろうと考える。前掲「奄美南部の加計呂麻島と古仁屋の高齢者調査」（小窪・田畑二〇〇二）において、離島には「元気高齢者」しか住めないと指摘しているが、歳月の経過に伴い、現在では「やや元気高齢者」が多く住む地域へと変容していると指摘することもできる。

次に、「病気がちで、寝込むことがある」「病気で、一日中寝込んでいる」と答えた八三人の高齢者に、「その症状を教えてください。（○はいくつでも）」と質問した。その結果を示すと、全体では、「腰痛」「ひざの痛み」がそれぞれ四〇人と最も多く、「体がだるい」「便秘」がそれぞれ三四人、「手足がしびれる」三二人の順であった。圧倒的にＡＤＬ（日常生活動作）に影響を及ぼす骨関節症状および高齢者特有の加齢による症状が上位を占めた。なお、「手足のしびれ」に関しては、少々気になる症状ではあるが、後述の質問項目「病気の種類」のなかで上位にあがった高血圧・脳卒中との関連がみられるかはこの調査では特定できない（表５-３）。

表5-2　健康状態(カッコ内は人数)

	健康	やや健康	病気がち	病気	合計
奄美市	33.2%(63)	53.7%(102)	10.0%(19)	3.2%(6)	190
瀬戸内町	26.8%(44)	62.8%(103)	9.8%(16)	0.6%(1)	164
石垣市	30.3%(57)	58.5%(110)	8.5%(16)	2.7%(5)	188
竹富町	36.0%(59)	50.6%(83)	12.2%(20)	1.2%(2)	164
合計	31.6%(223)	56.4%(398)	10.1%(71)	2.0%(14)	706

表5-3　病気の症状(複数回答、カッコ内は人数)

	奄美市	瀬戸内町	石垣市	竹富町	回答者数
体がだるい	②54.2%(13)	②47.1%(8)	35.0%(7)	28.6%(6)	34
頭痛	16.7%(4)	23.5%(4)	20.0%(4)	14.3%(3)	15
腰痛	③45.8%(11)	②47.1%(8)	①50.0%(10)	②52.4%(11)	40
ひざの痛み	①62.5%(15)	①52.9%(9)	②40.0%(8)	38.1%(8)	40
肩こり	29.2%(7)	35.3%(6)	30.0%(6)	42.9%(9)	28
手足がしびれる	③45.8%(11)	23.5%(4)	30.0%(6)	②52.4%(11)	32
食欲がない	8.3%(2)	5.9%(1)	35.0%(7)	4.8%(1)	11
息切れ	12.5%(3)	29.4%(5)	5.0%(1)	23.8%(5)	14
めまい・立ちくらみ	8.3%(2)	17.6%(3)	10.0%(2)	28.6%(6)	13
吐き気	0%(0)	5.9%(1)	10.0%(2)	0%(0)	3
目の疲れ	12.5%(3)	29.4%(5)	35.0%(7)	9.5%(2)	17
胸の痛み・圧迫感	12.5%(3)	5.9%(1)	15.0%(3)	14.3%(3)	10
便秘	25.0%(6)	④41.2%(7)	②40.0%(8)	①61.9%(13)	34
下痢	0%(0)	11.8%(2)	10.0%(2)	4.8%(1)	5
尿が出にくい・もれる	12.5%(3)	5.9%(1)	30.0%(6)	33.3%(7)	17
その他	8.3%(2)	0%(0)	5.0%(1)	14.3%(3)	6
回答者数	24	17	20	21	82

②客観的健康状態

客観的健康状態について「病気がちで、寝込むことがある」「病気で、一日中寝込んでいる」と答えた八三人の高齢者に「その病気は何ですか。(〇はいくつでも)」と質問した結果を示すと、全体では、「高血圧」と答えた人が四〇人と最も多く、次いで「骨・関節の病気」三七人、「目の病気」二一人であった(表5-4)。対象地の特徴としては、瀬戸内町では、脳卒中と糖尿病の罹患者がほとんどみられなかった。医療機関の不足、またはない環境が、その症状や後遺症などにより日常生活自立度の低下をきたし、住み慣れた地域での生活を困難にしているのではないかということや、離島特有の食物調達上の諸問題などが絡み合っているのではないかということが推測された。

③日常生活での介助の必要度

日常生活での介助の必要性について「あなたは、日常生活を送る上で、誰かの介助が必要ですか」と質問した結果を示すと、全体では「まったく不自由なく過ごせる」が五一・五%、「少し不自由だが何とか自分でできる」三七・二%、「不自由で、一部他の人の世話や介護を受けている」八・五%、「不自由で、全面的に他の人の世話や介護を受けている」二・八%であり、八八・七%の人が自立可能で、一一・三%の人が介護を必要とする状態であった(表5-5)。

内閣府が公表した「二〇一二年度版　高齢社会白書」によると、六〇歳以

表5-4　病気の種類(複数回答、カッコ内は人数)

	奄美市	瀬戸内町	石垣市	竹富町	回答者数
高血圧	②36.0%(9)	①60.0%(9)	①42.9%(9)	①59.1%(13)	40
心臓病	8.0%(2)	④26.7%(4)	19.0%(4)	③22.7%(5)	15
脳卒中	③28.0%(7)	0.0%(0)	14.3%(3)	13.6%(3)	13
糖尿病	④20.0%(5)	6.7%(1)	23.8%(5)	③22.7%(5)	16
胃・十二指腸潰瘍	8.0%(2)	13.3%(2)	0.0%(0)	0.0%(0)	4
肝臓の病気	4.0%(1)	6.7%(1)	4.8%(1)	0.0%(0)	3
肺の病気	8.0%(2)	6.7%(1)	14.3%(3)	0.0%(0)	6
がん	0.0%(0)	0.0%(0)	4.8%(1)	9.1%(2)	3
目の病気	16.0%(4)	③33.3%(5)	③33.3%(7)	22.7%(5)	21
骨・関節の病気	①48.0%(12)	②40.0%(6)	①42.9%(9)	②45.5%(10)	37
その他	16.0%(4)	13.3%(2)	③33.3%(7)	13.6%(3)	16
回答者数	25	15	21	46	174

上の男女に対して行った「高齢者の生活と意識に関する調査（平成二二年度）」では、「まったく不自由なく過ごせる」八九・八％、「少し不自由だが何とか自分でできる」七・四％、「不自由で、一部他の人の世話や介護を受けている」二・二％、「不自由で、全面的に他の人の世話や介護を受けている」〇・七％であった。本調査結果では「まったく不自由なく過ごせる」が少なく、「少し不自由だが何とか自分でできる」が多かった。ここでも「元気高齢者」ではなく「やや元気高齢者」の存在を裏付ける結果がみられた。対象地の特徴では、特に瀬戸内町は、「少し不自由だが何とか自分でできる」五二・七％から「不自由で、一部他の人の世話や介護を受けている」六・七％への落差が極端であることから、一部介助が必要になった時＝地域を離れる時であることを意味しているのではないかと思われた。瀬戸内町は他の地域に比べ、数年〜十数年先の超高齢社会を先取りした状況であり、島嶼地域の将来像、ひいては日本の将来像を示唆しているように思われる。

3. 家族の状況

①世帯状況

世帯状況について「あなたの世帯状況は次のうちどれにあたりますか」と質問したところ、全体では「夫婦のみ」の世帯が三七・四％、「一人暮らし」の世帯が二六・一％、「子どもと同居（二世代同居）」世帯が二四・〇％、「子どもと孫と同居（三世代同居）」世帯が七・一％であった。カイ二乗検定をする際、期待度数が五未満のセルを解消するために「その他の親族と同居」と「その他」を合計した。その結果、調査対象地と世帯状況の間に有意な関連性がみられた（$\chi^2=61.586$, df=12, p<.01）。これは世帯状況に地域差があることを示している。石垣市においては子どもとの

表5-5　日常生活で誰かの援助を必要とするか（カッコ内は人数）

	奄美市	瀬戸内町	石垣市	竹富町	合計
まったく不自由なく過ごせる	56.6%(103)	38.8%(64)	55.0%(99)	55.1%(87)	51.5%(353)
少し不自由だが何とか自分でできる	29.1%(53)	52.7%(87)	33.3%(60)	34.8%(55)	37.2%(255)
不自由で、一部他の人の世話や介護を受けている	10.4%(19)	6.7%(11)	8.3%(15)	8.2%(13)	8.5%(58)
不自由で、全面的に他の人の世話や介護を受けている	3.8%(7)	1.8%(3)	3.3%(6)	1.9%(3)	2.8%(19)
合計	182	165	180	158	685

同居世帯が多く一人暮らし世帯が少なかった。一方、瀬戸内町では子どもとの同居世帯が少なく一人暮らしと夫婦世帯が多かった。瀬戸内町では、「一人暮らし」「夫婦のみ」世帯を合計すると七八・一％と最も高く、今後ますます一人暮らし世帯が増加することが予測される（表５－６）。

②子どもとの同居状況

子どもとの同居状況について「現在、お子さんと一緒に暮らしていますか」と質問したところ、全体では「子どもと一緒に暮らしていない」五四・九％、「子どもと一緒に暮らしている」三六・二％、「子どもはいない」九・〇％であった。子どもと別居している割合が半数以上を占めた。カイ二乗検定の結果、調査対象地と子どもとの同居状況の間に有意な関連性がみられた($\chi^2=44.172$, $df=6$, $p<.01$)。特に石垣市は、子どもと同居している割合が五三・三％と最も高く、瀬戸内町が一九・六％と最も低かった。また、子どもとの同居割合は、沖縄県と鹿児島県の差が大きいことが分かった(表5-7)。地域の伝統文化、生業との関連性についても着目していく必要があると思われる。

③一番近くに住む子どもとの交流状況

子どもと一緒に暮らしていない四一九人に対して、「一番近くに住んでいるお子さんとは、どれくらいの頻度で会われますか」と質問した結果、全体では「ほとんど毎日」が二八・九％、「月に数回」が二〇・八％、「週に数回」が一九・一％、「年に数回」が一七・九％、「ほとんど会わない」が一三・四％であった。対象地別でみると、毎日子どもと交流している割合は、石垣市が

表5-6　世帯状況(カッコ内は人数)

	奄美市	瀬戸内町	石垣市	竹富町	合計
一人暮らし	25.8%(48)	33.1%(56)	14.4%(27)	32.5%(53)	26.1%(184)
夫婦のみ	41.9%(78)	45.0%(76)	32.6%(61)	30.1%(49)	37.4%(264)
子どもと同居(二世代同居)	22.6%(42)	14.2%(24)	33.7%(63)	24.5%(40)	24.0%(169)
子どもと孫と同居(三世代同居)	7.0%(13)	1.8%(3)	13.9%(26)	4.9%(8)	7.1%(50)
その他の親族と同居	0.5%(1)	1.2%(2)	2.7%(5)	2.5%(4)	1.7%(12)
その他	2.2%(4)	4.7%(8)	2.7%(5)	5.5%(9)	3.7%(26)
合計	186	169	187	163	705

表5-7　子どもとの同居状況(カッコ内は人数)

	子どもと同居	子どもと別居	子どもはいない	合計
奄美市	33.7%(59)	57.7%(101)	8.6%(15)	175
瀬戸内町	19.6%(32)	68.1%(111)	12.3%(20)	163
石垣市	53.3%(96)	41.7%(75)	5.0%(9)	180
竹富町	36.4%(55)	53.0%(80)	10.6%(16)	151
合計	36.2%(242)	54.9%(367)	9.0%(60)	669

四七・九％と最も高く、瀬戸内町が一四・四％と最も低かった。また、毎日子どもと交流している頻度は、沖縄県の方が鹿児島県よりも多い傾向がみられるなど、対象地間で交流頻度に違いがみられた（χ^2=50.976, df=12, p<.01）。沖縄県は同居率が高く、また子どもと別居している場合においても、子どもは緊急時にも行き来可能な近隣に住んでいることが分かる（表5－8）。

4．社会参加状況

①集落行事への参加

集落行事への参加は「よく参加している」と「ある程度参加している」を合わせた「参加している」が六三・一％であり、全体的には集落行事に参加している人が多かった。対象地別にみると、瀬戸内町と竹富町の方が奄美市と石垣市よりも参加状況が良く、集落部の参加度が高いことを示していた（χ^2=113.838, df=9, p<.01）。集落行事への参加は、島嶼集落部の方が島嶼都市部よりも高く、また同じ集落部であっても瀬戸内町の方が竹富町よりも高い傾向がみられた（表5－9）。

②近所付き合いの頻度

週に何回ぐらい近所の人たちと話すか答えてもらった結果、近所付き合いの頻度は、全体では「ほとんど毎日」と答えたのが約半数に達していた。対象地別にみると、近所付き合いの頻度は、瀬戸内町で高く、石垣市で低く、奄美市と竹富町は瀬戸内町と石垣市の中間に位置する頻度であった

表5-8　子どもと別居しているなかで、子どもと会う頻度（カッコ内は人数）

	ほとんど毎日	週に数回	月に数回	年に数回	ほとんど会わない	合計
奄美市	24.5%(27)	28.2(31)	15.5%(17)	20.0%(22)	11.8%(13)	110
瀬戸内町	14.4%(17)	13.6%(16)	32.2%(38)	23.7%(28)	16.1%(19)	118
石垣市	47.9%(46)	19.8%(19)	11.5%(11)	12.5%(12)	8.3%(8)	96
竹富町	32.6%(31)	14.7%(14)	22.1%(21)	13.7%(13)	16.8%(16)	95
合計	28.9%(121)	19.1%(80)	20.8%(87)	17.9%(75)	13.4%(56)	419

表5-9　集落行事への参加（カッコ内は人数）

	よく参加している	ある程度参加している	あまり参加していない	ほとんど参加していない	合計
奄美市	26.6%(50)	27.1%(51)	18.6%(35)	27.7%(52)	188
瀬戸内町	60.6%(100)	23.0%(38)	7.3%(12)	9.1%(15)	165
石垣市	13.0%(24)	31.9%(59)	21.1%(39)	34.1%(63)	185
竹富町	47.2%(75)	27.0%(43)	9.4%(15)	16.4%(26)	159
合計	35.7%(249)	27.4%(191)	14.5%(101)	22.4%(156)	697

(χ^2=89.027, df=12, p<.01)。近所付き合いの頻度に関しては島嶼都市部と島嶼集落部の違いとしてだけでは説明できない要因がからんでいると思われる（表5 - 10）。

表5 - 10　近所付き合いの頻度 (カッコ内は人数)

	ほとんど毎日	週に4～5回	週に2～3回	週に1回	ほとんどない	合計
奄美市	49.2%(92)	12.8%(24)	14.4%(27)	9.6%(18)	13.9%(26)	187
瀬戸内町	72.6%(122)	10.1%(17)	7.7%(13)	4.2%(7)	5.4%(9)	168
石垣市	25.7%(47)	13.7%(25)	23.5%(43)	19.7%(36)	17.5%(32)	183
竹富町	49.4%(78)	12.7%(20)	13.3%(21)	8.2%(13)	16.5%(26)	158
合計	48.7%(339)	12.4%(86)	14.9%(104)	10.6%(74)	13.4%(93)	696

5．社会関連性指標

社会参加を含めた普段の生活における社会とのかかわり状況を組織的に測定する方法に安梅（一九九五、二〇〇〇）の社会関連性指標がある。安梅（二〇一三）によると、社会関連性指標は「地域社会の中での人間関係の有無、環境とのかかわりの頻度などにより測定される、人間と環境とのかかわりの質的、量的側面を測定する指標」である。これは、①生活の主体性領域（「生活の工夫」「積極性」「健康への配慮」「規則的な生活」の四項目）、②社会への関心領域（「本・雑誌の購読」「便利な道具の利用」「新聞の購読」「社会貢献への意識」「趣味生活の工夫」の五項目）、③他者とのかかわり領域（「家族との会話」「家族以外の者との会話」「訪問の機会」の三項目）、④生活の安心感領域（「相談者」「緊急時の援助」の二項目）、⑤身近な社会参加領域（「役割遂行」「活動参加」「テレビの視聴」「近所付き合い」の四項目）の五つの生活領域一八項目に関して普段の生活がどのようになっているか四件法で答えてもらうものである。社会関連性指標では、たとえば、「困った時に相談にのってくれる方がいますか」という設問に「1．いつもいる」「2．ときどき」「3．たまに」「4．特にいない」の四件法で答えてもらうが、安梅の採点法では、選択肢1から3までを得点一、選択肢4を得点〇として得点化する。本研究では、安梅の採点法にならって得点を求め、これらの得点を領域別に合計して領域別得点とした。

社会関連性五領域ごとの合成得点とそれらを合計した社会関連性全体の得点の平均値と標準偏差、および「対象地」と「性」の二要因分散分析の結果を示すと、社会関連性全体について、分散分析の結果、対象地間に有意差が見られた（p<.01）。奄美市（M=15.94）の方が瀬戸内町（M=14.90）と竹富町（M=14.60）よりも社会的かかわりが高かった。なお、性差は見られなかった（表５－11）。

①生活の主体性領域について、対象地および性による違いはなかった。②社会への関心領域については、対象地間に有意差が見られた（p<.01）。奄美市（M=3.94）の方が瀬戸内町（M=3.36）と竹富町（M=3.40）よりもより積極的な生活を送っていた。情報入手等において島嶼都市部が島嶼集落部より有利であることが関係していると思われる。なお、これについて性差は見られなかった。③他者とのかかわり領域について、性差が有意であり、女性（M=2.91）の方が男性（M=2.76）よりも対人関係の維持に努めていた（p<.01）。また、対象地について瀬戸内町の方が竹富町よりも得点が高い傾向にあった（p<.10）。同じような離島集落部ではあるが、瀬戸内町の方が竹富町よりも対人関係が密であると考えることができる。④生活の安心感領域について、対象地（p<.05）と性（p<.01）に有意差が見られた。対象地では、石垣市（M=1.93）の方が竹富町（M=1.78）よりも得点が高く、奄美市と瀬戸内町はその中間にあった。同じ八重山諸島ではあるが石垣市の方が竹富町よりもより深い人間関係が築かれてい

表５-11　社会関連性５領域および全体得点の平均値（標準偏差）と対象地×性の分散分析の結果

		生活の主体性（4項目）	社会への関心（5項目）	他者とのかかわり（3項目）	生活の安心感（2項目）	身近な社会参加（4項目）	社会関連性全体（18項目）
平均値（標準偏差）	奄美市	3.86 (.499)	3.94 (1.292)	2.86 (.437)	1.87 (.441)	3.22 (.873)	15.94 (2.439)
	瀬戸内町	3.71 (.739)	3.36 (1.669)	2.92 (.301)	1.85 (.478)	3.11 (.813)	14.9 (3.066)
	石垣市	3.82 (.520)	3.63 (1.506)	2.83 (.522)	1.93 (.318)	3.00 (.871)	15.33 (2.683)
	竹富町	3.76 (.725)	3.40 (1.469)	2.77 (.603)	1.78 (.489)	3.02 (.800)	14.6 (2.930)
	男性	3.76 (.685)	3.66 (1.476)	2.76 (.592)	1.80 (.530)	2.99 (.890)	15.11 (2.848)
	女性	3.82 (.575)	3.57 (1.510)	2.91 (.364)	1.91 (.348)	3.17 (.803)	15.33 (2.775)
分散分析のF値	対象地	1.905	4.704** 奄美市＞瀬戸内町、竹富町	2.233+ （瀬戸内町＞竹富町）	3.164* 石垣市＞竹富町	.996	4.242** 奄美市＞瀬戸内町、竹富町
	性	1.463	1.149	14.081** 女性＞男性	9.932** 女性＞男性	4.482* 女性＞男性	.067
	交互作用	.758	.261	.517	1.405	1.157	632

注1）**:p<0.01　、*:p＜0.05　、+:p＜0.10

ることを示している。性差については、女性（M=1.91）の方が男性（M=1.80）よりもより深い人間関係を築いていた。⑤身近な社会参加については、女性（M=3.17）の方が男性（M=2.99）よりも社会参加をしているという性差が見られた（p<.05）。

普段の生活における社会的かかわり状況は島嶼都市部の方が高い傾向にあった。全体では性差はなかったが、個別の領域、特に人間関係の密度や深さ、それと社会参加において女性の方が積極的であった。また、社会関連性の個別領域において、島嶼都市部と島嶼集落部の要因だけでは説明できないそれぞれの対象地の持つ特性要因が社会関連性とかかわっていることが示唆された。

（岩崎房子・小窪輝吉・田畑洋一・田中安平・髙山忠雄・玉木千賀子）

注

本研究にあたっては、調査へのご回答をいただいた奄美市・瀬戸内町・石垣市・竹富町にお住まいの高齢者のみなさまをはじめ、調査実施にご協力をいただいた二一名の民生委員の方々、および各種関連団体（奄美市民生委員児童委員協議会、瀬戸内町民生委員児童委員協議会、石垣市民生委員児童委員協議会、竹富町民生委員児童委員協議会、瀬戸内町社会福祉協議会、竹富町社会福祉協議会、瀬戸内町役場、竹富町役場）からのご協力をいただいた。書面を借りて感謝申し上げる。

なお、本研究は、文部科学省科学研究費補助金基盤研究（B）『琉球弧における地域文化の再考と地域再生プランおよび実践モデル化に関する研究』（研究代表者：田畑洋一、課題番号二三三三〇一九〇）の成果の一部である。

文献

安梅勅江（二〇〇〇）『エイジングのケア科学―ケア実践に生かす社会関連性指標―』川島書店
安梅勅江（二〇一三）「社会関連性指標 Index of Social Interaction の活用」

(http://square.umin.ac.jp/anme/research/anme/ISL.html,2013.5.5)

安梅勅江・高山忠雄（一九九五）「社会関連性評価に関する保健福祉学的研究―地域在住高齢者の社会関連性評価の開発及びその妥当性―」『社会福祉学』三六（二）、五九‐七三頁

九学連合奄美調査委員会（一九八二）『奄美‐自然・文化・社会』弘文堂

小窪輝吉・田畑洋一（二〇〇六）『離島の離島における高齢者の自立生活と地域の役割に関する研究』（平成一五年度‐平成一七年度科学研究費補助金基盤研究（B）研究成果報告書）

小窪輝吉・田畑洋一（二〇〇一）「加計呂麻島の高齢者のインフォーマル・ネットワークと社会参加」『地域文化と福祉サービス 鹿児島・沖縄からの提案』日本経済評論社、一四七‐一七〇頁

高山忠雄（二〇〇三）「ケアマネジメントにおける福祉用具・住環境支援の一体的有効活用とその評価法の開発に関する研究」（平成一四年度総括研究報告書　厚生科学研究費補助金（長寿科学総合研究事業）総括・分担研究報告書）

田畑洋一（一九九六）「地域の振興と高齢者福祉」『分権時代の経済と福祉』日本経済評論社、二二九‐二五〇頁

内閣府（二〇一二）「平成二四年度版　高齢社会白書」

(http://www8.cao.go.jp/kourei/whitepaper/w-2012/zenbun/24pdf_index.html)

原田勝弘・水谷史男他（一九九九）「エイジング問題の実証的研究‐加計呂麻島調査をめぐって」『明治学院大学社会学部附属研究所年報』二九号、一〇七‐一一八頁

山下匡将・村山くみ他（二〇〇七）「島嶼地域高齢者の楽観性に関する研究」『名古屋学院大学論集　社会科学編』第四四巻第二号、二三九‐二五〇頁

第Ⅵ章　島嶼地域中高年者の生きがい感に関連する要因

――社会関連性指標との関連について――

はじめに

わが国の平均寿命は、戦後六十余年の間に飛躍的に伸びた。それは同時に、老年期を第三の人生として印象づけた。しかし一方では、寝たきりの人や退職後の生活を無為に送っている人も少なくない。このような状況から、「いかに意味ある老年期を送るか」ということが、この第三の人生における主要な課題として浮上してきた。人々の意識は、生活の量から質に重点がおかれ、もの志向から感情や心を大切にするこころ志向へと移行してきた。そして、その変化は社会の構造やあり方にも影響を与えてきている。

大友(一九九二：二)によれば、「高齢者には不安の3Kというものがある。健康、経済生活、こころ(生きがい)である。この三つは、今までの調査で不動の地位を保ち、これからも永久に変わることはないだろう。その中で、近年最も大きな問題として注目を浴びてきたのが〝生きがい〟である」と述べている。二一世紀の高齢者政策においては、これらの3K、特に生きがい対策が、これからの超高齢社会には欠かせない要素であるといえる。

このような意識の変化にともない、昨今、わが国ではサクセスフル・エイジング(豊かな年のとり方、幸福な老い：

Successful Aging）の実現が重要視されてきている。秋山によると、「サクセスフル・エイジングには三つの要件がある（秋山二〇〇八：一五〇）。一病気や障がいがないということ、二なるべく高い身体能力や認知機能を維持するということ、三人生の積極的な関与、すなわち社会貢献も含め、〝生きがい〟を持って社会に積極的に参加する、ということである」とし、さらに「ここで重要なことは、サクセスフル・エイジングは遺伝より、むしろライフスタイルによって実現可能であるということである。例えば、食べ物に気をつける、運動をする、そして知的な刺激を常に受けるといったことである。読書や講演会への参加など常に知的な刺激を得る努力をし、できるだけ社会に出て行き、社会に役立つことをするというライフスタイルのことである」（秋山二〇〇八：一五〇）と述べている。

この理念を視野に入れた取り組みは、保健福祉政策において浸透してきている。市町村の健康福祉部などには、「生きがい福祉課」「健康いきがい課」「長寿生きがい課」「高齢者生きがい課」など、〝いきがい（生きがい）〟を名称として用いている部署も増えてきた。その他にも、「いきがい福祉センター」「生きがい福祉事業団」なども創設されてきている。このように、わが国の高齢者政策のなかでは、生きがい政策が重要な位置を占め、健康づくりや生きがいづくりを強化した施策を進めていくことが求められている。

このような潮流のなかで、二〇二五年には団塊の世代が七五歳以上の後期高齢者になる。いわゆる二〇二五年問題を目前に、地域包括ケアシステムの構築が急がれている。地域ケアシステムについて太田は、「地域の施設や在宅サービスなどの保健・医療・福祉、また住環境などの関係者が、特に長期ケアの対象となる障害・疾病を持つ人たちを主体に、家族や地域住民の力を引き出しながら、できるだけ社会生活を維持できるように支援・援助するケアシステム」と定義している（太田二〇〇九：一〇八）。つまり、地域ケアは普遍的なケアシステムを目指すのではなく、それぞれの地域に暮らす人々を主体として、その人々の思いや生き方を尊重するなかで形成されるものである（朝倉二〇一〇：三）。住み慣れた地域で安心して暮らすことを実現するための地域づくりを実現していくためには、その地域の自主性や主体性が求められる。そして、地域の実情に応じて地域の資源や課題を明らかにする必要がある。地域ケア推進の原動力はまさに地域力であり、地域に生活する人々が貴重な社会資源であることは間違いない。よって、地域に生活する人々の活力源である〝生きがい感〟について可視化し、把握することは重要なことといえる。

これまでの生きがい感についての実証的研究をみると、次のような研究がなされている。生きがい感の単一項目を用いた研究では、大都市に居住する高齢者の場合、生きがい感に関連する要因として、「家族形態」「主観的健康感」「暮らし向き」「家族・親戚との会話」「友人・知人との会話」「社会的活動」「学習活動」「運動・散歩」「活動情報の認知度」「人が集まる場の希望」を挙げている（岡本二〇〇八：一一一‐一二五）。また、地方の町に居住する高齢者の場合、男性の生きがい感に関連する要因として、「職業」「主観的健康感」「運動の実施」「保健行動」「同居家族外の情報的サポート」「生活満足度」「健康ボランティアへの参加意欲」を、女性では、「年齢」「主観的健康感」「うつ傾向」「睡眠」「運動の実施」「同居家族内情緒的サポート」「生活満足度」を挙げている（藤本他二〇〇四：二四‐三二）。

生きがい感を定義して、それと関連する複数項目を用いた研究では、大都市に居住する高齢者の場合、「社会参加」「世代間の交流」「サポートの影響」などの人々とのかかわりを持つ機会のある人の生きがい感が高いことを指摘している（蘇他二〇〇四：二‐六）。

生きがい感スケールを用いた研究では、大都市に居住する高齢者の場合、年齢が上がるにつれ、生きがい感が低下すること、女性のほうが男性よりも生きがい感が高いことを指摘し、さらに、生きがい感に関連する要因として、たとえば六〇歳代の男性では、「健康感」「生きがい対象数」「友人の有無」「信心」「配偶者の有無」を、女性では、「配偶者の有無」「信心」「居住歴」「外向性」「経済的満足感」を挙げている（近藤他二〇〇四：一二八一‐一二九〇）。また、小窪らは、島嶼地域に居住する高齢者の場合、性差はみられないが、年齢が上がるにつれ、生きがい感が低下することを指摘し、さらに、生きがい感に関連する要因として、女性では、「主観的健康感」「社会参加」「近所付き合い」を、男性では、「日常生活の不自由さ」「社会参加」を挙げている（小窪他二〇〇八：二一）。同じく、小窪らは、琉球弧に居住する島嶼高齢者を対象にした生きがい感に関連する要因の調査において、島嶼高齢者の生きがい感に性差がないことを報告している（小窪他二〇一四：一七）。性差に関して大都市高齢者と島嶼高齢者では違いがあることが指摘されている。生きがい感向上を図る方策を考えるうえで、生きがい感と関連する要因をさらに検討していくことが求められよう。

ところで、地域社会のなかでの人間関係の有無、環境とのかかわりの頻度などにより測定される指標に社会関連性指標（安梅：二〇〇〇）がある。社会関連性指標は、「生活の主体性」「社会への関心」「他者とのかかわり」「生活の安心感」「身近な社会参加」の五つの領域で構成されている。社会関連性指標を用いた研究では、社会とのかかわりをもった生活スタイルが寿命や身体機能維持などの身体的健康と関連することを明らかにしている（中野ら二〇一一：三-一一）（坂田ら二〇〇二：一四-一八）。また、社会関連性は、認知症発症といった精神的健康と関連することも報告されている（矢内二〇一二：二一-二八）。

なお、生きがい感と関連する社会関連性の領域として、小窪らは島嶼高齢者の男性の場合、「生活の主体性」「社会への関心」を、女性の場合は、「生活の主体性」「社会への関心」に加え、「身近な社会参加」「生活の安心感」を挙げている（小窪他二〇一四：一八）。

本研究では、琉球弧の島嶼地域を調査対象地域として選定した。琉球弧の島嶼地域は、地理的環境により、財政力・経済的に恵まれないため人口流出が激しく、過疎・高齢化が著しい地域である。このような地域で生活を送る中高年者においては、琉球弧島嶼地域に残る〝結《ゆい》〟の精神のもと、後継者のいないなかで伝統行事や祭事等の地域文化の継承を一手に担っている。さらに、医療・福祉サービスなども十分に整備されておらず、健康状態の悪化が島内での生活の継続を困難にするという環境下で、高齢の親を支える生活を送っている。このように、経済面や自分たちが病気や介護が必要な状況になった場合の将来への不安を抱えたまま生活を送っている。このような状況で生活を送り、これから老年期を迎える琉球弧島嶼地域に居住する中高年者を対象にして、生きがい感と社会関連性との関連を調べた。中高年者に至っては、退職後の生きがい喪失、自殺などの問題も看過できない。これから老年期を迎える中高年者の人々や社会とのかかわり要因に注目し、それらを網羅的に測定する社会関連性指標を用いて、生きがい感が社会関連性指標のどの領域と関連し、どの領域にはたらきかけることが生きがい感の向上につながるかについて検討する。加えて、当該島嶼地域の地域ケアシステム構築のための一助とすることを目的とする。

一、調査対象と方法

調査対象者は、琉球弧の北と南に位置する二カ所の島嶼地域に住む二〇歳以上六五歳未満の一般成人であった。琉球弧の北に位置する島嶼地域では、主島Aの市街地から一地区と隣接離島B・C・Dから計六集落を調査対象地として選定し、琉球弧の南に位置する島嶼地域では、主島Eの市街地から一地区と隣接離島F・Gから計五集落を選定した。主島市街地では、A島が四人、E島が五人の地区担当の民生委員、隣接離島の集落部では、B島が三人、C島が二人、D島が一人、F島が四人、G島が一人の集落担当民生委員に調査票配布の協力をいただき、記入後の調査票は、調査対象者各自に郵便で返送していただいた（配布＋郵送法）。二カ所の主島市街地から二〇〇人ずつ、二カ所の主島隣接離島（B＋C＋D、F＋G）から二〇〇人ずつを目途に調査対象者とした。集落部の人数にばらつきがみられたため、実際の調査対象者数は七四三人となり、調査に協力していただいた民生委員一人当たりの調査依頼対象者は三〇～六〇人であった。まず、民生委員の自宅から近い順に指定された人数だけ調査対象者を選んでいただき、選ばれた対象者に調査協力をお願いし、調査票を配布していただいた。調査依頼の過程で、調査対象者とした人を二回訪問しても会えず、会うことが困難であると判断した場合は、その人への調査依頼を中止し、その場合は、新たに別の人を調査対象者として追加しないようにしていただいた。その結果、調査対象者七三四人のうち四八五人から回答を得た（回収率六六％）。なお、回答者の調査地域ごとの内訳は、琉球弧北部の主島Aが一四三人、その隣接離島B・C・Dが一二一人、そして、琉球弧南部の主島Eが九九人、その隣接離島F・Gが一二二人であった。調査時期は、二〇一二年一〇～一一月であった。

このようにして得られたデータのうち、五五歳以上六五歳未満の中高年者で、生きがい感スケールと社会関連性指標のすべての項目に回答した一〇五人（男性五二人、女性五三人）を本研究の分析対象者とした。なお、分析対象者の調査地域ごとの内訳は、琉球弧北部の主島Aが二二人、その隣接離島B・C・Dが三二人、琉球弧南部の主島Eが二七人、その隣接離島F・Gが二四人であった。

分析で用いた変数は、性別、年齢、健康状態（一項目、四件法）、社会関連性指標（一八項目、四件法）、生きがい感（一六項目、三件法）であった。集計分析には、SPSS Statistics19を用いた。なお、以下の集計においては、質問項目への無回答（欠損）が含まれるため、回答者数は質問項目ごとに異なる。

倫理的配慮については、調査票に調査の主旨とともに、調査は無記名で個人が特定できないよう統計処理されること、回答は自由意志であり調査に協力しない場合は調査票を返送する必要はないこと、調査を拒否しても不利益を被ることはないこと、を記した文書を添付した。また、本調査は、鹿児島国際大学大学院教育研究倫理審査委員会の承認を得たうえで実施した。

二、結果

1．対象者の属性

対象者の年齢は、五五歳以上六五歳未満の中高年者で、平均年齢は男性六〇・二歳（SD=2.681）、女性六〇・二歳（SD=2.686）であった。性別の人数は男性五二人（四九・五％）、女性五三人（五〇・五％）であった（表6 - 1）。

世帯状況は、「一人暮らし世帯」が一二人（一一・四％）、「夫婦のみの世帯」が四三人（四一・〇％）、夫婦と子どもの「二世代世帯」が一三人（一二・四％）、「その他世帯」が三七人（三五・二％）であった。現在の仕事の形態については、「常雇」が二四人（二四・〇％）、「パート」が一五人（一五・〇％）、「自営業（農業・漁業を含む）」が二九人（二九・〇％）、

「無職」が三二人（三二・〇％）であった。また、集落・地域への愛着については、「ぜひいつまでも住みたい」が五六人（五六・〇％）、「なるべく住んでいたい」が三〇人（三〇・〇％）、「できれば移りたい」が一三人（一三・〇％）、「ぜひ早く移りたい」が一人（一・〇％）であった（表6-1）。

2. 生きがい感

生きがい感尺度は一六項目で、三件法で答えてもらった。近藤（二〇〇七）の手法に基づいて、「はい」を二点、「どちらでもない」を一点、「いいえ」を〇点として得点化し、その合計を生きがい感得点とした。生きがい感の得点は、〇点から三二点の範囲に分布することになる。生きがい感の平均値は二五・三点（SD=6.356）、最小値二点、最大値三二点であった。近藤の判定によると、この平均値は「高いほう」になる。年齢を「五五歳～五九歳」「六〇歳～六四歳」の二群に分けて、生きがい感得点について、性×年齢の分散分析を行った。その結果、女性（M=27.57）のほうが男性（M=22.98）よりも生きがい感が高いという性差のみが有意であり（F（1,101）=15.645, P<.001）、年齢の主効果および交互作用は有意でなかった。ちなみに、近藤の判定では、女性は「高いほう」、男性は「ふつう」に分類される。性差についてのt検定の結果を示す（表6-2）。

表6-1　対象者の属性

		人数（%）	平均年齢（SD）
性別と平均年齢	男性	52（49.5）	60.2（2.681）
	女性	53（50.5）	60.2（2.686）
	合計	105	
世帯状況	一人暮らし世帯	12（11.4）	
	夫婦のみの世帯	43（41.0）	
	二世代世帯	13（12.4）	
	その他世帯	37（35.2）	
	合計	105	
現在の仕事の形態	常雇	24（24.0）	
	パートタイム	15（15.0）	
	自営業（農業・漁業を含む）	29（29.0）	
	無職	32（32.0）	
	合計	100	
集落・地域への愛着	ぜひいつまでも住みたい	56（56.0）	
	なるべく住んでいたい	30（30.0）	
	できれば移りたい	13（13.0）	
	ぜひ早く移りたい	1（ 1.0）	
	合計	100	

表6-2　性別による各得点の平均値（標準偏差）とｔ検定の結果

	男性 N=52	女性 N=53	ｔ値
年齢	60.2	60.2	－.062
	(2.971)	(2.686)	
生きがい感	22.98	27.57	－3.946**
	(7.036)	(4.651)	男性＜女性
健康状態	1.56	1.55	.097
	(.574)	(.539)	
(1)生活の主体性	3.73	3.94	－1.713+
	(.843)	(.305)	(男性＜女性)
(2)社会への関心	4.25	4.34	－.434
	(.947)	(.960)	
(3)他者とのかかわり	2.85	2.87	－.276
	(.415)	(.394)	
(4)社会参加	3.15	3.28	－1.018
	(.668)	(.632)	
(5)生活の安心感	1.73	1.94	－2.289*
	(.598)	(.305)	男性＜女性
社会関連性得点	15.71	16.38	－1.932+
	(1.934)	(1.584)	(男性＜女性)

注1）**：p<0.01，　*：p<0.05，　+：p<0.1
注2）説明変数の(1)～(5)は社会関連性指標の領域を示す。

3. 健康状態

健康状態は一項目で、四件法で答えてもらった。「健康である」を一点、「あまり健康であるとは言えないが、病気ではない」を二点、「病気がちで、寝込むことがある」を三点、「病気で、一日中寝込んでいる」を四点として得点化した。健康状態に性差がみられるかどうか調べるためにｔ検定を実施した。その結果、表6-2に示すように、男性（M=1.56）と女性（M=1.55）で差はなかった。

4. 社会関連性指標

社会関連性指標は、地域社会のなかでの人間関係の有無、環境とのかかわりの頻度などにより測定される、人間と環境とのかかわりの質的、量的側面を測定する指標である。この指標は、五つの領域別に社会とのかかわりの特徴を評価することができるという特徴を持ち、日常生活の延長線上で、容易に情報把握ができる。この指標の構成は、（一）「生活の主体性領域」：生活の工夫、積極性、健康への配慮、規則的な生活、以上四項目、（二）「社会への関心領域」：本・雑誌の講読、便利な道具の利用、新聞の購読、社会貢献への意欲、趣味、以上五項目、（三）「他者とのかかわり領域」：家族との会話、家族以外の者との会話、訪問の機会、以上三項目、（四）「生活の安心感領域」：相談者、緊急時の援助者、以上二項目、（五）「身近な社会参加領域」：役割の遂行、活動参加、テレビの視聴、近所付き合い、以上四項目について、安梅の得点基準に基づき、項目ごとに「あり」または「実施」を一点、「なし」または「非実施」を〇点として得点化し、「生活の主体性」「社会への関心」「他者とのかかわり」「身近な社会参加」「生活の安心感」の五つの領域ごとに合計得点を求め、領域得点とした。さらに、これら一八項目の得点を合計して社会関連性得点とした。

各領域の得点の平均値は、「生活の主体性」が三・八四（SD=0.637）、「社会への関心」が四・三〇（SD=0.950）、「他者とのかかわり」が二・八六（SD=0.403）、「身近な社会参加」が三・二二（SD=0.650）、「生活の安心感」が一・八四（SD=0.483）であった。社会関連性得点の平均値は一六・〇五（SD=1.789）であった。

性別の得点を示すと、「生活の安心感」において、女性（M=1.94）のほうが男性（M=1.73）よりも得点が高かった（t=－2.289,df=75.506, p<0.05）。そのほか有意差はみられなかったが、「生活の主体性」において、女性（M=3.94）のほうが男性（M=3.73）よりも得点が高い傾向がみられた（p<0.10）。同様に、社会関連性得点において、女性（M=16.38）のほうが男性（M=15.71）よりも高い傾向がみられた（p<0.10）（表6－2）。

5．生きがい感との関連性

「年齢」「健康状態」「社会関連性五領域」と生きがい感の関連をみるために、男女別に単純相関を求めたところ、男性では、生きがい感と「健康状態」「生活の主体性」「社会への関心」「身近な社会参加」「生活の安心感」の間に〇・三二七～〇・四二二の相関がみられた（いずれもp<0.01）。また、生きがい感と「年齢」の間に相関の傾向がみられた（r=－0.188,p<0.01）。また、生きがい感と「他者とのかかわり」の間には相関はなかった。

女性では、生きがい感と「生活の主体性」との間に中程度の相関がみられ（r=0.471,p<0.01）、「社会への関心」「生活の安心感」との間に弱い相関がみられた（p<0.10）。生きがい感と「年齢」「健康状態」「他者とのかかわり」との間に相関はなかった。

生きがい感に対する「年齢」「健康状態」「社会関連性五領域」の関連性を調べるために、これらの変数を説明変数とし、生きがい感を目的変数とする重回帰分析（ステップワイズ法）を実施した。男性では、「生活の主体性」「社会への関心」「身近な社会参加」「健康状態」が生きがい感と関連していた。女性では、「生活の主体性」「社会への関心」「生活の安心感」が生きがい感と関連していた（表6-3）。

三、考察

1．生きがい感

本研究は、琉球弧島嶼地域に居住し、これから老年期を迎える五五歳〜六四歳の中高年者の生きがい感を、近藤の作成した生きがい感スケールで測定した。まず、生きがい感の得点は全体では二五・三点であり、これは「高いほう」と判定される水準であった。次に、生きがい感に年齢による差はみられなかった。従来の研究では、高齢になるほど生きがい感が低下することが報告されているが、年齢差がみられなかった理由の一つは、本調査対象者の年齢幅が一〇年と短いことによると思われる。もう一つの理由は、高齢者を対象とした研究では、後期高齢者の生きがい感の低下が指摘されていることから、中高年者では、生きがい感はある程度維持されており、そのため年齢差はみられないと考えることがで

表6-3　生きがい感との単相関と生きがい感を目的変数とした重回帰分析の結果（ステップワイズ法）

	男性 N=52		女性 N=53	
	単相関係数 (r)	標準編回帰係数 (β)	単相関係数 (r)	標準編回帰係数 (β)
年齢	－.188⁺		－.038	
健康状態	－.327**	－.232*	－.087	
(1)生活の主体性	.412**	.376**	.471**	.449**
(2)社会への関心	.401**	.324**	.298*	.283*
(3)他者とのかかわり	.133		.146	
(4)身近な社会参加	.389**	.254*	.180⁺	
(5)生活の安心感	.330**		.267*	.236*
調整済みのR^2		.414		.318
F値		9.995**		9.073**

注1）**：p<0.01，　*：p<0.05，　⁺：p<0.1
注2）説明変数の(1)〜(5)は社会関連性指標の領域を示す。

きる。

また、性別でみると、生きがい感は女性のほうが男性よりも高かった。大都市高齢者でも、同様の性差が報告されている（近藤他二〇〇四：一二八一‐一二九〇）が、琉球弧島嶼地域の高齢者では、性差は報告されていない（小窪他二〇一四：一七）。しかしながら、小窪らの琉球弧島嶼地域の高齢者の生きがい感の得点と本調査の琉球弧島嶼中高年者の生きがい感得点を性差により比較すると、中高年者女性（M=27.57）>前期高齢者女性（M=26.84）>前期高齢者男性（M=25.47）>後期高齢者男性（M=23.99）>後期高齢者女性（M=23.49）>中高年者男性（M=22.98）となっており、高齢者の生きがい感の高さと同時に、中高年者の性差に開きがあることが分かった（小窪他二〇〇四：一六）。特に、小窪らが調査を行った琉球弧の島嶼地域に居住する高齢者の場合、男女を問わず、集落行事や祭事を中心に高齢者の役割が確保され、また、高齢者を敬うこの地域特有の文化が根付いていることも、生きがい感に性差がみられていない理由として指摘できよう。

また、女性の社会関連性得点が男性よりも高い傾向にあることから、積極的に社会とのかかわりを持ちながら生活することは、生きがい感を高めることにつながると思われる。その点、中高年者の生活において、社会的かかわりが重要であることを示唆しているといえよう。特に男性の場合、大都市や島嶼地域に関わらず、仕事に生きがいを感じている人が多い。そして中高年者の多くは、この時期に退職を迎え、あるいは、すでに退職を経験している。これまでの社会的かかわりの中心は職場である。このことに加え琉球弧島嶼地域に住む男性の中高年者においては、次代の担い手の少ない地域にあって、仕事との両立を図りながら地域の行事・祭事など伝統文化の継承という大きな役割を担い、かつ、経済面や医療・福祉サービスが少ない環境下で、親や配偶者を含めた将来への不安を抱えながら生活をしている。一方、女性の場合は、以前から地域に強固な社会的かかわりができている。琉球弧島嶼地域の中高年男性の場合、中高年初期から退職前後を見据えたソーシャルネットワークの再構築が、生きがい感の維持・向上のためには重要な課題となるであろう。

2. 生きがい感に関連する要因

重回帰分析で見いだされた生きがい感と関連する社会関連性要因のうち、男女に共通していたのは「生活の主体性」と「社会への関心」であった。「生活の主体性」は、生活の工夫、物事に積極的に取り組む、規則的な生活、期待役割の遂行の項目を含み、生活を積極的・主体的にコントロールする生き方になる。また、「社会への関心」は、本・雑誌の講読、ビデオ等の利用、興味対象、新聞の購読、社会貢献の可能性の項目を含み、社会への知的関心を持ち社会貢献にも関心を持つ生活になる。このことは、受動的な生活ではなく、能動的に積極的・主体的な生き方をして社会の出来事に関心を持った生活をすることが、中高年者の生きがい感にとって重要であることを示している。

性別でみると、上記の関連要因に加え、男性の場合、活動参加機会、近所付き合い、テレビの視聴、役割の遂行など「身近な社会参加」と「健康状態」が生きがい感に関連していた。これは男性の中高年者の生きがい感を高めるためには、「生活の主体性」と「社会への関心」に加えて、地域社会とのかかわりづくりが重要であり、そのためにも健康であることが求められていることを示している。女性の場合、相談者、緊急時援助者などの「生活の安心感」が生きがい感に関連していた。これは女性にとっては、「生活の主体性」と「社会への関心」に加えて、安心できる緊密な人間関係が生きがい感を高めるのに重要であることを示している。

ところで、小窪らが行った琉球弧島嶼高齢者の分析結果では、生きがい感に関連する要因で男女ともに共通していたのは「生活の主体性」と「社会への関心」であった（小窪他二〇一四：一八）。このことは、生活を積極的に主体的にコントロールする生き方と、社会への知的関心を持ち社会貢献にも関心を持つ生活が、高齢者の生きがい感の維持・向上に影響することを示している。一方、本研究の中高年者では男女とも「生活の主体性」「社会への関心」に加えて、男性では「身近な社会参加」「健康状態」が、女性では「生活の安心感」が生きがい感と関連する要因として挙がっていた。さらに関連する要因に性差も見られた。

中高年者と高齢者の分析結果の比較から、男性の中高年者の場合、加齢に伴い「身近な社会参加」「健康状態」との関連性が消失してくることが分かった。つまり、男性の場合、加齢による健康状態の悪化が、役割の遂行、活動参加、テレビの視聴、近所付き合いなどの身近な社会参加を消極的にし、生きがい感の低下につながることが示唆された。一方、女性の中高年者の場合、加齢に伴い「身近な社会参加」「暮らし向き」との関連性が出現してくるということが分かった。つまり、女性の場合、高齢になると役割の遂行、活動参加、テレビの視聴、近所付き合いなどの身近な社会参加と生活の余裕感という暮らし向きが、生きがい感の維持・向上につながることが示唆された。

今後、年齢・性別などの個人属性に加えて島嶼以外の地域特性を考慮に入れて、生きがい感に及ぼす社会関連性の影響を検討する必要があろう。

四、結論

今回、物理的環境により、財政力・経済的に恵まれないため人口流出が激しく、過疎・高齢化が著しい地域である琉球弧島嶼地域に居住する中高年者を調査対象とした。このような地域の生活は、琉球弧島嶼地域に残る〝結《ゆい》〟の精神のもと、伝統行事や祭事等の地域文化が継承されている。一方では、医療・福祉サービスなどが恵まれない環境下で、病気や介護が必要な状況になった場合の将来への不安を抱えたまま生活を送っている。このような島嶼地域での生活を継続していくための中高年者の生きがい感の向上に関連する要素について検討してきた。

琉球弧島嶼地域中高年者の生きがい感には、男女ともに「生活の主体性」「社会への関心」に関連があり、社会とのかかわりを持った生活が重要であることが見いだされた。積極的な生き方をして、社会の出来事に関心を持った生活をすることが男女とも中高年者の生きがい感にとって重要であることを示している。さらに、男性にとっては、中高年期からの地域社会とのかかわりづくりが重要であり、そのためにも健康であることが求められ、女性にとっては、緊密な人間関係が重要であるということが示唆された。
地域ケアシステムづくりにおいては、主体形成として「住民・当事者」を基軸にとらえられるか否かが問われてくる。その点において、今回の調査結果は、調査対象地（琉球弧に位置する島嶼地域）の地域ケアシステムを構築していくうえでの前提指標となるといえる。今回は身体的に健康が保たれている琉球弧島嶼地域に居住する中高年者を対象としたが、今後の政策の方向性は、障がいや疾患などにより身体能力や認知能力が低下した要介護者の場が、医療の場から生活の場へと大きく転換していく。さらに、独居中高年者や独居高齢者も急増していく。これまでの〝地域や在宅（生活）〟とは次元の異なる地域ケアシステムづくりが課題となってくるであろう。地域が、病院機能や介護保険制度の見直しのための単なる受け皿でないとするならば、身体能力や認知能力が低下している人々を生活の主体者、生活者ととらえる視点が必要不可欠である。これらの人々の生きがい感について検討し、地域ケアシステムに反映させていくことも、住み慣れた地域で安心して暮らすことを実現するための地域づくりを推進していくためには意義がある。
なお、今後の課題として、本研究では島嶼地域のうち、琉球弧に限定しているため、島嶼地域全体としての結果を示すには限界がある。また、有意抽出法による調査を行っているので、無作為抽出法に基づいた調査を実施して、本研究同様の結果を得られるかどうか検討する必要があろう。

謝辞
調査にご回答いただいた住民のみなさま、調査実施にご協力をいただいた民生委員のみなさま、ならびに関係市町の社会福祉協議会のみなさまに、紙面を借りて感謝申し上げる。なお、本研究は、ＪＳＰＳ科研費二三三三〇一九〇の助成を受けた。

（岩崎房子）

文献

青木邦男（二〇〇九）「高齢者向け生きがい感スケールの因子構造とその得点の検討」『山口県立大学社会福祉学部紀要』一五、一〇一‐一〇八頁
朝倉美江（二〇一〇）「地域ケアシステムづくりへの挑戦」太田貞司（編）『地域ケアシステムとその変革主体』光生館、一‐一〇頁
安梅勅江（二〇〇〇）『エイジングのケア科学』川島書店
太田貞司（二〇〇九）「「介護予防」と地域ケアシステム」笹谷春美他（編）『介護予防―日本と北欧の戦略―』光生館、一〇八頁
大友博子（一九九二）「高齢者の生きがい」(http://www.net-ric.com/advocacy/datums/92_4ootomo.html 2014.5.17)
岡本秀明（二〇〇八）「高齢者の生きがい感に関連する要因」『和洋女子大学紀要家政系編』四八、一一一‐一二五頁
神谷美惠子（二〇〇四）『生きがいについて』みすず書房
黒岩亮子（二〇〇一）「「生きがい推進」の行政施策」高橋勇悦・和田修一郎（編）『生きがいの社会学』弘文堂、二一七‐二四一頁
小窪輝吉・岩崎房子・田中安平ほか（二〇一四）「島嶼高齢者の生きがい感に及ぼす社会関連性の影響」『社会福祉学』五五（一）、一三‐二一頁
小窪輝吉・田中安平・田畑洋一（二〇〇八）「鹿児島県の離島に居住する高齢者の生きがい感について」『鹿児島国際大学福祉社会学部論集』二七、一五‐二四頁
近藤勉（二〇〇七）『生きがいを測る』ナカニシヤ出版
近藤勉・鎌田次郎（二〇〇四）「高齢者の生きがい感に影響する性別と年代から見た要因―都市の老人福祉センター高齢者を

対象として―」『老年精神医学雑誌』一五（一二）、一二八一‐一二九〇頁
坂田清美・吉村典子・玉置淳子ほか（二〇〇二）「生きがい、ストレス、頼られ感と循環器疾患、悪性新生物死亡との関連」『厚生の指標』四九（一〇）、一四‐一八頁
蘇珍伊・林曉淵・安壽山ほか（二〇〇四）「大都市に居住している在宅高齢者の生きがい感に関連する要因」『厚生の指標』五一（一三）、一‐六頁
高橋勇悦（二〇〇〇）「高齢者の生きがいに関する国際比較研究―中国・韓国・日本―」長寿社会開発センター（編）『生きがい研究』六、一八‐四〇頁
中野いく子・中島辰弥・森久保俊満（二〇一一）「高齢者の生きがいとその関連要因」『東海大学健康科学部紀要』一七、三‐一一頁
藤本弘一郎・岡田克俊・泉俊男（二〇〇四）「地域在住高齢者の生きがいを規定する要因についての研究」『厚生の指標』五一（四）、二四‐三二頁
矢内悠里・篠原亮次・杉澤悠圭ほか（二〇一二）「社会とのかかわりと認知症発症との関連性の研究」『日本保健福祉学会誌』一八（二）、二一‐二八頁

第Ⅶ章　沖縄における団塊世代男性の地域活動への参加と生きがい

――高齢期に移行する時期からの地域生活への支援のあり方を考える――

はじめに

少子高齢化が進展する日本において、団塊世代の高齢化は、今後の経済活動や社会保障に影響を及ぼす重要な要因としてとらえられている。団塊世代が六〇歳に達した二〇〇七年には、労働力不足や次世代への技術の継承、年金支給における財源確保などの問題が指摘され、定年後の再雇用、年金支給年齢の段階的引き上げなどの対応策が講じられた。今日では、団塊世代が前期高齢者年齢に達する二〇一五年、さらに後期高齢者年齢に達する二〇二五年の状況を見据えて、介護状態の主要因になるとされている認知症の状態にある人へのケア、安心して暮らし続けることができるようにするための居住環境の整備など、地域における福祉の推進（社会福祉法第一条）に重点が置かれている。二〇一一年の介護保険法の改正においても、住民の身近な地域へのサービス提供拠点の設置、介護と看護の一体的提供、賃貸住宅の確保に関する支援などの取り組みが強化された。

このように物理的、人的資源等の充実を図ることは、高齢者の地域生活の維持や可能性を拡げるためには欠かすことができない。しかし、環境的な側面からの支援に併せて、日々の暮らしに喜びや生きがいを感じることができるという精神的な側面にたってＱＯＬ（生活の質）をとらえ、その充実を図ることも忘れてはならない。個々の高齢者がもつ生きる力（内的資源）を高め、そのうえで高齢者を取り巻く環境上の支援（外的資源の充実）を行うという視点に立って高齢者の地域生活の支援を考えるということは、対人援助の基本に立ち戻るということのみならず、今後のさらなる高齢化に対応するうえでも必要である。

一、目的

本研究は、沖縄の男性を対象とし高齢期に移行する時期からの地域生活の支援のあり方を考察することを目的としている。そのために、特に高齢期への移行期にあって今後支援の増大が見込まれる団塊の世代を対象に、地域活動への参加状況や生きがいについての調査を実施した。

ところで「地域」をどのようにとらえるのかという点については、居住地区や日常生活の範囲、行政区域、用途（住宅、商業等）によるものなど、用いる目的によってその範囲や含まれる要素は異なってくる（杉岡二〇〇六）。本研究においては、生きがいという精神的な側面に結びつけて生活を支援するという視点に立つことから「地域」を「日常生活に密接した人や組織等との相互関係が営まれる範囲」と限定する。

高齢期への移行期は、加齢に伴う心身機能の変化や社会的役割の変化等への適応を迫られる時期であり、この時期への対処の仕方がその後の高齢期の生活に大きな影響を与える。就労期には仕事上の人間関係が生活の大部分を占め、地域社会との関係が乏しいととらえられてきた男性に対しては、退職を迎えたあとの地域への活動や仲間づくりなどの支援が必要であると指摘されてきた（林・葛岡二〇〇五、佐藤二〇〇六）。

ところが近年実施された団塊世代を対象とした調査によると、男性の方が女性に比べて地域活動の場をもつ人の割合が高いという結果（久留米二〇一一）が示されている。この点からみると、必ずしも退職後の男性は地域との関わりが脆弱であるととらえることはできない。

また、地域活動への参加の状況は地域性や個々の生活特性にも関係することが考えられるため、高齢期に移行する時期からの男性に対する地域生活の支援を考えるためには、先行研究を参考にしつつ、沖縄の団塊世代男性の現状をとらえることが必要である。

二、方法

1.調査内容

調査項目は、基本属性（一二問）、社会交流（三問）、地域活動（四問）、健康（一問）、役割・活動（三問）、退職後の生活変化（九問）、将来への展望（九問）の七カテゴリーを設定した。カテゴリーの設定に際しては、これまでに行われた団塊世代を対象とした調査（東村山市二〇〇六、久留米市二〇一一など）を参考にした。

2.調査対象

一九四七年から一九四九年の間に出生した沖縄に在住する団塊世代の男性を対象にした。団塊世代は、人口論および文化的視点等に基づく定義がなされており、それぞれの定義により生年の範囲が異なってくる。本調査においては、公的機関で採用されている人口論に基づいた定義を採用する。

3.調査方法

県内の福祉、保健、医療関係者、研究メンバーの知人等から調査協力者を募り、二四三人に調査票を配布し、記入後に郵送での返送を依頼した。そのうち沖縄本島の一八市町村、宮古および石垣に在住する一六四人から回答が得られた

（表7－1）。

4．分析の対象

配布した二四三人中、回収された一六四人の調査結果を分析の対象とした（回収率六七・五％）。調査票のなかの自由記述による回答結果については、ＫＪ法でカテゴリー化して集計し、分析を行った。

三、結果

1．基本属性

①出生年

調査対象者一六四人の出生年の内訳は、一九四七年が三九人（二三・八％）、一九四八年が五二人（三一・七％）、一九四九年が七三人（四四・五％）であった。

②現在の居住地での居住年数

調査対象者のうち無回答の二人を除く一六二人の現在の居住地での居住年数は、一〇年以上が一四人（八・六％）、一〇年以上二〇年未満が一八人（一一・一％）、二〇年以上が一三〇人（八〇・二％）で二〇年以上現在の場所に居住している人の占める割合が全体の約八割を占めている。

表7－1　調査対象者の居住地（市町村）

地　域	市町村名	人数
北部（22人）	名護市	14
	本部町	5
	今帰仁村	3
中部（63人）	浦添市	11
	うるま市	20
	沖縄市	1
	宜野湾市	8
	西原町	3
	読谷村	20
南部（35人）	那覇市	15
	南城市	8
	南風原町	4
	八重瀬町	2
	豊見城市	5
	糸満市	1
離島（40人）	与那国町	1
	石垣市	20
	宮古島市	15
	竹富町	3
	平良市	1
不明（4人）		4
合　計		164人

③同居家族

調査対象者のうち無回答の一人を除く一六三人の同居家族の状況は、本人のみが一一人（六・七％）、妻と子との同居が六一人（三七・二％）、妻との同居が四四人（二六・八％）、妻と子と親との同居が一八人（一一・〇％）、妻と親との同居が一三人（七・九％）、子との同居が四人（二・四％）、親との同居が二人（一・二％）等で、妻と子との同居が最も高い割合を占めている。

④住居の状況

調査対象者のうち無回答の一人を除く一六三人の住居の状況については、「一戸建ての持ち家」が一四二人（八七・一％）、「アパート、マンション等の借家」が九人（五・五％）、「アパート、マンション等の持ち家」が八人（四・九％）、「一戸建ての借家」四人（二・五％）で、調査対象者の大半が一戸建ての持ち家に居住している。

⑤就労状況

調査対象者一六四人の就労の状況については、仕事をしている人が一一〇人（六七・一％）、仕事をしていない人が五四人（三二・九％）である。

⑥就労形態

仕事をしていると回答した一一〇人の就労形態については、「つとめ人」と回答した人がもっとも多く三八人（三四・五％）、「農業・漁業等」三二人（二九・一％）、「自営業」二八人（二五・五％）、「その他」一二人（一〇・九％）である。

⑦最終学歴

調査対象者の最終学歴については、高等学校卒業がもっとも多く六三人（三八・四％）、大学等卒業四五人（二七・四％）、中学校卒業三四人（二〇・七％）、短大・専門学校卒業一六人（九・八％）、その他六人（三・七％）である。

⑧主な収入（生活費）

調査対象者一六四人の主な収入（生活費）については、「年金」が最も多く一一〇人（六七・一％）、次いで「稼働収入」

一〇一人（六一・六％）、「預貯金の切り崩し」六三人（三八・四％）、「不動産等の収入」三一人（一八・九％）、「子どもからの援助」一三人（七・九％）、「きょうだいからの援助」「生活保護」がそれぞれ二人（一・二％）、「その他」三四人（二〇・七％）である。「その他」については、記述による回答を求めたが、すべての回答において無記入であったため、具体的な内容を得ることができなかった。

2．社会交流について

①近隣との交流の程度

調査対象者一六四人のうち近隣の人々と「親しく付き合っている」と回答した人が八五人（五一・八％）、「挨拶をする程度」が七六人（四六・三％）、「付き合いはない」が三人（一・八％）である。

②日頃交流がある人

日頃交流がある人についての回答結果は、「家族・親戚」が最も多く一〇八人（六五・九％）、次いで「友人」が一〇一人（六一・六％）、「仕事関係の人」が六九人（四二・一％）、「同期会（クラス会）関係の人」が五五人（三三・五％）、「サークルや趣味活動関係の人」が五四人（三二・九％）、「模合仲間」が五一人（三一・一％）、「近所の人」が四二人（二五・六％）、「交流がない」が三人（一・八％）、「その他」が五人（三・〇％）である（表7－2）。

表7－2　日頃交流がある人（3項目を選択）　n=164

選択肢	人数（％）
家族・親戚	108（65.9）
友人	101（61.6）
仕事関係の人	69（42.1）
同期会（クラス会）関係の人	55（33.5）
サークルや趣味活動の人	54（32.9）
模合仲間	51（31.1）
近所の人	42（25.6）
その他	5（3.0）
交流はない	3（1.8）

③外出（月1回以上）の主な理由

主な外出の理由を九項目の中から三つを選択して回答を求めた結果、調査対象者のうち無回答の二人を除く一六二人から回答が得られた。外出の理由としては、「買い物」が最も多く九三人（五七・一％）、次いで「趣味・娯楽」が八一人（五〇・〇％）、「食事・飲み会」が八〇人（四九・四％）、「模合」が五六人（三四・六％）、「子供や孫・親戚に会う」が三八

外としている。

貢献活動」が二四人（一四・八％）、「その他」が一四人（八・六％）であった。なお、ここでは仕事のための外出は対象

人（二三・五％）、「受診」が三一人（一九・一％）、「スポーツクラブ等」が二六人（一六・一％）、「ボランティア等地域

3．地域活動について

①地域活動への参加の有無

地域活動への参加の有無について回答を求めた結果、調査対象者のうち無回答の二人を除く一六二人から回答が得られた。「地域活動に参加している」が八九人（五四・九％）、「参加していない」が四九人（三〇・二％）、「以前は参加していたが現在は参加していない」と回答した人が二四人（一四・八％）であった。地域活動に「参加している」が過半数を占め、「参加していない」を上回っている。過去に参加していた人二四人（一四・八％）を合わせると、概ね七割の人が地域活動に関わっている。

②地域活動に「参加している」と回答した人の活動内容

地域活動に参加していると回答した八九人の活動内容は、「祭りや行事」が七〇人（七八・六％）、「自治会・町内会活動」が六四人（七一・九％）、「サークル・自主グループ」が四一人（四六・〇％）、「教育・文化活動」が二五人（二八・〇％）、「カルチャーセンターでの学習」が五人（五・六一％）、「その他」が六人（六・七％）である。

③地域活動に参加していない理由

現在および過去において地域活動の経験がない人に対して、不参加の理由を質問した回答結果である。「仕事をしている」が三八人（八四・四％）、「個人的な趣味活動で忙しい」が二六人（五七・八％）、「地域活動についての情報がない」が一八人（四〇・〇％）、「参加したいメニューが乏しい」が一六人（三五・六％）、「家の中で過ごすのが好き」が一四人（三一・一％）、「地域活動の拠点がない」が一二人（二六・七％）、「家庭内の仕事で暇がない」が一〇人（二二・二％）、「人

と関わることを好まない」が八人（一七・八％）、「地域活動に参加している男性が少ないから参加したくない」「家族の介護・孫の世話」がそれぞれ六人（一三・三％）、「自分の健康状態が悪い」が五人（一一・一％）、「その他」が七人（一五・六％）であった（表7-3）。

④どのような条件が整えば地域活動に参加できると思うか

地域活動への参加を可能にするための条件を質問した回答結果は、「参加したいメニューがあれば参加する」が八七人（五六・五％）、「情報があれば参加する」が六六人（四二・九％）、「仕事から解放されたら参加する」が六七人（四三・五％）、「誘ってくれる人がいたら参加する」が五七人（三七・〇％）、「家庭内の仕事が一段落したら参加する」が三四人（二二・一％）、「健康状態が良くなったら参加する」が二一人（一三・六％）、「男性の仲間が増えたら参加する」が一八人（一一・七％）、その他が一一人（七・一％）であった（表7-4）。

4．健康状態について

現在の身体の調子においては、回答数の多い順に「まあまあ良い（普通）」が六五人（四〇・九％）、「良い」が五五人（三四・六％）、「やや悪い」が二一人（一三・二％）であった。健康に関しては、「まあまあ（普通）」「良い」「非常に良い」という肯定的な回答が八割以上だった（表7-5）。

5．家庭内での役割、日常活動、生活への満足について

①家庭内での役割

表7-3　地域活動に参加していない理由（3項目まで選択）　n=45

選択肢	人数（%）
仕事をしている	38（84.4）
個人的な趣味活動による多忙	26（57.8）
地域活動についての情報が乏しい	18（40.0）
参加したい活動メニューが乏しい	16（35.6）
家の中で過ごすことを好む	14（31.1）
地域活動の拠点がない	12（26.7）
家庭内の仕事による多忙	10（22.2）
人と関わることを好まない	8（17.8）
男性の参加者が少ない	6（13.3）
家族の介護や孫の世話を担っている	6（13.3）
健康状態の不良	5（11.1）
その他	7（15.6）

表7-4　地域活動への参加を可能にするための条件(3項目まで選択)　n=154

選択肢	人数(%)
参加したい活動メニューの設置	87(56.5)
仕事に拘束されない生活	67(43.5)
地域活動についての情報提供	66(42.9)
他者からの誘い	57(37.0)
家庭内の仕事の一段落	34(22.1)
健康状態の改善	21(13.6)
男性の仲間が増えること	18(11.7)
その他	11(7.1)

表7-5　身体の調子　n=159

選択肢	人数（%）
非常に良い	16（10.0）
良い	55（34.6）
まあまあ良い（普通）	65（40.9）
やや悪い	21（13.2）
悪い	2（1.3）

表7-6　現在の生活への満足度　n=159

選択肢	人数（%）
非常に満足している	13（8.2）
まあまあ満足している	114（71.7）
あまり満足していない	29（18.2）
不満である	3（1.9）

調査対象者一六四人のうち、無回答一人を除く一六三人の「家庭内での役割」では、「一家の稼ぎ手である」一〇四人（六四・〇％）、「家族の相談相手・まとめ役である」一〇〇人（六一・〇％）が六割を占め、「家事（炊事・洗濯、買い物、掃除など）を担っている」が四九人（三〇・〇％）であった。

②家庭内の役割以外で継続して行っていること

無回答一人を除く一六三人の回答については、「仲間と一緒に行う趣味や娯楽」九四人（五七・八％）、「健康維持活動（ウォーキングや体操など）」九一人（五五・九％）で、いずれにおいても五割以上を占めた。次いで「一人で行う趣味や娯楽」が六三人（三八・七％）であった。

③現在の生活への満足度

現在の生活への満足度については、最も多かった回答は、「まあまあ満足している」が一一四人（七一・七％）、次いで「あまり満足していない」が二九人（一八・二％）、「非常に満足している」が一三人（八・二％）、「不満である」が三人（一・九％）であった（表7-6）。

6．退職後の生活の変化について

①日常生活の変化

退職者、退職予定者、無定年仕事従事者の「仕事をやめた後、自分の生活にどのような変化が生じたか（あるいは生じると予測するか）」の問いに対する回答をみると、退職者は、「趣味・学習・スポーツをする機会が増えた」（五一・九％）との回答率が最も高く、次いで「夫婦の会話・一緒の行動が増えた」（五〇・〇％）、「暇な時間が増えた」（四四・四％）、「生活への不安を感じる」（三五・二％）と続いている。

退職予定者の場合は、「趣味・学習・スポーツをする機会が増える」（七三・〇％）の割合が最も高く、「夫婦の会話・一緒の行動が増える」（六四・九％）、「暇な時間が増える」（四〇・五％）、「生活への不安を感じる」（三七・八％）の順になっている。

無定年仕事従事者は、「夫婦の会話・一緒の行動が増える」の比率（四五・九％）が最も高く、「生活への不安を感じる」（三九・九％）、「人との付き合いが増える」（三一・一％）の順になっている（表7-7）。

退職者と退職予定者については「趣味・学習・スポーツの機会が増える」「夫婦の会話・一緒の行動が増える」「生活への不安を感じる」の順で回答率が高い。無定年仕事従事者の場合は「夫婦の会話・一緒の行動が増える」「生活への不安を感じる」「人との付き合いが増える」の順で回答率が高くなっている。定年のある仕事従事者と定年のない仕事従事者では退職後の生活の変化に関するとらえ方が異なることを示している。

②退職後の人との付き合いについて

退職後「人との付き合いが増える」と回答した人に対して、どのような人との付き合いか、その内容を尋ねると、「友人」を挙げた者が最も多く（七五・〇％）、次いで「職場関係」（三三・〇％）、「夫婦」（二五・〇％）の順になっている。退職

表7-7　退職後の日常生活の変化（3項目まで選択）

選択肢	退職者（n=54）	退職予定者（n=37）	無定年仕事従事者（n=61）
夫婦の会話・一緒の行動が増えた	27人（50.0）	24人（64.9）	2人（45.9）
趣味・学習・スポーツの機会が増えた	28（51.9）	27（73.0）	16（26.2）
地域に関心を持つようになった	12（22.2）	10（27.0）	7（11.5）
人との付き合いが増えた	12（22.2）	5（13.5）	19（31.1）
気力が高まった	6（11.1）	2（504）	6（9.8）
生活に不安を感じるようになった	19（35.2）	14（37.8）	24（39.9）
暇な時間が増えた	24（44.4）	15（40.5）	17（27.9）
外出が減った	13（24.1）	4（10.8）	13（21.3）
気力が低下した	8（14.8）	1（2.7）	11（18.0）
特に変わらない	2（3.7）	3（8.1）	17（27.9）
その他	0（0.0）	0（0.0）	5（8.2）

予定者の場合は、「夫婦」「友人」（八〇・〇％）、次いで「親戚」「近隣の人」（六〇・〇％）を選択している。無定年仕事従事者は、「友人」（八四・二％）、「親戚」（五七・九％）の比率が高い。

いずれの群も人との付き合いとして「友人」を選ぶ傾向が強い。そして「夫婦」を選択する人も比較的多い。その他に退職者は「職場関係者」、退職予定者は「親戚」や「近隣の人」が三位内に入っている。無定年仕事従事者も「近隣の人」や「親戚」を選ぶ比率が高い（表7‐8）。

③退職後の生活への不安について

日常生活の変化に関する質問で「生活に不安を感じるようになる」と回答した人に対して、どのような点に不安を感じるかを尋ねてみると、退職者、退職予定者、無定年仕事従事者のいずれの群も全員が「経済面」（一〇〇％）を選択し、次いで「健康面」となっている。三群の中では「健康面」を挙げる人は退職者が多く七割を占め、定年予定者が六割、無定年仕事従事者は四割と比較的少ない。また、「自分の居場所」を選択した者は、全体の選択率は低いが、定年のある退職者、退職予定者で一～二割弱いる。そのなかではすでに退職した者が比較的多い（表7‐9）。

7. 将来への展望について

①退職後の生活において重視したいこと

調査対象者のうち無回答五人を除く一五九人から回答が得られた。結果は、「健康の維持」が一三四人（八四・三％）と最も多く、以下「趣味・

表7‐8　人との付き合いの内容（複数回答）

選択肢	退職者 (n=12)	退職予定者 (n=5)	無定年仕事従事者 (n=19)
夫婦	3人（25.0）	4人（80.0）	5人（26.3）
親子	2（16.7）	2（40.0）	4（21.1）
友人	9（75.0）	4（80.0）	16（84.2）
近隣の人	2（16.7）	3（60.0）	7（36.8）
親戚	1（8.3）	3（60.0）	11（57.9）
職場関係の人	4（33.0）	1（20.0）	4（21.1）
その他	0（0.0）	0（0.0）	1（5.3）

表7‐9　生活への不安の内容（複数回答）

選択肢	退職者 (n=19)	退職予定者 (n=14)	無定年仕事従事者 (n=24)
経済面	19人（100）	14人（100）	24人（100）
健康面	14（73.7）	8（57.1）	10（41.7）
自分の居場所	3（15.8）	1（7.1）	1（4.2）

注：（ ）内は％を示す。

ライフワーク」が八一人（五〇・九％）、「家族関係」「生計の維持」がともに七九人（四九・七％）、「地域社会との関わり」が三六人（二二・六％）、「ボランティア・NPO活動等の地域貢献」が一三人（八・二％）、「特にない」が九人（五・七％）、その他三人（一・九％）であった。

②収入のある仕事を続けたいか

今後も収入のある仕事を続けたいと思うか、という点について回答を求めた結果、調査対象者のうち無回答の五人を除く一五九人から回答が得られた。結果は「続けたいと思う」が一一〇人（六九・二％）、「続けたいとは思わない」が四九人（三〇・八％）であった。

③いつ頃まで仕事を続けたいか

「続けたいと思う」と回答した一一〇人に対して、どのような状態（いつ頃）まで仕事を続けたいと思うのか、という点について回答を求めた。結果は、「体力が続く間は続けたい」という回答が六六人（六〇・〇％）で最も多く、「七〇歳位まで」が二六人（二三・六％）、「六五歳位まで」「七五歳位まで」がともに九人（八・二％）であった。

④どのような仕事であれば続けたいか

今後も収入のある仕事を「続けたいと思う」と回答した一一〇人に対して、どのような仕事であれば続けたいと思うのかという点について回答を求めた。結果は一〇八人から回答があり「自分の技能を活かせる仕事」が五五人（五〇・九％）、「気軽にできる仕事」が三七人（三四・三％）、「仕事の内容は問わない」が一一人（一〇・二％）、その他五人（四・六％）であった。

⑤仕事を続けたくない理由

一方、収入のある仕事を「続けたいとは思わない」と回答した四九人に対して、なぜ続けたいとは思わないのかという点について回答を求めた。結果は、「仕事のほかにやりたいことがあるため」が一八人（三六・七％）、「体力的にきついため」が一四人（二八・六％）、「経済的な心配がないため」が九人（一八・四％）、「仕事がないため」が二人（四・一％）

であった。

⑥自分自身の生きがい

調査対象者全員（一六四人）に対して、自分自身にとっての生きがいは何かということについて、選択肢から主なもの三項目までの回答を求めた。結果は「子どもや孫あるいは親などの家族・家庭」という回答が八六人（五二・八％）で最も多く、以下「趣味」が七五人（四六・〇％）、「自分自身の健康づくり」が七四人（四五・四％）、「仕事」が五一人（三一・三％）、「配偶者・結婚生活」が四二人（二五・八％）、「友人など家族以外の人との交流」が三五人（二一・五％）、「社会活動・地域貢献」が三〇人（一八・四％）、「自然とのふれあい」が二九人（一七・八％）、「ひとりで気ままに過ごす」が一六人（九・八％）、「スポーツ」が一四人（八・六％）、「学習活動」が一一人（六・七％）であった。

⑦生活において重視すること（表7-10）

退職後の生活において「自分の生活を充実させる」「社会に貢献する」「家族生活を豊かにする」の三項目について、どの程度のウエートを置いて過ごしたいと思うのか、という点を三項目の合計の数値が一〇〇点となるように、各項目に数値を配分するという方法で回答を求めた。一三〇人から回答が得られ、自分の生活の充実に最も高く配点し、家族生活、社会貢献と続いた。

⑧一般的な生きがい

調査対象者全員に対して、「一般的に人はどのような時に生きがいを感じると思うか」についての回答を自由記述で求めた。一三〇人から得られた回答はＫＪ法を用いてカテゴリー化し、「健康」「社会貢献」

表7-10　生活において重視すること

点 数	自分の生活を充実させる	社会に貢献する	家族生活を豊かにする
100	2 人（1.3）	0 人（0.0）	1 人（0.7）
90 ～ 99	2（1.3）	0（0.0）	2（1.3）
80 ～ 89	2（1.3）	1（0.7）	3（2.0）
70 ～ 79	5（3.3）	0（0.0）	7（4.7）
60 ～ 69	4（2.7）	1（0.7）	8（ 5.3）
50 ～ 59	43（28.7）	2（1.3）	28（18.7）
40 ～ 49	32（21.3）	5（3.3）	43（28.7）
30 ～ 39	40（26.7）	25（16.7）	33（22.0）
20 ～ 29	12（8.0）	61（40.7）	13（8.7）
10 ～ 19	3（2.0）	39（26.0）	2（1.3）
0 ～ 9	5（3.3）	16（10.7）	10（6.7）

注：（ ）内は％を示す。

「家族との交流」「家族以外との交流」「趣味」「達成感・充実感」「承認」「経済的安定」の八カテゴリーに分類した。回答の内訳は、「健康」「達成感・充実感」がともに二六人（二〇・〇％）、「社会貢献」が二四人（一八・五％）、「家族との交流」二三人（一七・七％）、「家族以外との交流」「趣味」「他者からの承認」がともに一五人（一一・五％）、「経済的安定」が一四人（一〇・八％）であった。

⑨今後どのように過ごしたいのか（表7-11、7-12）

「今後どのように過ごしたいと考えているのか」という点について、六五歳～六九歳、七〇歳～七四歳、七五歳以降の年齢区分に沿って自由記述で回答を求めた。それぞれの年齢区分ごとに得られた回答は、KJ法を用いてカテゴリー化し、「仕事を続ける」「健康維持」「趣味活動」「のんびり過ごす」「社会貢献」「家族との交流」「旅行」「友

表7-11　今後どのように過ごしたいか

カテゴリー	65～69歳	70～74歳	75歳以降	記述内容
仕事の継続	51人(31.1)	12人(7.3)	8人(4.9)	仕事中心の生活。現在の仕事を続ける。可能な限り仕事を続ける。働けるまで働く。体力に合った仕事を続ける。死ぬまで仕事を続ける。
健康維持	42 (25.6)	30 (18.3)	37 (22.6)	健康づくり。健康を第一に考えた生活。健康・体力の維持。健康増進。無病息災。健康に暮らす。病気で家族に迷惑をかけない。
趣味活動	35 (22.0)	40 (24.4)	36 (22.0)	趣味に生きる。趣味を楽しむ。趣味の充実。趣味を増やす。ゴルフ。ゲートボール。釣り。庭造り。園芸。カラオケ。ダンス。
のんびりと過ごす	30 (18.3)	22 (13.4)	25 (15.2)	楽をして過ごす。悠々自適に暮らす。妻とのんびり暮らす。仕事半分趣味半分。自分のペースで過ごす。自由気ままに暮らす。
社会貢献	22 (13.4)	18 (11.0)	10 (6.1)	ボランティア。地域活動。特技を生かした社会活動。地域のために頑張る。地域貢献。故郷の活性化。地域の年中行事に参加する。
家族との交流	16 (9.8)	34 (20.7)	19 (11.6)	良好な家族関係。子や孫の喜ぶことをする。家族の幸せを考える。家族中心。家族とのふれあい。子どもたちの成長を見守る。
旅行	10 (6.1)	10 (6.1)	12 (7.3)	旅行をする。妻との旅行。
友人との交流	8 (4.9)	7 (4.3)	8 (4.9)	友人とのつき合い。サークル仲間との交流。積極的に人と付き合う。友人と楽しく過ごす。地域での仲間づくり。
畑仕事	8 (4.9)	9 (5.5)	7 (4.3)	野菜づくり。畑を耕して自給する。畑仕事を続ける。
学習	4 (2.4)	0 (0.0)	0 (0.0)	学習活動。知識習得。思考力を高める。外国語習得。

注：( ) 内は％を示す。

表7-12　今後どのように過ごしたいか（年齢階層間の比較）

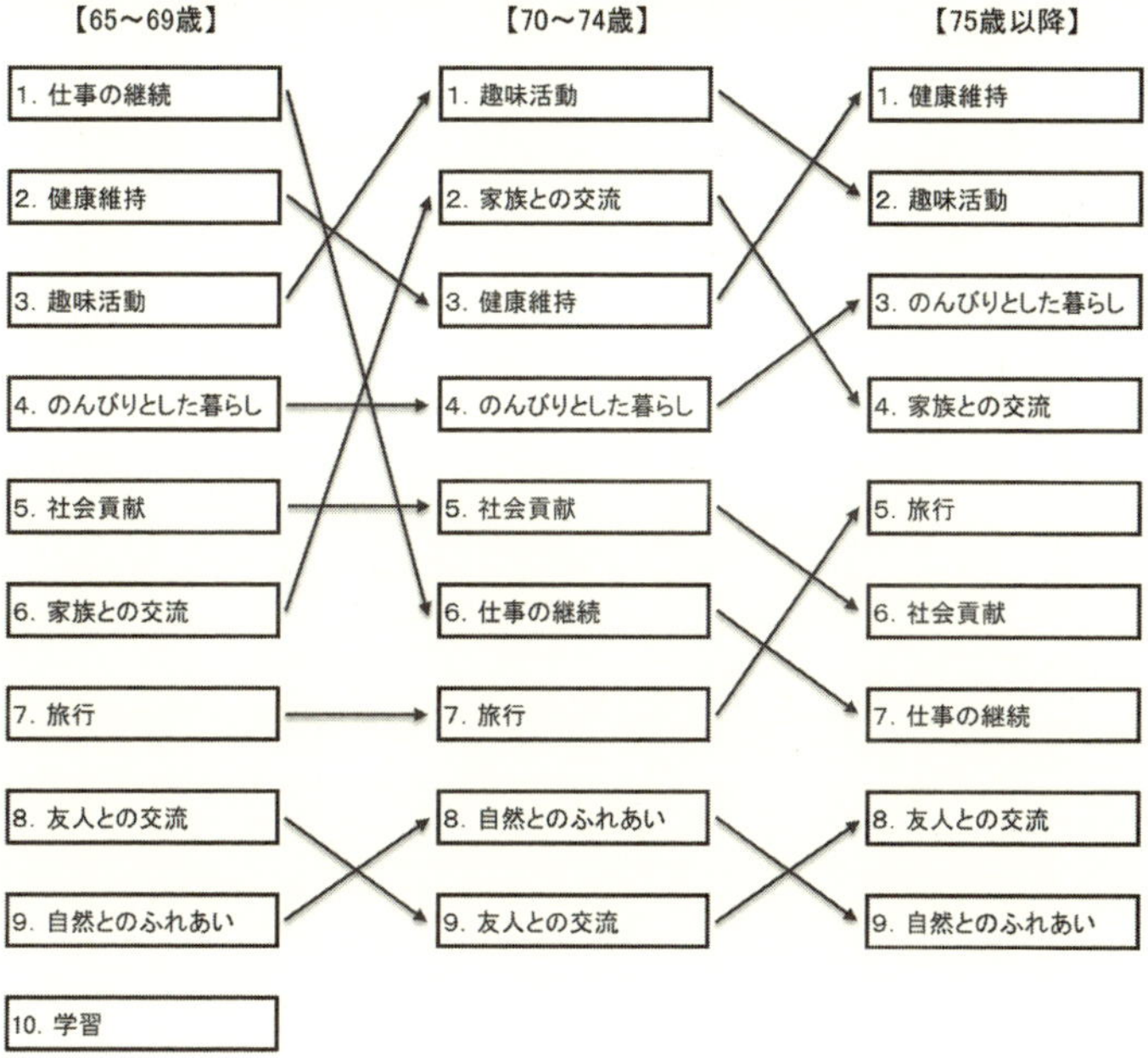

人との交流」「畑仕事」「学習」の一〇カテゴリーに分類した。

六五歳～六九歳の年齢区分では三割強（三一・一％）の人が「仕事を続ける」と回答し、以下「健康維持」（二五・六％）、「趣味活動」（二二・〇％）と続いている。

七〇歳～七四歳では仕事を継続するという回答が大幅に減少（七・三％）し、最も多い回答は「趣味活動」（二四・四％）、以下「家族との交流」（二〇・七％）、「健康維持」（一八・三％）と続いている。

後期高齢者年齢に移行する七五歳以降では「健康維持」（二二・六％）、「趣味活動」（二二・〇％）が同等に高い割合を占め、「のんびりと過ごす」（一五・二％）、「家族との交流」（一一・六％）と続いている。

「社会貢献」については各年齢階層ともに、回答割合は低い。その一方で「趣味活動」「健康維持」など活動の関心は個人に向いていることが結果からうかがわれた。

四、考察

調査対象の生活状況については、妻および子どもと暮らしている人の割合が高い。そして現在の居住地での生活が長く、持ち家率が高いことから、地域での定住志向をうかがうことができる。生計については、年金や稼働収入を生活費に充てている人の割合が高い。

地域活動については、過去に参加の経験があるも含めると約七割の人が参加をしている。地域活動への参加を促進するためには、活動メニューの充実や地域活動についての情報、男性の参加者が増えることが必要であるととらえている。

退職後の生活変化については、退職者および退職予定者と無定年仕事従事者では、退職後の生活変化の傾向が異なり、退職者の場合には健康面や自分の居場所についての不安を示す人の割合が比較的高い。

退職後に重視したいことについては、健康維持を挙げる人の割合が高く、次いで家族関係を重視するという人の割合が高い。仕事については収入があり、自分の技能を活かせる仕事を継続することを望んでいる。

自分自身の生きがいについては、健康や達成感・充実感など個人的な内容に関することを挙げている。また、子や孫の成長やそれらとの関わりに生きがいを求めている人も多い。

一般的な生きがいの問いには社会貢献が高い割合を示したが、自分自身の生きがいという問いの結果では順位が下がり、健康維持や家族関係が高い割合を示し、両者の間にずれがみられた。

今後の暮らし方に関する展望では、加齢と共に「仕事の継続」が減少し、「趣味活動」「健康維持」などの個人的な側面への関心が高くなるという傾向が示された。

研究結果から、沖縄の男性の高齢期に移行する時期からの地域活動や生きがいの支援のあり方について次の課題を提示したい。

第一に地域活動に関する情報提供の内容についての検討が挙げられる。本調査では高齢期への移行期にある男性は、地域活動に関する情報の充実を求めていることが明らかになった。この場合には、活動内容、活動（参加）の方法、場所、構成メンバーなど個々の関心によって必要としている情報の項目が異なることから、地域活動への参加の促進という視点とともに、地域活動への参加を妨げている要因にも留意した情報内容の検討が必要であると考えられる。活動内容については、趣味活動や健康維持への関心が高いことから、志向や活動レベルの多様性に対応できるような仕組みをつくることが必要になると考えられる。また、退職後の経済的な不安を感じている人が多いことから、地域活動への参加が生計にどのような影響を与えるのかという点についても十分な配慮が必要である。

第二に健康維持に関する関心の高さを具体的な取り組みにどのように結びつけるのかという点である。沖縄の男性の平均寿命は後退しており、その要因には、がんや生活習慣病、自殺等が挙げられている（沖縄県福祉保健部健康増進課二〇〇七）。また、生活習慣病の誘因となる肥満度については沖縄の男性は全国一位である。このような状況に対し県内各自治体では、特定健診や二次予防健診の受診率向上、生活習慣病の予防等に関する啓発活動に力を入れている。心身の健康は高齢期のＱＯＬや生きがいの実現を大きく左右するため、健康上注意を要する人々の関心に適した内容・方法を用いた啓発のあり方を工夫することが必要ではないだろうか。

第三に退職を迎える時期の環境上の変化とその変化への適応についての支援である。調査対象の六～七割の人々が体力の続く限りは収入のある仕事を続けたいと考えており、退職後の生活に経済的な不安や自分の居場所についての不安を感じていることが明らかになった。このことから、退職による対人関係や社会的役割、経済的な変化等への対応についての支援が必要と考えられる。離島県という地理的特性をもつ沖縄は、生活圏域が狭く、在職時の活動や人間関係を退職後も継続しやすい。したがって、高齢期への移行期にある人々には個々の活動の志向やそれまでの仕事で培ってきた技術、対人関係を生かして退職後の生活の物理的・精神的な充実に取り組むことが求められるのではないだろうか。

本研究の限界として、アンケート票で用いた用語について、その定義を明確に示さなかったことによって回答者の解釈にバイアスが生じた可能性があるという点が挙げられる。具体的には、「地域活動」に関する地域の範囲、「親しく付き合っている」とする場合のその頻度や内容等についてである。また、データ数の確保が十分ではなかったことや調査対象者の居住地の偏りが生じたことなどから、地域ごとの特性をとらえるには至らなかった。これらの点については今後の研究課題としたい。

（玉木千賀子・屋嘉比和枝・島村枝美・國吉和子・村田真弓・上地武昭）

注

本稿は「沖縄における団塊世代男性の地域活動への参加と生きがい—高齢期に移行する時期からの地域生活への支援のあり方を考える—（研究代表者・玉木千賀子）」『地域研究』沖縄大学地域研究所（二〇一三）第一一号、一〇一 - 一〇八頁に加筆・修正したものである。

文献

沖縄県福祉保健部健康推進課（二〇〇七）「26ショック！　沖縄県の平均寿命と死亡状況～平成16年度地域保健推進特別対策事業より～〔増刷版〕」平成一七年一〇月
http://www.kenko-okinawa21.jp/kankobutu/26shock/26shock.pdf, 二〇一二年一一月取得
久留米市（二〇一一）「団塊世代の実態・意識調査結果報告書
http://www.city.kurume.fukuoka.jp/1050kurashi/2080koureikaigo/3090keikaku/files/2012-0120-0902.pdf, 二〇一二年一月取得
佐藤眞一（二〇〇六）「団塊世代の退職と生きがい」『日本労働研究雑誌』第五五〇号、八三 - 九三頁

杉岡直人（二〇〇六）「地域福祉と地域社会概念」『地域福祉事典』中央法規、五〇 - 五一頁
林信吾・葛岡智恭（二〇〇五）『昔、革命的だったお父さんたちへ―「団塊世代」の登場と終焉―』平凡社新書、八八頁
東村山市（二〇〇六）「団塊世代アンケート調査報告」
http://www.city.higashimurayama.tokyo.jp/kurashi/shiminkatsudo/chiiki/dankai/dankaianke-to.files/190319.pdf, 二〇一二年一月取得

第Ⅷ章　「離島の離島」における高齢者の生活と福祉ニーズ

——二〇〇四年大島郡瀬戸内町高齢者実態調査から——

はじめに

本研究の目的は、「離島の離島」といわれる大島郡瀬戸内町の加計呂麻諸島（加計呂麻島、請島、与路島）の高齢者の生活および福祉ニーズに関する実態を把握し、離島における地域福祉推進の方策を探ることである。

かつて加計呂麻諸島には実久村と鎮西村の二つの村があり、請島と与路島は鎮西村に属していた。一九五六年に奄美本島側の古仁屋町および西方村と合併して瀬戸内町となり現在に至っている。加計呂麻島の面積は奄美群島の中では与論島や喜界島よりも大きい。リアス式海岸を持つ山がちな島で、入り江ごとに大小約三〇の集落が点在している。一山越えて隣の集落があるので集落間の行き来はたやすくはない。また、島内に中心地となるところはない。二カ所あるフェリー乗り場も単なる乗換え地点に過ぎない。人々は集落からバスや車でフェリー乗り場に行き、町営フェリーに乗り古仁屋に向かう。帰りは船から降りるとすぐにバスや車に乗り、集落に帰っていく。それぞれの集落は役場のある古仁屋と直接結びついている感じである。加計呂麻島の高齢者の生活実態については、田畑・小窪・高橋および小窪・田畑によるアンケート調査の報告がある（小窪他二〇〇〇、小窪他二〇〇一）。そこでは、地理的・経済的に不利な生活状況に置かれながらも良好な近隣関係に支えられて積極的な生活を送っている加計呂麻島の高齢者の姿と、弱体化した集落の姿が報告されている。

請島と与路島は加計呂麻島の南に位置する小離島で、請島には請阿室と池地の二つの集落、与路島には与路集落がある。古仁屋との間を町営定期船が月曜日から土曜日は一往復、日曜日は二往復している。両島ではいずれも急速な過疎化と少子高齢化が進行し、地域社会の基盤の弱体化が激しい。それぞれの島の人口は合併直前にはおよそ一〇〇〇人ずつあったが、現在では二〇〇人足らずになり、高齢化率は五割前後となっている。二〇〇三年の請島の請阿室集落の人口は九二人でそのうち高齢者は五二人、池地集落の人口は一〇五人でそのうち高齢者は五四人、与路島の与路集落の人口は一六〇人でそのうち高齢者は七八人である。請島と与路島の現状と高齢者の生活上の問題については、小窪・田畑・田中・越田が聞き取り調査の結果を報告している（小窪他二〇〇四）。そこでは、「離島という地理的ハンディを背負い、更に台風とハブという亜熱帯特有のハンディを甘受せざるを得ない状況に置かれ、急激な高齢化に見舞われている」両島の様子と「交通の不便さと消費生活の不便さ、それと医療・福祉サービスの不足、それらから帰結する老後、特に一人暮らしになったときの不安」をもって暮らしている高齢者の姿が報告されている（小窪他二〇〇四：三八）。

加計呂麻島には特別養護老人ホームと医師の常駐する診療所がある。台風常襲の地であるが、配食サービスもほとんど中断なく実施されている。一方、請島と与路島にはそれぞれ看護師が常駐する診療所があるだけであり、古仁屋のへき地診療所から月に二回医師が巡回している。島内に福祉サービスの提供拠点はない。通所介護（デイサービス）を利用するために、両島の住民は加計呂麻島にある特別養護老人ホームまで貸切船で通っている。特別養護老人ホームによると、両島の通所介護サービスは、夏場の台風、それと秋と冬の季節風による荒天が主な原因で年間計画の六割しか実施されていない。訪問介護と訪問看護は貸切船の交通費を充当できずに介護保険制度施行以来二〇〇四年九月まで実施されなかった。配食サービスも交通費の問題や気象条件による中断の問題、実施主体の問題などが解決できずに実施されないまま今日に至っている。越田も指摘しているように、請島と与路島においては、現行の介護保険システムが住民の医療・福祉ニーズにうまく対応できずにいる（越田二〇〇三）。

今回の調査報告は、アンケート調査をもとに、数量的な形で加計呂麻島、請島、与路島の高齢者の生活実態と福祉ニーズを明らかにすることを目的としている。また、同じ町内にありながら都市の住宅地的な雰囲気をもつ古仁屋市街地の一地区も調査対象地とした。

一、調査方法

調査対象者は瀬戸内町の古仁屋、加計呂麻島、請島、与路島に居住する六五歳以上の高齢者であった。古仁屋では瀬久井東地区、加計呂麻島では花富集落と芝集落の二集落、請島では請阿室集落と池地集落の二集落、与路島では与路集落を調査対象地とした。なお、本報告の集計では島と島の比較を中心にしている。回収率は六九・五％で有効回答数は三〇七であった。

表８‐１は集計対象者の内訳であるが、調査項目への回答が不十分なケースがあったため集計によっては合計が三〇七人以下になることもある。調査対象者の平均年齢は七六・一歳（N=304）であった。性別では男性七六・二歳（N=115）、女性七五・九歳（N=189）であった。回答者の性別は女性が多く、年齢では後期高齢者が多かった。

調査時期は二〇〇四年八月〜一一月で、八月に請島の請阿室集落と池地集落、九月に与路島の与路集落と加計呂麻島の芝集落、一一月に加計呂麻島の花富集落と古仁屋の瀬久井東地区で実施した。

調査方法は、鹿児島国際大学の教員および大学院生による訪問面接調査であった。ただし、古仁屋の瀬久井東地区では区長および奄美の園在宅介護支援センターの職員に調査員として一部協力してもらった。また、加計呂麻島の花富地区でも加計呂麻園在宅介護支援センターの職員に調査員と

表８-１　調査対象者の内訳（単位：人）

	男性	女性	合計	調査予定者	回収率
古仁屋	33(42.9%)	44(57.1%)	77(100%)	131	58.8%
加計呂麻島	32(33.3%)	64(66.7%)	96(100%)	120	80.0%
請島	27(37.0%)	46(63.0%)	73(100%)	108	67.6%
与路島	24(39.3%)	37(60.7%)	61(100%)	83	73.5%
合計	116(37.8%)	191(62.2%)	307(100%)	442	69.5%

して一部協力してもらった。

主な調査内容は、調査対象者の健康状態、家族状況、家計状況、不安、生きがい感、社会参加、近隣関係、医療・福祉サービスの要望、生活上の問題などであった。

二、結果

1．調査対象者の属性

調査対象者の属性では、健康状態、世帯状況、同居家族の人数、一番近くに住む子どもとの交流、就業状況、世帯の収入と支出について質問した。

①健康状態

健康状態について、主観的な健康状態と日常生活の自立度を聞いた。

a．主観的健康状態

主観的な健康状態について「あなたのお体の具合はいかがですか（○は一つだけ）」と質問し、「健康である」「あまり健康とはいえないが、病気ではない」「病気がちで、寝込むことがある」「病気で一日中寝込んでいえる」の四件法で答えてもらった。

結果を表8－2に示す。全体では、三九・六％が「健康である」、五一・二％が「あまり健康とはいえないが、病気ではない」、八・六％が「病気がちで、寝込むことがある」、残りの〇・七％が「病気で一日中寝込んでいる」であった。調査対象者のほとんどが健康かそれに近い状態であったが、請島と与路島では数が少ないとはいえ「病気がちで、寝込むことがある」人が一割ほどいた。一方、「病気で一日中寝込んでいる」人は古仁屋にいるだけであったが、これは加計呂麻諸島では

表8-2　主観的健康状態（単位：人）

	健康である	あまり健康とはいえないが、病気ではない	病気がちで、寝込むことがある	病気で、一日中寝込んでいる	合計
古仁屋	30(39.5%)	38(50.0%)	6(7.9%)	2(2.6%)	76(100%)
加計呂麻島	39(41.1%)	51(53.7%)	5(5.3%)	0(0.0%)	95(100%)
請島	27(38.0%)	36(50.7%)	8(11.3%)	0(0.0%)	71(100%)
与路島	24(39.3%)	30(49.2%)	7(11.5%)	0(0.0%)	61(100%)
全体	120(39.6%)	155(51.2%)	26(8.6%)	2(0.7%)	303(100%)

そのような寝たきりの人は自宅に住みにくいことを示唆している。

b．日常生活での援助の必要度

日常生活での援助の必要度について「あなたは、日常生活を送る上で、誰かの援助が必要ですか」と質問した。

結果を表8－3に示す。全体では「まったく不自由なくすごせる」が六七・〇％、「少し不自由だが何とか自分でできる」が二六・一％であり、両者を合わせた自立者は九三・一％であった。「不自由で、一部他の人の世話や介護を受けている」人は六・二％であった。全面的に他者の援助を必要とする者は古仁屋に二人いた。

②世帯状況

a．世帯状況

世帯状況について「あなたの世帯状況は次のうちどれにあたりますか（○は一つだけ）」と質問した。

表8－4に示すように、全体では四八・七％が「夫婦世帯」で、二七・三％が「一人暮らし世帯」であった。古仁屋地区では「二世代世帯」の割合が三四・二％と高く、加計呂麻諸島では「夫婦世帯」と「一人暮らし世帯」の割合が高く、「二世代世帯」「三世代世帯」は低かった。このことは加計呂麻諸島では一人暮らし世帯が増加して行く可能性が高いことを示している。

b．同居家族の人数

同居家族の人数について「同居している家族の人数はあなたを含めて何人

表8－3　日常生活での援助の必要度（単位：人）

	まったく不自由なくすごせる	少し不自由だが何とか自分でできる	不自由で、一部他の人の世話や介護を受けている	不自由で、全面的に他の人の世話や介護を受けている	合計
古仁屋	59(76.6%)	12(15.6%)	4(5.2%)	2(2.6%)	77(100%)
加計呂麻島	60(62.5%)	29(30.2%)	7(7.3%)	0(0.0%)	96(100%)
請島	50(68.5%)	17(23.3%)	6(8.2%)	0(0.0%)	73(100%)
与路島	36(60.0%)	22(36.7%)	2(3.3%)	0(0.0%)	60(100%)
全体	205(67.0%)	80(26.1%)	19(6.2%)	2(0.7%)	306(100%)

表8－4　世帯状況（単位：人）

	一人暮らし	夫婦世帯	二世代世帯	三世代世帯	その他	合計
古仁屋	14(18.4%)	28(36.8%)	26(34.2%)	4(5.3%)	4(5.2%)	76(100%)
加計呂麻島	24(25.5%)	53(56.4%)	12(12.8%)	3(3.2%)	2(2.2%)	94(100%)
請島	22(30.1%)	40(54.8%)	7(9.6%)	2(2.7%)	2(2.7%)	73(100%)
与路島	23(37.7%)	27(44.3%)	9(14.8%)	0(0.0%)	2(3.2%)	61(100%)
全体	83(27.3%)	148(48.7%)	54(17.8%)	9(3.0%)	10(3.3%)	304(100%)

ですか」と質問した。

図８－１に示すように、家族の平均人数は全体では一・九七人であった。加計呂麻諸島の家族の人数は古仁屋の家族の人数よりも少なかった（p.<05）。家族の人数が最も多いケースは、古仁屋と加計呂麻島では六人、請島と与路島では四人であった。

c．子どもとの同・別居

子どもとの同・別居について「現在、お子さんと一緒に暮らしていますか（○は一つだけ）」と質問した。

図８－２に示すように、全体では七二・三％が子どもと別居で、二一・五％が子どもと同居であった。古仁屋地区では子どもと同居する者の割合が高く、加計呂麻諸島では低かった。

③一番近くに住む子どもとの交流

子どもと一緒に暮らしていない人に対して、一番近くに住む子どもとの時間距離と交流頻度を質問した。

a．一番近くに住む子どもとの時間距離

時間距離について「別々に暮らしているなかで、一番近くに住んでいるお子さんのところに通常の方法で行くにはどれくらい時間がかかりますか（○は一つだけ）」と質問した。

表８－５に示すように、全体では四一・一％が三時間

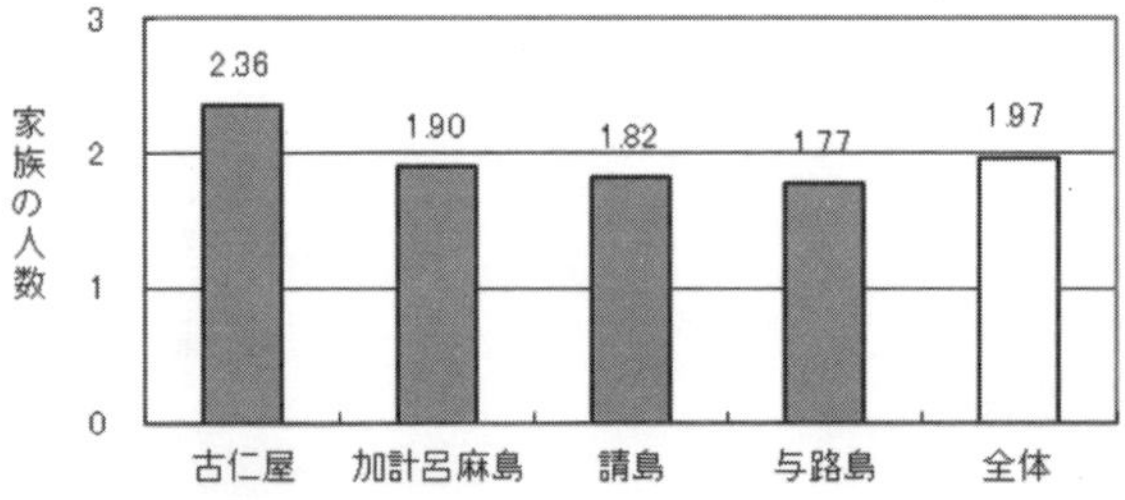

図８-１　家族の人数(平均)

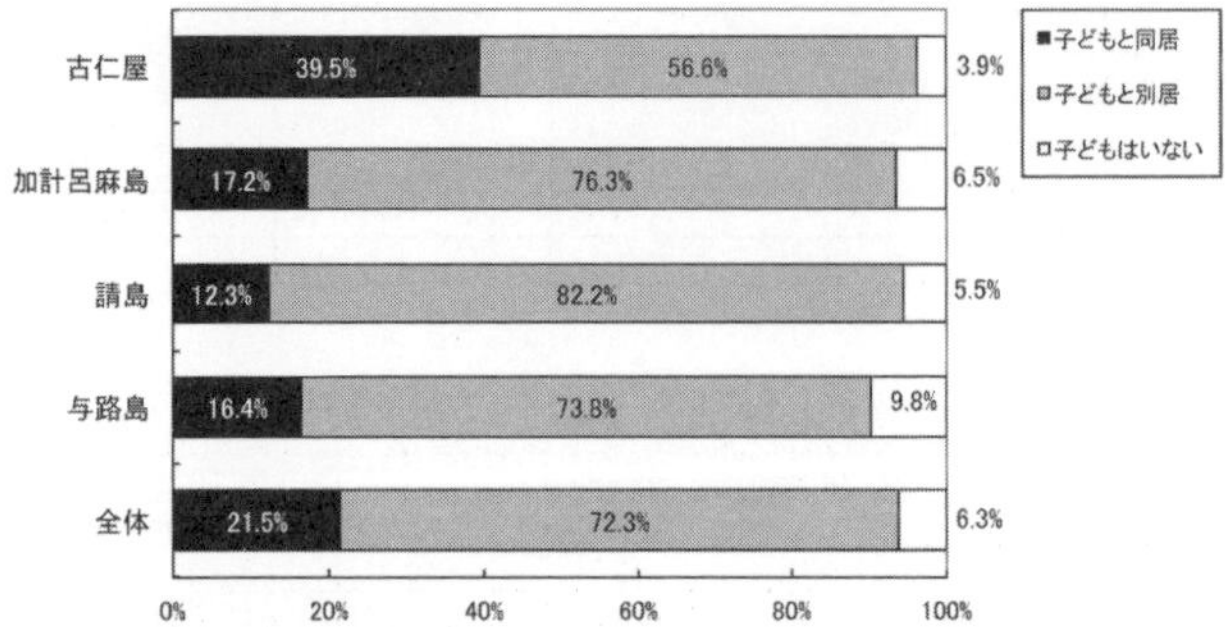

図８-２　子どもとの同・別居

を超えるところである奄美大島の島外に住んでいると推察された。次に多かったのが、古仁屋地区の「一〇分以内」、加計呂麻島の「三〇分以内」、請島と与路島の「一時間以内」であり、これは古仁屋に住んでいる子どもが多いことを示している。

b．一番近くに住む子どもとの交流頻度

また、交流頻度について「別々に暮らしているなかで、一番近くに住んでいるお子さんとは、どれくらいの頻度で会われますか（〇は一つだけ）」と質問した。

表8-6に示すように、全体で多かったのは、「年に数回」の三七・二％、その次が「ほとんど会わない」の二五・一％であった。子どもが遠方に住んでいるのでそれだけ交流頻度が低くなっていることを示している。古仁屋では毎日行き来するというのが二七・九％いる一方で、「ほとんど会わない」というのが三九・五％いた。また、子どもとの交流頻度が低い傾向は加計呂麻諸島で顕著であった。子どもとの交流頻度の低さは「離島の離島」という地理的ハンディの影響を示唆している。

④就業状況

就業状況について「あなたは、現在、どのような収入の伴う仕事をしていますか」と質問した。

表8-7に示すように、全体では八三・二％が仕事を持たないと答

表8-5　一番近くに住む別居子との時間距離(単位:人)

	10分以内	30分以内	1時間以内	3時間以内	3時間を超える	合計
古仁屋	18（41.9%）	0（0.0%）	0（0.0%）	1（2.3%）	24（55.8%）	43（100%）
加計呂麻島	6（8.2%）	15（20.5%）	13（17.8%）	12（16.4%）	27（37.0%）	73（100%）
請島	2（3.3%）	0（0.0%）	23（37.7%）	11（18.0%）	25（41.0%）	61（100%）
与路島	5（10.6%）	1（2.1%）	13（27.7%）	12（25.5%）	16（34.0%）	47（100%）
全体	31（13.8%）	16（7.1%）	49（21.9%）	36（16.1%）	92（41.1%）	224（100%）

表8-6　一番近くに住む別居子と会う頻度(単位:人)

	ほとんど毎日	週に数回	月に数回	年に数回	ほとんど会わない	合計
古仁屋	12（27.9%）	5（11.6%）	2（4.7%）	7（16.3%）	17（39.5%）	43（100%）
加計呂麻島	3（4.1%）	13（17.8%）	14（19.2%）	26（35.6%）	17（23.3%）	73（100%）
請島	2（3.4%）	4（6.8%）	16（27.1%）	29（49.2%）	8（13.6%）	59（199%）
与路島	3（6.3%）	1（2.1%）	9（18.8%）	21（43.8%）	14（29.2%）	48（100%）
全体	20（9.0%）	23（10.3%）	41（18.4%）	83（37.2%）	56（25.1%）	223（100%）

えていた。請島と与路島で自営農林漁業、自営商工サービス業と答える者が他地区より若干多くいた。

⑤世帯の収入と支出

a．世帯の年収

世帯の年収について「もし、よろしければ教えてください。あなたの世帯の年収はどれくらいですか（答えは一つだけ）」と質問した。

回答者個人を単位にして集計した結果を表8-8に示す。全体では二六・四％が無回答であり、二七・七％が「一〇〇万円未満」、三五・二％が「一〇〇〜二〇〇万円未満」と答えていた。

b．家計の状態

家計の状態について「あなたは、経済的な意味で、日々の暮らしに困るということがありますか、それともありませんか」と質問し、「困っている」「少し困っている」「あまり困っていない」「困っていない」の四件法で答えてもらった。

図8-3に示すように、「困っている」と「少し困っている」を合わせると三八・四％になった。請島が他の地区よりも家計の状態への自己評価が良かった。これ

表8-7　現在の職業（単位：人）

	古仁屋	加計呂麻島	請島	与路島	全体
自営農林漁業	1（1.3%）	0（0.0%）	9（12.7%）	7（11.5%）	17（5.6%）
自営商工サービス	3（3.9%）	4（4.2%）	7（9.9%）	5（8.2%）	19（6.3%）
会社または団体役員	2（2.6%）	2（2.1%）	0（0.0%）	0（0.0%）	4（1.3%）
常雇の事務系・技術系勤め人	0（0.0%）	0（0.0%）	1（1.4%）	0（0.0%）	1（0.3%）
常雇の労務系勤め人	1（1.3%）	1（1.0%）	0（0.0%）	0（0.0%）	2（0.7%）
常雇（パートタイム）	0（0.0%）	0（0.0%）	0（0.0%）	1（1.6%）	1（0.3%）
臨時・日雇い・パート	2（2.6%）	2（2.1%）	3（4.2%）	0（0.0%）	7（2.3%）
仕事はしていない	67（88.2%）	87（90.6%）	51（71.8%）	48（78.7%）	253（83.2%）
合　計	76（100.0%）	96（100.0%）	71（100.0%）	61（100.0%）	304（100.0%）

表8-8　世帯の収入（個人単位の集計、単位：人）

	古仁屋	加計呂麻島	請島	与路島	合計
1.100万円未満	15（19.5%）	35（36.5%）	11（15.1%）	24（39.3%）	85（27.7%）
2.100万円以上200万円未満	30（39.0%）	28（29.2%）	29（39.7%）	21（34.4%）	108（35.2%）
3.200万円以上300万円未満	10（13.0%）	2（2.1%）	6（8.2%）	3（4.9%）	21（6.8%）
4.300万円以上	8（10.4%）	1（1.0%）	0（0.0%）	3（4.9%）	12（3.9%）
5.無回答	14（18.2%）	30（31.3%）	27（37.0%）	10（16.4%）	81（26.4%）
合　計	77（100.0%）	96（100.0%）	73（100.0%）	61（100.0%）	307（100.0%）

は請島では収入のある仕事をしている人の割合が相対的に高く、かつ世帯収入「一〇〇万円未満」の者の割合が相対的に低いことが関係していると思われる。

c．主な収入源

主な収入源について「現在のあなたの世帯の収入は次のどれですか。主なもの二つに○をつけてください。一つしかない場合は一つだけに○をつけてください」と質問した。

表8-9に示すように、最も多かったのは「年金」の九五・七％であった。二番目が「仕事の収入」の一五・四％、三番目が「子どもからの仕送り」の七・二％、四番目が「生活保護」の五・九％であった。

d．主な支出

主な支出について「現在のあなたの主な支出は次のどれですか。主なもの二つに○をつけてください。一つしかない場合は一つだけに○をつけてください」と質問した。

表8-10に示すように、全体で最も多かったのは「食費」の六四・七％、二番目が「交際費」の五九・五％、三番目が「医療費」の二二・八％であった。古仁屋では食費の割合が高く、対照的に加計呂麻諸島では「交際費」の割合が高かった。

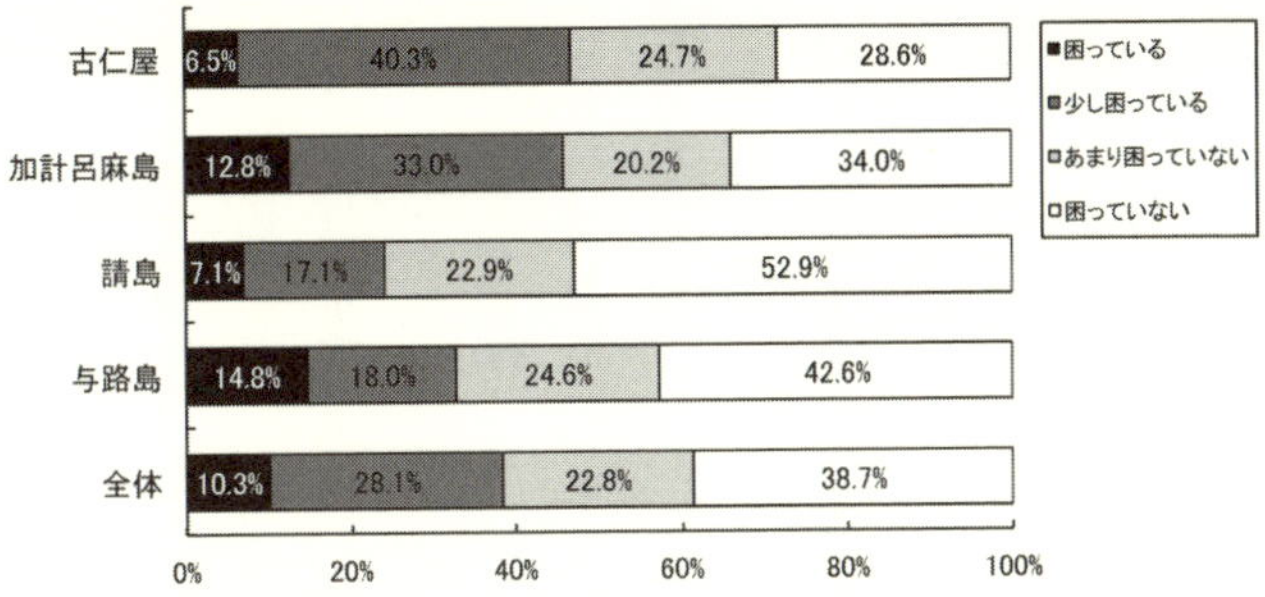

図8-3　家計の状態

表8-9　主な収入源（主なものを２つまで選択）

	古仁屋	加計呂麻島	請島	与路島	合計
1．仕事の収入	10(13.2%)	10(10.4%)	18(25.0%)	9(14.8%)	47(15.4%)
2．年金（恩給・厚生年金・国民年金など）	71(93.4%)	94(97.9%)	71(98.6%)	56(91.8%)	292(95.7%)
3．生活保護	7(9.2%)	4(4.2%)	1(1.4%)	6(9.8%)	18(5.9%)
4．利子、配当、家賃、地代など	0(0.0%)	0(0.0%)	0(0.0%)	0(0.0%)	0(0.0%)
5．預金引き出し	6(7.9%)	0(0.0%)	0(0.0%)	0(0.0%)	6(2.0%)
6．子供からの仕送り、援助	1(1.3%)	10(10.4%)	5(6.9%)	6(9.8%)	22(7.2%)
7．その他	1(1.3%)	1(1.0%)	0(0.0%)	3(4.9%)	5(1.6%)
回答者数	76	96	72	61	305

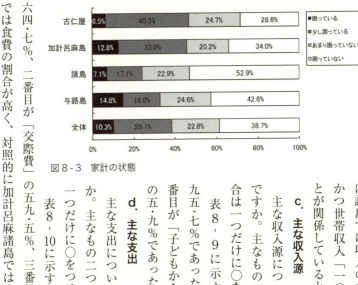

2．日常生活について

ここでは心理的な側面を調べるために、普段の楽しみ、生きがい感、生活満足度、日常生活での不安について質問した。

①普段の楽しみ

普段の楽しみについて「あなたは、普段の生活でどのようなことを楽しみにしていますか（○はいくつでも）」と質問した。

表8‐11に示すように、全体で最も多かったのは「テレビ・ラジオ」の七二・〇％、二番目が「友人との交流」の四四・四％、三番目が「菜園や釣りなどの屋外の趣味活動」の三四・五％、四番目が「散歩」の三一・九％であった。

②生きがい感

高齢者用の生きがい感測定尺度一六項目（近藤・鎌田二〇〇三）を用いて、「次のそれぞれの質問項目に対して、「はい」「どちらでもない」「いいえ」のうち一つ選んで〇をつけてください」と質問した。

図8‐4に示すように、瀬戸内町の高齢者の

表8-10　主な支出費目（主なものを２つまで選択）

	古仁屋	加計呂麻島	請島	与路島	合計
1. 食費	63(86.3%)	48(53.3%)	41(58.6%)	35(62.5%)	187(64.7%)
2. 交通費	3(4.1%)	10(11.1%)	5(7.1%)	5(8.9%)	23(8.0%)
3. 交際費	25(34.2%)	64(71.1%)	50(71.4%)	33(58.9%)	172(59.5%)
4. 医療費	16(21.9%)	19(21.1%)	15(21.4%)	16(28.6%)	66(22.8%)
5. レジャー費	1(1.4%)	0(0.0%)	0(0.0%)	1(1.8%)	2(0.7%)
6. 衣服・雑貨費	0(0.0%)	0(0.0%)	2(2.9%)	1(1.8%)	3(1.0%)
7. 家賃	5(6.8%)	0(0.0%)	2(2.9%)	0(0.0%)	7(2.4%)
8. その他	15(20.5%)	15(16.7%)	3(4.3%)	5(8.9%)	38(13.1%)
回答者数	73	90	70	56	289

表8-11　普段の楽しみ（複数回答）

	古仁屋	加計呂麻島	請島	与路島	合計
1. テレビを見たり、ラジオを聞いたりすること	63(82.9%)	67(70.5%)	50(69.4%)	39(63.9%)	219(72.0%)
2. 家族と団欒したり、孫と遊んだりすること	33(43.4%)	24(25.3%)	13(18.1%)	8(13.1%)	78(25.7%)
3. 友人と集まったり、おしゃべりをすること	32(42.1%)	48(50.5%)	26(36.1%)	29(47.5%)	135(44.4%)
4. おいしいものを食べること	16(21.1%)	18(18.9%)	10(13.9%)	11(18.0%)	55(18.1%)
5. ゲートボールなどスポーツをすること	10(13.2%)	36(37.9%)	11(15.3%)	8(13.1%)	65(21.4%)
6. 散歩をすること	42(55.3%)	21(22.1%)	25(34.7%)	9(14.8%)	97(31.9%)
7. 旅行をすること	6(7.9%)	20(21.1%)	3(4.2%)	7(11.5%)	36(11.8%)
8. 読書をすること	12(15.8%)	14(14.7%)	10(13.9%)	10(16.4%)	46(15.1%)
9. 主に室内で行う趣味活動をすること	18(23.7%)	20(21.1%)	4(5.6%)	5(8.2%)	47(15.5%)
10. 主に屋外で行う趣味活動をすること	24(31.6%)	42(44.2%)	25(34.7%)	14(23.0%)	105(34.5%)
11. カラオケ、踊り、民謡、楽器演奏などをすること	17(22.4%)	27(28.4%)	10(13.9%)	6(9.8%)	60(19.7%)
12. パソコンやインターネットをすること	6(7.9%)	0(0.0%)	2(2.8%)	1(1.6%)	9(3.0%)
13. 勉強をしたり、教養などを身につけること	7(9.2%)	9(9.5%)	3(4.2%)	3(4.9%)	22(7.2%)
14. 社会奉仕や地域活動をすること	11(14.5%)	22(23.2%)	14(19.4%)	10(16.4%)	57(18.8%)
15. 宗教活動をすること	8(10.5%)	6(6.3%)	5(6.9%)	4(6.6%)	23(7.6%)
16. 仕事（家業、家族）をすること	10(13.2%)	16(16.8%)	15(20.8%)	10(16.4%)	51(16.8%)
17. その他	1(1.3%)	11(11.6%)	12(16.7%)	9(14.8%)	33(10.9%)
18. 特にない	2(2.6%)	1(1.1%)	1(1.4%)	2(3.3%)	6(2.0%)
回答者数	76	95	72	61	304

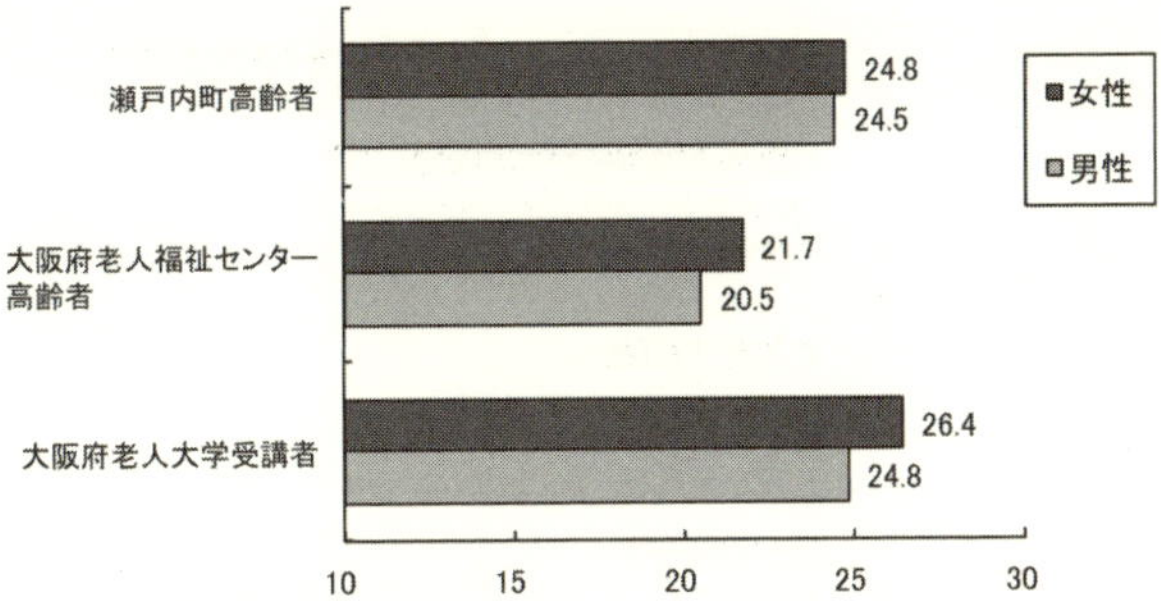

図8-4　高齢者の生きがい感得点

生きがい感は、都市部の在宅高齢者（大阪府老人福祉センター利用者）よりも高く、都市部の老人大学受講者に近い得点である（年齢は大阪府のデータにあわせて六五歳から七九歳までにしている）。大阪府の二つのデータでは性差も年齢差もないが、瀬戸内町のデータでは性差はなく、年齢差に関して六五～七二歳の若い高齢者のほうが七三～七九歳の高齢者よりも生きがい感が高い傾向がみられた（$p<.059$）。なお、大阪府のデータは近藤・鎌田を参照した（近藤・鎌田二〇〇三）。また、生きがい感得点について調査地域間の比較を行ったが有意差は見られなかった。

③生活満足度

生活満足度について「あなたは、今の生活に満足していますか（答えは一つだけ）」と質問し、「非常に満足している」「大体満足している」「あまり満足していない」「まったく満足していない」の四件法で答えてもらった。

表8-12に示すように、「非常に満足している」のが二三・二%、「大体満足している」のが六七・二%であった。両者を合わせると九〇・四%になり、ほとんどの者が生活に満足していると答えていた。

④日常生活での不安

a．不安の程度

将来の日常生活の不安の程度について「あなたは、将来の自分の日常生活全般について不安を感じますか」と質問し、「とても不安を感じる」「多少不安を感じる」「不安を感じない」の三件法

表8-12　生活満足度（単位：人）

	非常に満足している	だいたい満足している	あまり満足していない	まったく満足していない	合計
古仁屋	11(14.3%)	60(77.9%)	6(7.8%)	0(0.0%)	77(100%)
加計呂麻島	28(29.8%)	59(62.8%)	6(6.4%)	1(1.1%)	94(100%)
請島	20(28.2%)	43(60.6%)	5(7.0%)	3(4.2%)	71(100%)
与路島	11(18.3%)	41(68.3%)	7(11.7%)	1(1.7%)	60(100%)
全体	70(23.2%)	203(67.2%)	24(7.9%)	5(1.7%)	302(100%)

で答えてもらった。

表8-13に示すように、全体では「とても不安」と答えたのは二〇・三％、「多少不安」と答えたのは四七・五％で、何らかの不安を持っているのは合計すると六七・八％になった。残りの三二・二％が「不安がない」と答えていた。

b．不安の内容

さらに、「不安を感じる」と答えた二〇四人に対して「あなたが、不安を感じる点は、どのようなことですか（〇はいくつでも）」と質問した。

図8-5に示すように、全体で最も多かったのは「健康や病気のこと」の七六・五％、二番目が「介護が必要な状態になること」の五九・三％、三番目が「一人きりの暮らしになること」「生活のための収入のこと」の二五・五％であった。

なお、「11．その他」の記述は、古仁屋ではなかった。加計呂麻島では「どの子が自分たちを見てくれるか不安」があった。請島では「食事の確保が不安」

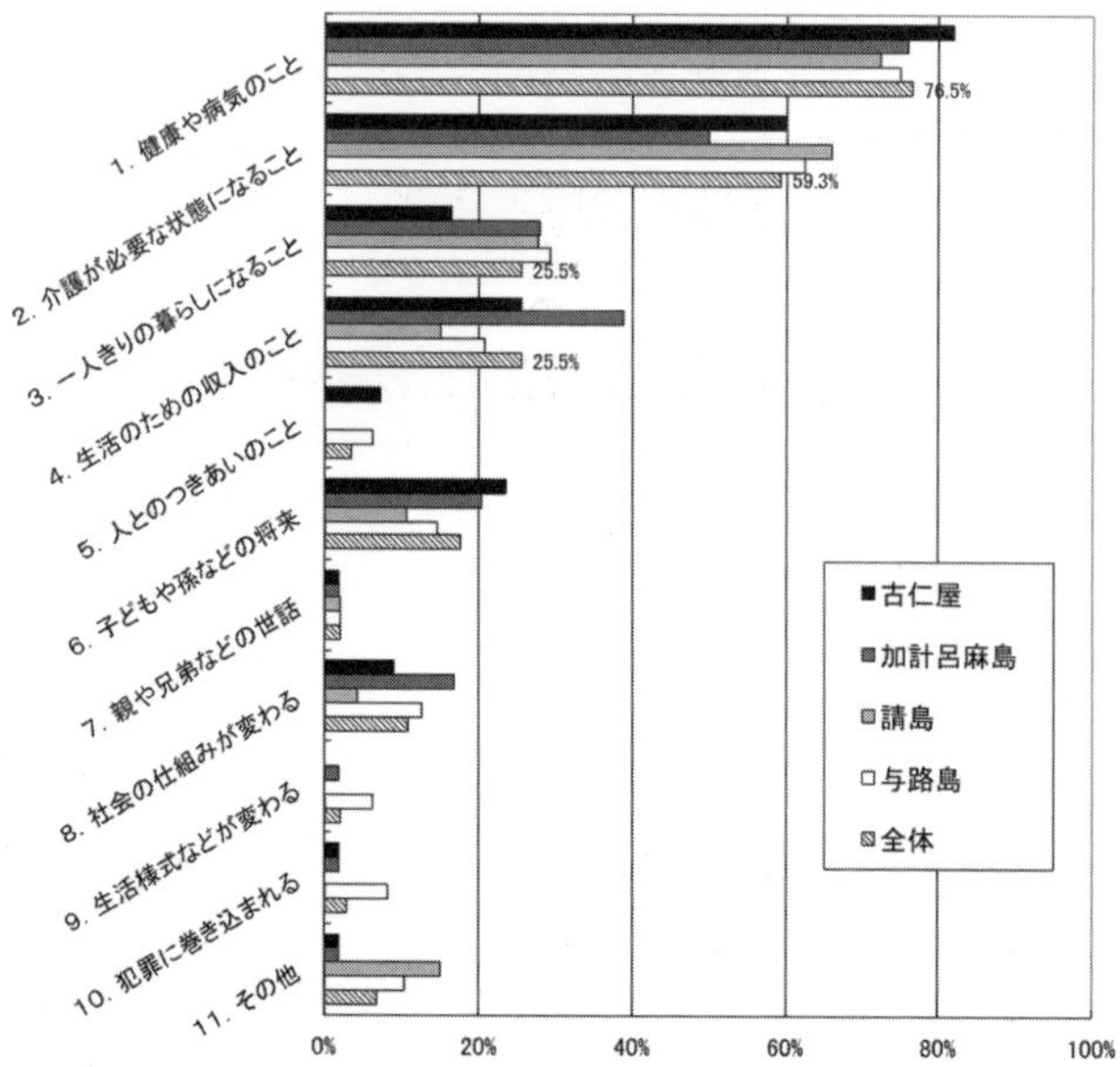

図8-5　不安の内容

表8-13　将来の日常生活の不安の程度（単位：人）

	とても不安を感じる	多少不安を感じる	不安を感じない	合計
古仁屋	14(18.9%)	40(54.1%)	20(27.0%)	74(100%)
加計呂麻島	14(14.9%)	44(46.8%)	36(38.3%)	94(100%)
請島	16(22.2%)	31(43.1%)	25(34.7%)	72(100%)
与路島	17(27.9%)	28(45.9%)	16(26.2%)	61(100%)
合計	61(20.3%)	143(47.5%)	97(32.2%)	301(100%)

「ハブ、スズメバチが心配」「老後どこで暮らすべきか悩む」「夫の世話が不安」「借金」などがあった。与路島では「医療体制が不十分なところ」「子どもも医者もいないので将来が不安」「火事などの災害が心配」「大工さんがいなくなったら心配」があった。

3．社会参加と近隣関係

社会参加と近隣関係では、集落行事への参加度、近所付き合い、病気のときにすぐ来てくれる人、について質問した。

①集落行事への参加度

集落行事への参加度について「あなたは、集落または地区の行事にどの程度参加していますか（○は一つだけ）」と質問した。

表8-14に示すように、全体では「よく参加している」が六〇・九％、「ある程度参加している」が一一・八％であり、両者を加えた七二・七％が集落行事に参加していた。地域別にみると、加計呂麻諸島の参加度は総じて高いが、古仁屋だけは「ほとんど参加していない」者が四八・七％もいて対照的な傾向であった。古仁屋の場合、地区の行事そのものが少ないことが主な原因と考えられるが、都市化により参加意識が低下していることも一因であろう。

②近所付き合い

近所付き合いでは、近所付き合いの程度とその内容について質問した。

a．近所付き合いの程度

近所付き合いの程度について「あなたは、週に何回ぐらい、近所の人たちと話をしますか。単なるあいさつは除いてください（○は一つだけ）」と質問した。

表8-14　集落行事への参加度(単位：人)

	よく参加している	ある程度参加している	あまり参加していない	ほとんど参加していない	合計
古仁屋	19(25.0%)	12(15.8%)	8(10.5%)	37(48.7%)	76(100%)
加計呂麻島	68(72.3%)	10(10.6%)	12(12.8%)	4(4.3%)	94(100%)
請島	54(74.0%)	8(11.0%)	5(6.8%)	6(8.2%)	73(100%)
与路島	44(72.1%)	6(9.8%)	3(4.9%)	8(13.1%)	61(100%)
全体	185(60.9%)	36(11.8%)	28(9.2%)	53(17.4%)	304(100%)

表8‐15に示すように、全体では「ほとんど毎日」が六八・二%であり緊密な近隣関係を示していた。しかし、古仁屋では「ほとんど毎日」の割合が五〇・六%と加計呂麻諸島より低く、「ほとんどない」が一六・九%と高かった。緊密な近隣関係は古仁屋より加計呂麻諸島で顕著であった。

b. 近所付き合いの内容

近所付き合いの内容について「近所の人とは、どのようなお付き合いをなさっていますか（〇はいくつでも）」と質問した。

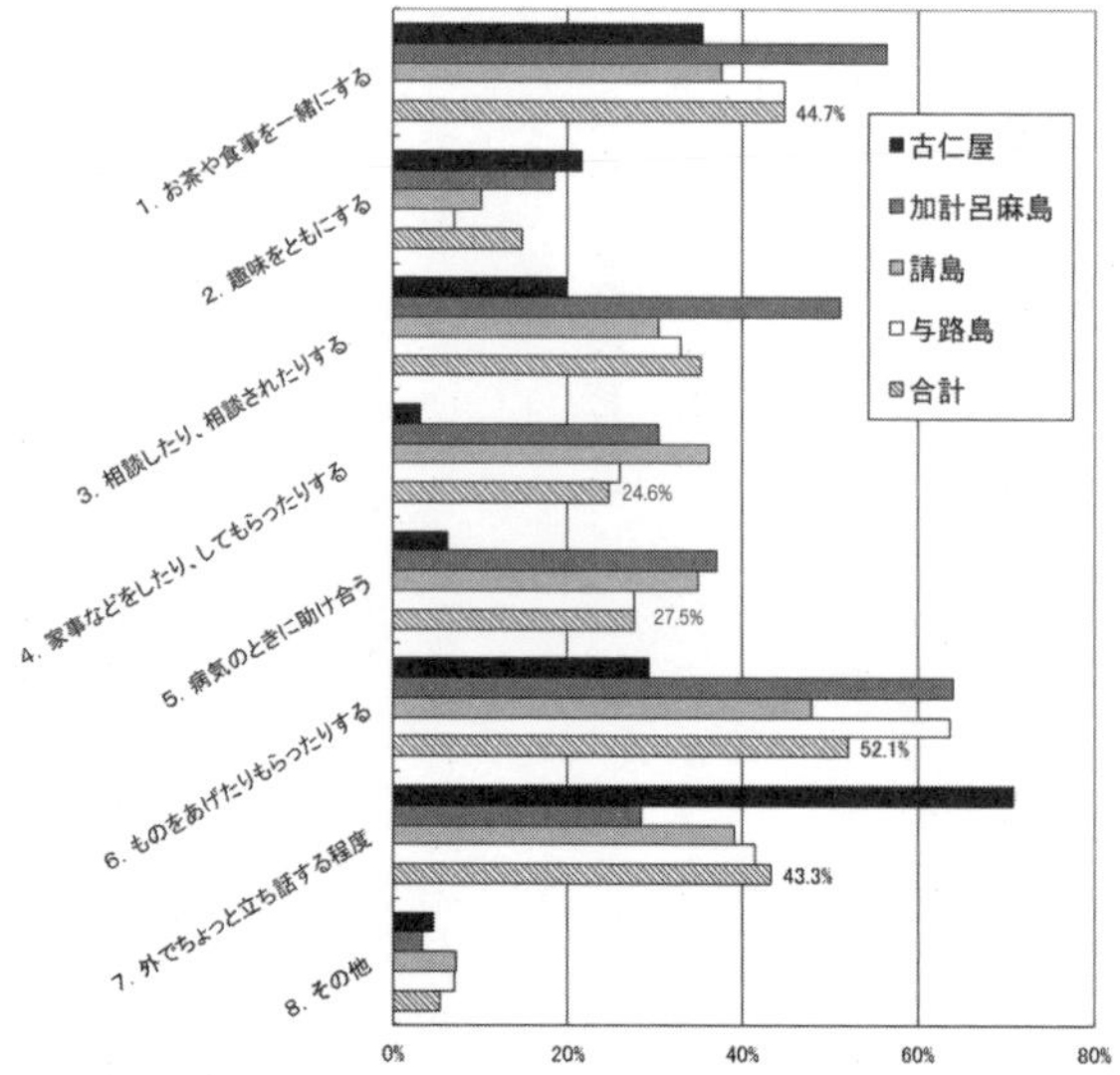

図8‐6　近所付き合いの内容

図8‐6に示すように、最も多かったのは「ものをあげたりもらったりする」の五二・一%、二番目が「お茶や食事を一緒にする」の四四・七%、三番目が「外でちょっと立ち話をする程度」の四三・三%であった。加計呂麻諸島と比べて、古仁屋では「ものをあげたりもらったりする」付き合いは少なく、「外でちょっと立ち話をする程度」の付き合いは多かった。

「第5回高齢者の生活と意識に関する国際比較調査結果（内閣府監修、二〇〇二）」によると、日本では「物をあげたりもらったりする」が六一・二%、「外でちょっと立ち話する程度」が五三・五%、「お茶や食事を一緒にする」が三二・〇%、「相談ごとがあった時、相談したり、

表8‐15　近所付き合いの頻度(単位:人)

	ほとんど毎日	週に4～5回	週に2～3回	週に1回	ほとんどない	合計
古仁屋	39(50.6%)	10(13.0%)	13(16.9%)	2(2.6%)	13(16.9%)	77(100%)
加計呂麻島	79(83.2%)	3(3.2%)	6(6.3%)	2(2.1%)	5(5.3%)	95(100%)
請島	47(65.3%)	3(4.2%)	15(20.8%)	3(4.2%)	4(5.6%)	72(100%)
与路島	43(70.5%)	5(8.2%)	8(13.1%)	2(3.3%)	3(4.9%)	61(100%)
合計	208(68.2%)	21(6.9%)	42(13.8%)	9(3.0%)	25(8.2%)	305(100%)

相談されたりする」が二九・二%、「趣味をともにする」が二四・四%、「病気のときに助け合う」が九・八%、「家事やちょっとした用事をしたり、してもらったりする」が六・五%となっている。本調査の結果は「病気のときに助け合う」が二七・五%、「家事やちょっとした用事をしたり、してもらったりする」が二四・六%となっていて、瀬戸内町の高齢者がより親密な近所付き合いをしていることが分かる。

③病気のときにすぐ来てくれる人

「病気や身体の不自由なときにすぐに来てくれる人はどなたですか(答えは一つだけ)」と質問した。

表8-16に示すように、全体で最も多かったのは「子供が来てくれる」の三七・九%、次いで「親戚が来てくれる」「近所の人が来てくれる」の一七・一%であった。「子供が来てくれる」が共通して多かったが、古仁屋では「その他」と「親戚」、加計呂麻諸島では「親戚」「近所」「きょうだい」が多かった。

なお、「8.その他」の記述は、古仁屋では「子ども(妻)と同居しているので不必要(四人)」「まだ不必要(二人)」「救急車」「会社の人」があった。加計呂麻島では「子ども(妻)と同居しているので不必要(二人)」「まだ不必要」があった。請島では「JAの人」「診療所の看護師」があった。与路島では「診療所の看護師(二人)」「病院(二人)」があった。

表8-16　病気のときにすぐ来てくれる人(単一回答、単位:人)

	古仁屋	加計呂麻島	請島	与路島	全体
1. 子供が来てくれる	40(54.8%)	26(27.7%)	22(30.6%)	25(42.4%)	113(37.9%)
2. 子供の配偶者が来てくれる	2(2.7%)	2(2.1%)	0(0.0%)	0(0.0%)	4(1.3%)
3. 孫が来てくれる	0(0.0%)	0(0.0%)	0(0.0%)	0(0.0%)	0(0.0%)
4. 兄弟・姉妹が来てくれる	7(9.6%)	18(19.1%)	9(12.5%)	6(10.2%)	40(13.4%)
5. 親戚が来てくれる	8(11.0%)	18(19.1%)	14(19.4%)	11(18.6%)	51(17.1%)
6. 近所の人が来てくれる	5(6.8%)	17(18.1%)	20(27.8%)	9(15.3%)	51(17.1%)
7. 友人・知人が来てくれる	0(0.0%)	7(7.4%)	2(2.8%)	3(5.1%)	12(4.0%)
8. その他	9(12.3%)	4(4.3%)	3(4.2%)	4(6.8%)	20(6.7%)
9. 来てくれる人はいない	2(2.7%)	2(2.1%)	2(2.8%)	1(1.7%)	7(2.3%)
合計	73(100%)	94(100%)	72(100%)	59(100%)	298(100%)

4. 医療サービスについて

ここでは、高齢者の認識する地域課題の一つである医療サービスの利用頻度、満足度、不満点・問題点について質問した。

①医療サービスの利用頻度

医療サービスに関して日頃どの程度利用しているかを質問した結果、全体では「月に二、三回くらい」が五二・〇%を占めていた（表8‐17）。地域別に見ると「月に二、三回くらい」と答えた高齢者が、加計呂麻島五二・六%、請島五七・五%、与路島七五・四%と他の利用頻度に比べ高い比率を占めていた。これは、町の巡回検診の回数とほぼ同様である。一方、古仁屋では「月に一回くらい」の比率が四〇・三%と高かった。このように医療サービスの利用頻度は、各地域の医療サービスの供給体制の影響を少なからず受けているのではないかと思われる。

②利用する医療サービスの満足度

利用する医療サービスについての満足度を質問した結果、全体では「満足している」が四一・一%、「まあ満足」が四七・九%であり、両者を合わせると約九割近くを占め、多くの高齢者が利用する医療サービスに満足感を示している。地域別にみると、請島では「やや不満である」が一五・四%と高く、他地域より満足度がやや低い（表8‐18）。

③医療サービスの不満点・問題点

医療サービスの不満点・問題点について質問した結果、全体では、約半数が「特

表8-17　医療サービスの利用頻度（単位：人）

	古仁屋	加計呂麻島	請島	与路島	全体
1. ほぼ毎日	1(1.3%)	0(0.0%)	0(0.0%)	0(0.0%)	1(0.3%)
2. 週に4、5回くらい	0(0.0%)	1(1.1%)	0(0.0%)	0(0.0%)	1(0.3%)
3. 週に2、3回くらい	9(11.7%)	5(5.3%)	5(6.8%)	1(1.6%)	20(6.5%)
4. 週に1回くらい	0(0.0%)	13(13.7%)	6(8.2%)	0(0.0%)	19(6.2%)
5. 月に2、3回くらい	21(27.3%)	50(52.6%)	42(57.5%)	46(75.4%)	159(52.0%)
6. 月に1回くらい	31(40.3%)	11(11.6%)	8(11.0%)	4(6.6%)	54(17.6%)
7. 年に数回	12(15.6%)	9(9.5%)	4(5.5%)	5(8.2%)	30(9.8%)
8. 利用していない	3(3.9%)	6(6.3%)	8(11.0%)	5(8.2%)	22(7.2%)
合計	77(100%)	95(100%)	73(100%)	61(100%)	306(100%)

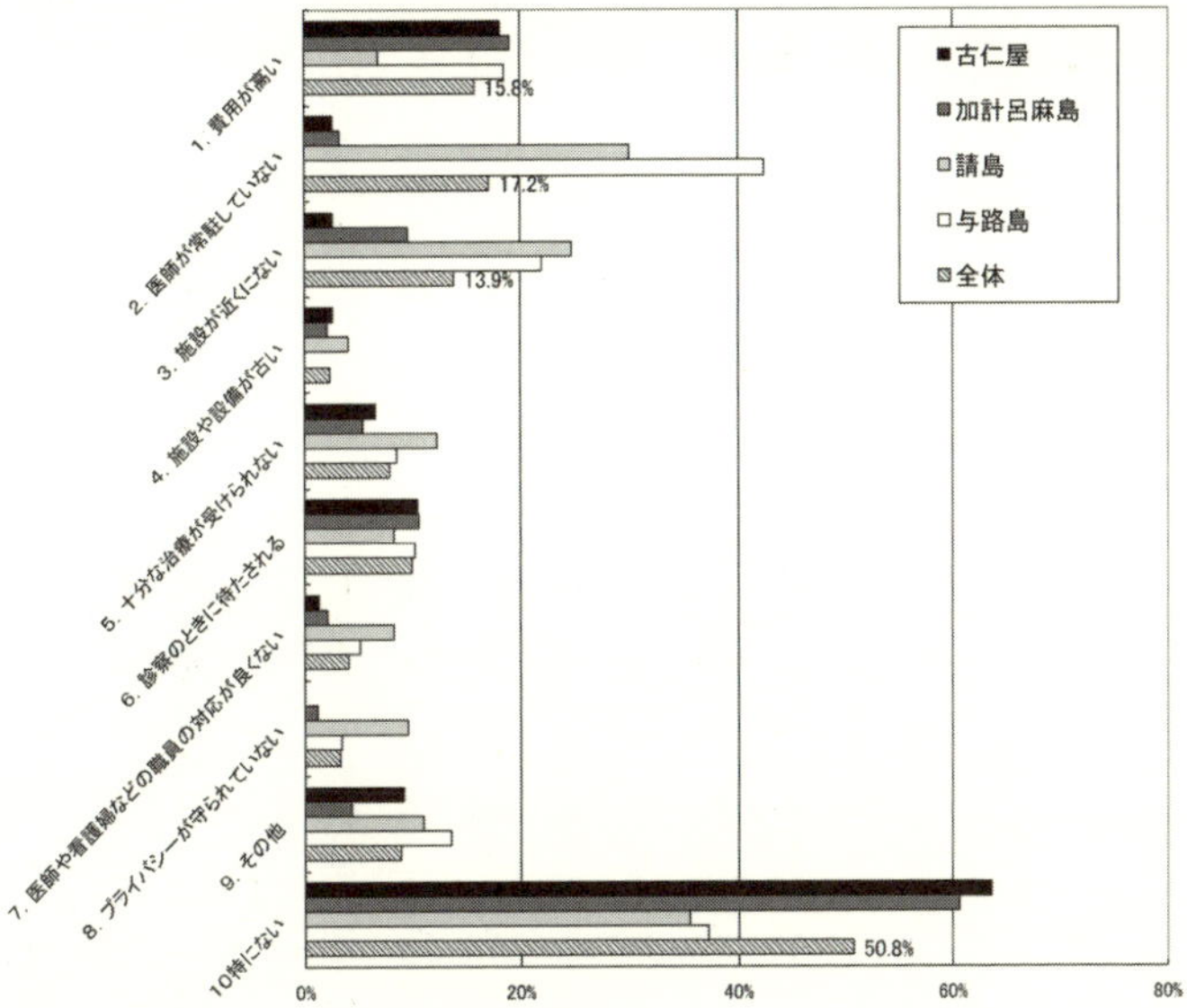

図8-7　医療サービスへの不満点・問題点

にない」と答えていた。不満点として多かったものは、「医師が常駐していない（一七・二％）」「費用が高い（一五・八％）」「施設が近くにない（一三・九％）」ということで、特に加計呂麻諸島において医師や施設の不在を指摘する者が多かった。

なお、「9．その他」には、古仁屋では「医師の入れ替わりが多い（二人）」「専門医がいない（二人）」「高度な医療設備がない」「総合病院がない」「医療施設が狭い」「坂道のため通院がきつい」という声があった。一方、加計呂麻島では「医師の知識と経験に不安を感じる」「事後の説明が不十分」「入院施設がない」、請島では「時間がかかる（三人）」「医師が頼りにならない」「待合所が狭い」「他の人がいるので自分の病気のことを医師に十分相談できない」、与路島では「緊急時が不安である（二人）」「医師の入れ替わりが多くて困る（二人）」「診療内容が頼りない」「巡回診療、定期健康診断を増やしてほしい」「与路島、請島は見捨てられている」などの声がある（図8-7）。

表8-18　利用している医療サービスへの満足度（単位：人）

	満足している	まあ満足している	やや不満である	不満である	合計
古仁屋	23(31.9%)	46(63.9%)	2(2.8%)	1(1.4%)	72(100%)
加計呂麻島	40(44.9%)	42(47.2%)	5(5.6%)	2(2.2%)	89(100%)
請島	24(36.9%)	26(40.0%)	10(15.4%)	5(7.7%)	65(100%)
与路島	28(51.9%)	20(37.0%)	4(7.4%)	2(3.7%)	54(100%)
合計	115(41.1%)	134(47.9%)	21(7.5%)	10(3.6%)	280(100%)

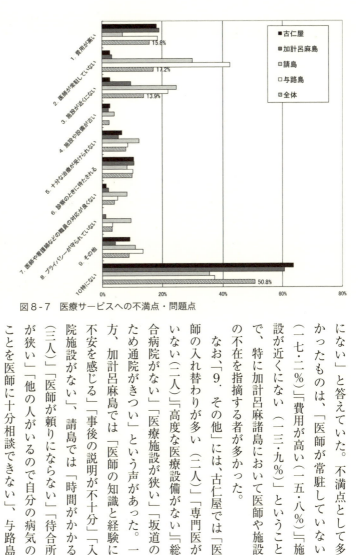

5. 在宅福祉サービスについて

ここでは、医療サービス同様、高齢者の生活に欠くことのできない福祉サービス等について、利用する在宅福祉サービスへの満足度、在宅福祉サービスの不満点・問題点、社会福祉協議会の認知度、自分の介護についての希望、食事の状況と食事サービスの要望について質問した。

①利用する在宅福祉サービスへの満足度

まず、本調査実施と同じ二〇〇四年一〇月時点における調査地点の在宅福祉利用者（実際に利用した人）を表8 - 19に示す。瀬戸内町では二〇〇四年九月に請島と与路島の訪問介護、訪問看護および居宅介護支援のための海上タクシー（貸切船）利用料を補正予算で計上した。それにより一〇月から、両島における訪問介護、訪問看護サービスが可能となった。二〇〇五年度においても両島への在宅福祉サービスのための海上タクシー利用料として一〇〇万円を一般予算の中で計上している。

現在利用している在宅福祉サービスへの満足度について「あなたは現在利用している『在宅福祉サービス』についてどのくらい満足していますか（〇は一つだけ）」と質問した。

結果を表8 - 20に示す。全体では「満足している」が六三・六%、「まあ満足している」が三〇・三%で、両者を合わせると九割以上を占め、多くの高齢者が現在利用している在宅福祉サービスに満足していた。地

表8 - 19 在宅福祉サービスの利用者数（平成16年11月）[1)]

	訪問介護	訪問看護	通所介護（生きがいデイサービスを含む）	通所リハビリテーション	高齢者数[2)]
古仁屋（瀬久井東）	4	3	5	5	188
加計呂麻島（芝と花富）	3	0	19	8	118
請島（請阿室と池地）	2	3	6	0	102
与路島（与路）	0	2	6	0	80
瀬戸内町全体	135	55	282	208	3564

注1) 瀬戸内町保健福祉課提供
注2) 平成16年10月1日時点の人数。瀬戸内町保健福祉課提供

表8 - 20　在宅福祉サービスへの満足度（単位：人）

	満足している	まあ満足している	やや不満である	不満である	合計
古仁屋	8(80.0%)	2(20.0%)	0(0.0%)	0(0.0%)	10(100%)
加計呂麻島	21(67.7%)	9(29.0%)	1(3.2%)	0(0.0%)	31(100%)
請島	4(36.4%)	5(45.5%)	2(18.2%)	0(0.0%)	11(100%)
与路島	9(64.3%)	4(28.6%)	0(0.0%)	1(7.1%)	14(100%)
全体	42(63.6%)	20(30.3%)	3(4.5%)	1(3.6%)	66(100%)

域別に見ると請島の満足度が他地域より低い傾向にあった。ただし、この在宅福祉サービスの満足度への回答者には介護保険適用による利用者ばかりでなく、診療所の看護師によるサービスの利用者も含まれている。

②在宅福祉サービスの不満点・問題点

すべての高齢者に対し、在宅福祉サービスについての不満点や問題点について「あなたは、現在利用している『在宅福祉サービス』について、どのような不満や問題をお感じですか。現在、在宅福祉サービスを利用されていない方は、もし利用するとすればどのような問題を感じるか答えてください（〇はいくつでも）」と質問した。

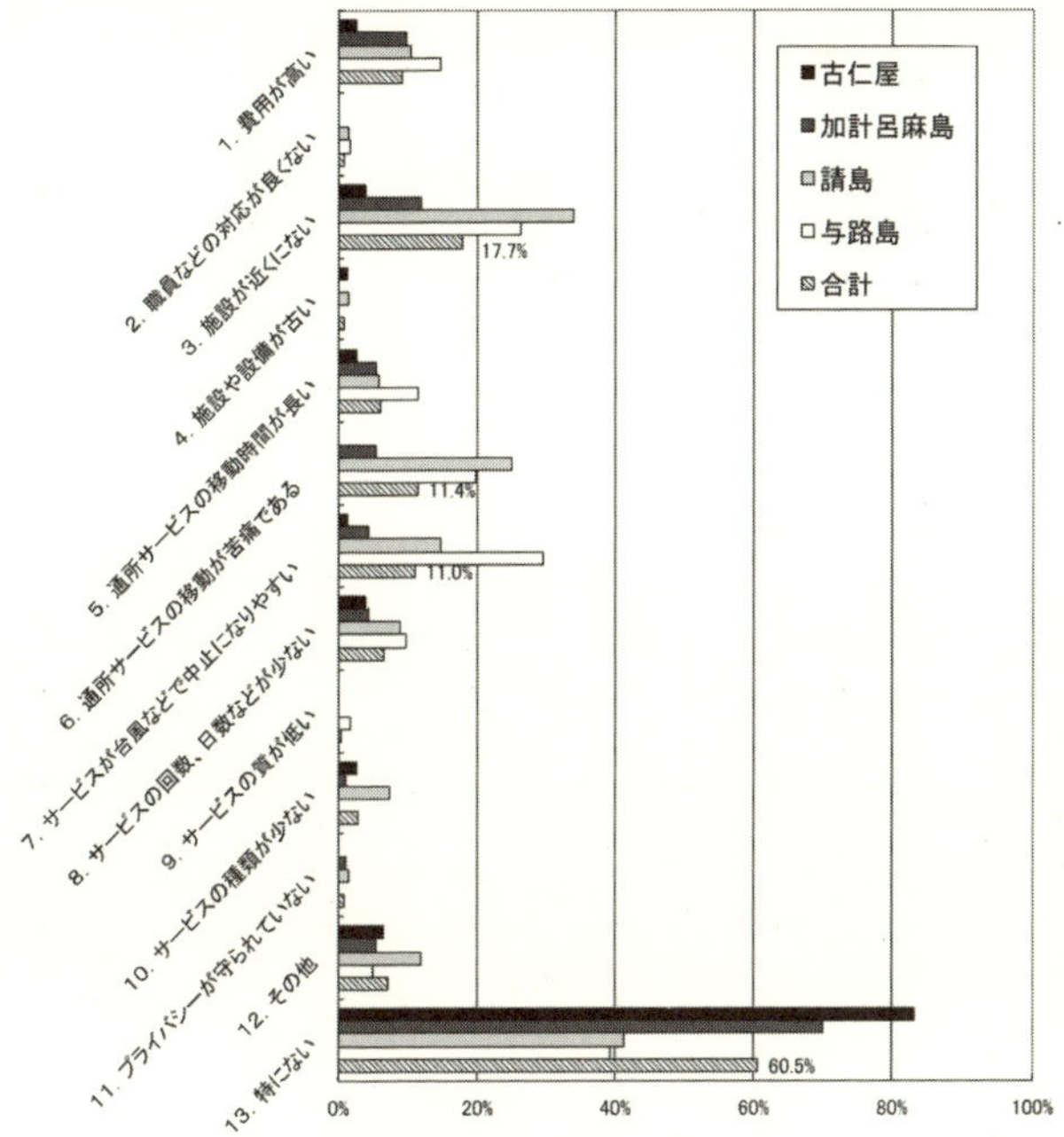

図8-8　在宅福祉サービスの不満点

全体では、六〇・五％が「特にない」と答えていた（図8-8）。「特にない」と答えている高齢者について地域別にみると古仁屋は八〇％以上、加計呂麻島は七〇％と高い比率を示し、請島と与路島ではそれぞれ四〇％前後を占めている。これは「施設が近くにない」といったような在宅福祉サービスの利便性において、古仁屋・加計呂麻島地区と請島・与路島地区では格差があるためでないかと思われる。加えて請島と与路島においては移動の不便さや台風による利用中止をその不満点として指摘する高齢者が多かった。

なお、「12. その他」については、古仁屋では「施設入所がスムーズにできない」「現在の収入では利用が難しい」、加計呂麻島では「訪問介護の時間が短い」

「デイサービスの送迎が不満」「保険料を払っているのに自立ということでサービスが受けられない」などの声があり、一方、請島、与路島では「住み慣れた環境とかけ離れすぎている」「配食サービスがない」「なんとなく不安」などの声があった。

③社会福祉協議会の認知度

地域福祉の推進に不可欠である社会福祉協議会の認知度について「あなたは瀬戸内町社会福祉協議会を知っていますか（○は一つだけ）」と質問した。

全体では、「よく知っている」と答えたのが四一・○％、「名前は知っている」と答えたのは三三・八％であり、両者を合わせた約七割の高齢者が「知っている」と答えていた。特に古仁屋では「よく知っている」と答えた者が七七・九％で認知度が高かった。一方、加計呂麻諸島では、「知らない」と答えた者が各々三○％前後を占め、認知度が低かった。加計呂麻諸島においては、集落の役員などの経験者は社会福祉協議会をよく知っていると答えることが多かったが、その他一般の人は知らないと答えることが多かった（表８‐21）。

④自分の介護についての希望

自分の介護について、「仮に、あなたが老後に寝たきりや痴呆になり、介護が必要となった場合に、どこで介護を受けたいと思いますか。この中であなたの考えに近いのはどれですか（○は一つだけ）」と聞いたところ、三八・一％が「可能な限り自宅で」を希望して、三○・八％が「特別養護老人ホーム」を希望していた。請島では「自宅」希望が多く、与路島では「特別養護老人ホーム」希望が多かった（表８‐22）。

「高齢者の住生活に関する要望をいろいろな調査から総合すると『住み続けた地域にそのまま居続けたい』『近隣との交流をさらに続けたい』『たとえ寝たきりになっても自宅にとどまってい

表８-21　社会福祉協議会の認知度（単位：人）

	よく知っている	名前は知っている	知らない	合計
古仁屋	60(77.9%)	11(14.3%)	6(7.8%)	77(100%)
加計呂麻島	32(34.0%)	31(33.3%)	31(33.0%)	94(100%)
請島	17(23.3%)	35(47.9%)	21(28.8%)	73(100%)
与路島	16(26.2%)	26(42.6%)	19(31.1%)	61(100%)
合計	125(41.0%)	103(33.8%)	77(25.2%)	305(100%)

たい』の三点に要約される」（福祉士養成講座編集委員会二〇〇三：一一一-一一二）。しかし特に与路島で「可能な限り自宅で生活する」ことは同居家族の人数の少なさ、住宅事情、在宅サービスの不足などから、かなりの困難を伴うのが現実である。このことが「特別養護老人ホームへの入所」の希望も比較的高い理由のひとつであろう。実際に与路島における「日常生活での援助の必要度」についての質問において、自立者（「全く不自由なくすごせる」と「少し不自由だが何とか自分でできる」を合わせた割合）は九六・七％（表8-3）となっており、この地域では自立していることで在宅生活を維持していることがうかがえる。

⑤食事の状況と食事サービスの要望

ここでは、食事の回数、食事で気になる点、食事サービスの要望について質問した。

a．食事の回数

食事は高齢者にとって、朝、昼、夕の生活のリズムをもたらし、健康な日常生活を送るために重要なものである。そこで、「あなたは一日に何回食事をしますか（答えは一つだけ）」と聞いたところ、すべての地区で「三回」という答えが最も多かった（表8-23）。

b．食事で気になる点

食事で気になる点について、「あなたは、日頃の食事について気になることがありますか（〇はいくつでも）」と聞いたところ、全体では六七・四％が「特

表8-22　自分の介護について（単位：人）

	可能な限り自宅で	特別養護老人ホームで	介護つきの有料老人ホーム	一概に言えない	わからない	合計
古仁屋	29(37.7%)	21(27.3%)	1(1.3%)	7(9.1%)	19(24.7%)	77(100%)
加計呂麻島	29(31.5%)	32(34.8%)	1(1.1%)	16(17.4%)	14(15.2%)	92(100%)
請島	35(50.0%)	13(18.6%)	3(4.3%)	11(15.7%)	8(11.4%)	70(100%)
与路島	21(35.0%)	26(43.3%)	2(3.3%)	6(10.0%)	5(8.3%)	60(100%)
合計	114(38.1%)	92(30.8%)	7(2.3%)	40(13.4%)	46(15.4%)	299(100%)

表8-23　一日の食事の回数（単位：人）

	1回	2回	3回	4回以上	合計
古仁屋	0(0.0%)	4(5.2%)	72(93.5%)	1(1.3%)	77(100%)
加計呂麻島	1(1.1%)	1(1.1%)	90(94.7%)	3(3.2%)	95(100%)
請島	1(1.4%)	3(4.2%)	63(87.5%)	5(6.9%)	72(100%)
与路島	1(1.6%)	2(3.3%)	52(85.2%)	6(9.8%)	61(100%)
合計	3(1.0%)	10(3.3%)	277(90.8%)	15(4.9%)	305(100%)

に気になることはない」と答えていた。「特に気になることはない」の割合が高かったのは古仁屋と加計呂麻島であった。それほど高い数値ではないが、請島と与路島では栄養面や食事量の少なさなどで食事に問題を感じている者がいた（表8－24）。

c．食事サービスの要望

食事サービスの希望を調べるために、「食事に関してどのようなサービスがあればよいと思いますか（○はいくつでも）」と聞いたところ、全体では六〇・七％が「特に必要ない」と答えていた。「特に必要ない」の割合が相対的に高かったのは古仁屋と加計呂麻島であった。「配食サービス」の要望が多かったのは請島と与路島であった。「昼食会」「食料品の宅配」などの要望が高かったのは請島であった（表8－25）。

古仁屋や加計呂麻島では、配食サービスが実際に行われており、また食料品の宅配あるいはスーパーなどがあるため「特に必要ない」という割合が高くなり、それらが整っていない請島、

表8-24　食事で気になること(複数回答)

	古仁屋	加計呂麻島	請島	与路島	全体
1. 食事が不規則である	3(3.9%)	2(2.1%)	7(9.7%)	1(1.7%)	13(4.3%)
2. 食べ過ぎることが多い	4(5.2%)	6(6.3%)	5(6.9%)	4(6.7%)	19(6.3%)
3. 食べる量が少ない	3(3.9%)	2(2.1%)	11(15.3%)	12(20.0%)	28(9.2%)
4. 食べるよりビールや酒類を飲むことが多い	2(2.6%)	1(1.1%)	3(4.2%)	3(5.0%)	9(3.0%)
5. 栄養のバランスが取れていない	2(2.6%)	4(4.2%)	14(19.4%)	9(15.0%)	29(9.5%)
6. 塩辛いものが多い	0(0.0%)	1(1.1%)	6(8.3%)	5(8.3%)	12(3.9%)
7. できあいのお惣菜が多い	2(2.6%)	0(0.0%)	1(1.4%)	1(1.7%)	4(1.3%)
8. インスタント食品が多い	3(3.9%)	1(1.1%)	1(1.4%)	1(1.7%)	6(2.0%)
9. 冷凍食品が多い	1(1.3%)	2(2.1%)	0(0.0%)	1(1.7%)	4(1.3%)
10. 菓子パン、菓子類が多い	1(1.3%)	1(1.1%)	2(2.1%)	4(6.7%)	8(2.6%)
11. 外食や店屋物が多い	0(0.0%)	0(0.0%)	0(0.0%)	0(0.0%)	0(0.0%)
12. その他	3(3.9%)	4(4.2%)	5(6.9%)	3(5.0%)	15(4.9%)
13. 特に気になることはない	61(79.2%)	77(81.1%)	33(45.8%)	34(56.7%)	205(67.4%)
回答者数	77	95	72	60	304

表8-25　食事に関するサービスの要望(複数回答)

	古仁屋	加計呂麻島	請島	与路島	全体
1. 食事を配達してくれる配食サービス	10(13.2%)	11(11.7%)	38(52.8%)	24(39.3%)	83(27.4%)
2. 地域での昼食会など仲間との会食会	2(2.6%)	10(10.6%)	22(30.6%)	8(13.1%)	42(13.9%)
3. 食料品の宅配サービス	5(6.6%)	3(3.2%)	18(25.0%)	2(3.3%)	28(9.2%)
4. 食料品の買い物の手助け	2(2.6%)	1(1.1%)	4(5.6%)	1(1.6%)	8(2.6%)
5. 食料品の少量ずつの販売	1(1.3%)	2(2.1%)	3(4.2%)	2(3.3%)	8(2.6%)
6. 便利な料理集の発行	0(0.0%)	3(3.2%)	1(1.4%)	2(3.3%)	6(2.0%)
7. 料理教室の開催	3(3.9%)	5(5.3%)	1(1.4%)	2(3.3%)	11(3.6%)
8. 食事つくりの会	0(0.0%)	1(1.1%)	2(2.8%)	6(9.8%)	9(3.0%)
9. その他	0(0.0%)	2(2.1%)	3(4.2%)	1(1.6%)	6(2.0%)
10. 特に必要ない	60(78.9%)	67(71.3%)	27(37.5%)	30(49.2%)	184(60.7%)
回答者数	76	94	72	61	303

与路島で食事サービス（特に「配食サービス」）の要望が高くなったといえよう。

三、地域の問題と施策ニーズ

地域の問題と施策の要望では、地域の問題点、国や瀬戸内町に求める重点施策について質問した。

1. 地域の問題点

地域がそこの住民に及ぼす影響は小さくない。そこで、「あなたがお住まいの地域では、どのような問題を感じていますか（〇はいくつでも）」と聞いたところ、全体では、「14．交際にお金がかかる」が四三・〇％で最も多かった。二番目は「8．台風など自然災害に弱い」の三九・四％、三番目は「10．一人暮らし高齢者など老後生活が不安である」の三三・四％、四番目は「3．急病のときの医療体制が不十分である」の三〇・五％、五番目は「15．人口が減って集落や地域の維持が困難になっている」の二九・八％であった。

地域別に見ると、古仁屋地区では「14．交際にお金がかかる」が四三・四％で最も多く、二番目は「17．何も問題はない」の三一・六％、三番目は「8．台風など自然災害に弱い」の一七・一％であった。加計呂麻島では「14．交際にお金がかかる」が四一・九％で最も多く、二番目は「8．台風など自然災害に弱い」の三七・六％、三番目は「10．一人暮らし高齢者など老後生活が不安である」の三〇・一％であった。請島では「14．交際にお金がかかる」が五九・七％で最も多く、二番目は「3．急病のときの医療体制が不十分である」の五五・六％、三番目は「15．人口が減って集落や地域の維持が困難になっている」の五四・二％であった。与路島では「8．台風など自然災害に弱い」が五二・五％で最も多く、二番目は「9．ハブがいるので困る」の四五・九％、三番目は「10．一人暮らし高齢者など老後生活が不安である」の四四・三％であった。古仁屋地区より加計呂麻諸島において地域の問題を挙げる者が多かった。

なお、「16．その他」の記述をみると、古仁屋では「少子化」「仕事がない」「治安」「台風」「同志の仲間がいない」「地域の集まりごとがない」があった。加計呂麻島では「定期船の欠航」「交通費が高い」「防風林がなくて恐ろしい」があった。請島では「医師の不在」「草刈や道路の維持ができなくなる」「小中学校の統合問題」があった。与路島では「医療体制の不足」「一人暮らしの高齢者対策が必要」「若い世代が少ない」「避難所がない」などの声が上がっていた（表8‐26）。

奄美大島のよき生活文化の特徴として相互扶助の精神が指摘されているが、それを支える交際費が問題点として最も多く指摘されていた。このことについて、「主な支出」をみると、全体で「食費」の次に「交際費」が挙げられており、また「家計の状況」では「困っている」と「少し困っている」の合計が三八・四％と高くなっていることが分かる。このように「家計の状況」は「（少し）困っている」にもかかわらず、生活する上で一面的には無駄な支出と考えられがちな「交際費」の割合が高くなっているため「交際費にお金がかかる」という点が「地域の問題点」として挙がっていると考えられる。しかし奄美大島（特に請島、与路島）のような狭い地域社会の中で生活している者にとって「交際費は高齢者の暮らし向きの安定を図るための一種の必要経費とも考えられる」（田畑一九九六：二四二）。このことは「集落行事への参加度」や「近所付きあいの程度」の高さ、また「近所付き合いの内容」が単なる挨拶程度の付き合いではな

表8-26　地域の問題点(複数回答)

	古仁屋	加計呂麻島	請島	与路島	全体
1. 日常の買い物に不便である	11(14.5%)	19(20.4%)	22(30.6%)	11(18.0%)	63(20.9%)
2. 医院や病院への通院で、足の確保が困難である	3(3.9%)	12(12.9%)	23(31.9%)	17(27.9%)	55(18.2%)
3. 急病のときの医療体制が不十分である	6(7.9%)	21(22.6%)	40(55.6%)	25(41.0%)	92(30.5%)
4. 福祉のサービスが不十分である	2(2.6%)	4(4.3%)	23(31.9%)	9(14.8%)	38(12.6%)
5. バスや定期船など交通機関が充実していない	7(9.2%)	7(7.5%)	12(16.7%)	8(13.1%)	34(11.3%)
6. 近隣道路が整備されていない	3(3.9%)	11(11.8%)	11(15.3%)	6(9.8%)	31(10.3%)
7. 集会施設、商店など公共的建物が高齢者には使いにくい	1(1.3%)	1(1.1%)	3(4.2%)	2(3.3%)	7(2.3%)
8. 台風など自然災害に弱い	13(17.1%)	35(37.6%)	39(54.2%)	32(52.5%)	119(39.4%)
9. ハブがいるので困る	4(5.3%)	23(24.7%)	31(43.1%)	28(45.9%)	86(28.5%)
10. 一人暮らし高齢者など老後生活に不安である	11(14.5%)	28(30.1%)	35(48.6%)	27(44.3%)	101(33.4%)
11. 趣味や習い事などの学習機会が少ない	6(7.9%)	12(12.9%)	18(25.0%)	12(19.7%)	48(15.9%)
12. 老後の時間をもてあましている	4(5.3%)	3(3.2%)	9(12.5%)	5(8.2%)	21(7.0%)
13. 子育てに不便である	0(0.0%)	3(3.2%)	19(26.4%)	9(14.8%)	31(10.3%)
14. 交際にお金がかかる	33(43.4%)	39(41.9%)	43(59.7%)	15(24.6%)	130(43.0%)
15. 人口が減って集落や地域の維持が困難になっている	4(5.3%)	22(23.7%)	39(54.2%)	25(41.0%)	90(29.8%)
16. その他	9(11.8%)	4(4.3%)	3(4.2%)	5(8.2%)	21(7.0%)
17. 何も問題を感じていない	24(31.6%)	26(28.0%)	9(12.5%)	11(18.0%)	70(23.2%)
回答者数	76	93	72	61	302

く「ものをあげたりもらったりする」や「病気のときに助け合う」という結果からうかがえる。これらの地域に住む者は、このようなつき合いをすることによって、地域社会や親族の一員たる存在を示し、公的な社会サービスとは別に、インフォーマルなネットワークを自ら形成しているのである（田畑一九九六：二四二）。このネットワークが「病気のときにすぐ来てくれる人」の中に「近所の人」が含まれることにつながっている。そのような意味で「『冠婚葬祭やつき合い等の交際費』が、『病気などの備えとしての貯金の役割』を果たしているといってよい」（田畑一九九六：二四二）。狭い地域社会で生活する者にとって、インフォーマルなネットワークの維持は重要であり、それなくしては生活できないのである。このため、これらの地区で「地域社会の問題」として「交際費」が挙がってきていることは、インフォーマルなネットワークの存続の危機であり、重要な課題と認識すべきである。

そのほか、自然的特徴である台風やハブが問題点として挙がっていた。さらに、老後の生活の不安や医療体制の問題が指摘され、地域社会の維持への危機感が指摘されていた。

2. 国や瀬戸内町に求める重点施策

国や瀬戸内町に求める重点施策について、「今後、増加が予想される介護を必要とする高齢者のために、国や瀬戸内町はどのような施策に重点を置くべきだと思いますか（○はいくつでも）」という設問から、複数回答で選択肢の中から選んでもらった。

重点施策要望で多かったのは、全体では「緊急通報サービスの充実」の三五・九％と「在宅介護のための自宅を訪問するサービスの充実」の三五・五％であり、次に多かったのが「在宅介護のための通所サービスの充実」の二九・二％と「配食サービスの充実」の二九・二％であった。さらにその次に多かったのが、「病院などの医療機関の充実」の二六・九％、「特別養護老人ホームなどの介護施設の充実」の二四・九％であった。古仁屋では「特にない」と「わからない」を合わせた割合が四七・四％を占めたが、請島ではそれが一八・一％と低く施策の要求が多かった。また「緊急通報サービスの充実」の要望は全体的に多く、「配食サービスの充実」は請島と与路島で多かった（表8－27）。

なお、「18．その他」の記述は、古仁屋では「高齢者専用の運動場を作ってほしい」「産業を誘致して仕事を増やしてほしい」「福祉の充実した町になってほしい」などがあった。加計呂麻島では「介護保険の保険料」「介護保険体制の改善」「住宅改造の充実」「生活保護受給者への説明の充実」「町村合併に反対」などがあった。請島では「巡回入浴サービス」があった。与路島では「行政の分かりやすい説明」「住宅改修（二人）」「船や港のバリアフリー化」「学校給食を配食サービスにも利用する」「介護サービスの情報伝達の徹底」「避難所の建設」などがあった。

四、まとめに代えて

本報告は鹿児島県大島郡瀬戸内町の古仁屋、加計呂麻島、請島、与路島に居住する高齢者への訪問面接法による質問紙調査の集計結果である。古仁屋は奄美大島という離島の中で名瀬市に次ぐ町であり、高齢者は市街地に住んでいる。一方、加計呂麻島、請島、与路島は「離島の離島」といわれ、高齢者は農漁村的な集落に住んでいる。集計の対象となったのは三〇七人（男性一一六人、女性一九一

表8-27　国や瀬戸内町に求める重点施策(複数回答)

	古仁屋	加計呂麻島	請島	与路島	全体
1. 在宅介護のための自宅を訪問するサービスの充実	19(25.0%)	32(34.8%)	39(54.2%)	17(27.9%)	107(35.5%)
2. 在宅介護のための通所サービスの充実	14(18.4%)	23(25.0%)	32(44.4%)	19(31.1%)	88(29.2%)
3. 特別養護老人ホームなどの介護施設の充実	12(15.8%)	28(30.4%)	20(27.8%)	15(24.6%)	75(24.9%)
4. 病院などの医療機関の充実	12(15.8%)	18(19.6%)	34(47.2%)	17(27.9%)	81(26.9%)
5. 認知症高齢者グループホームの整備	10(13.2%)	11(12.0%)	10(13.9%)	11(18.0%)	42(14.0%)
6. 高齢者に配慮した住宅整備の推進	11(14.5%)	10(10.9%)	8(11.1%)	10(16.4%)	39(13.0%)
7. 福祉用具の普及	6(7.9%)	12(13.0%)	25(34.7%)	11(18.0%)	54(17.9%)
8. 介護予防やリハビリテーションの充実	11(14.5%)	11(12.0%)	22(30.6%)	8(13.1%)	52(17.3%)
9. 配食サービスの充実	9(11.8%)	17(18.5%)	41(56.9%)	21(34.4%)	88(29.2%)
10. 移送サービスの充実	8(10.5%)	12(13.0%)	21(29.2%)	12(19.7%)	53(17.6%)
11. 緊急通報サービスの充実	22(28.9%)	25(27.2%)	41(56.9%)	20(32.8%)	108(35.9%)
12. 高齢者の生きがいや社会参加の促進	15(19.7%)	19(20.7%)	12(16.7%)	10(16.4%)	56(18.6%)
13. 在宅介護家族に対する支援の充実	14(18.4%)	11(12.0%)	16(22.2%)	13(21.3%)	54(17.9%)
14. 介護サービスの質の確保・向上	8(10.5%)	8(8.7%)	10(13.9%)	10(16.4%)	36(12.0%)
15. 介護サービスを適切に選択する環境整備	14(18.4%)	8(8.7%)	8(11.1%)	8(11.1%)	40(13.3%)
16. 介護問題の相談窓口・体制の整備	6(7.9%)	13(14.1%)	30(41.7%)	10(16.4%)	59(19.6%)
17. 民間の介護保険の育成・支援	6(7.9%)	7(7.6%)	7(9.7%)	7(9.7%)	29(9.6%)
18. その他	5(6.6%)	6(6.5%)	1(1.4%)	6(9.8%)	18(6.0%)
19. 特にない	13(17.1%)	18(19.6%)	9(12.5%)	11(18.0%)	51(16.9%)
20. わからない	23(30.3%)	17(18.5%)	4(5.6%)	6(9.8%)	50(16.6%)
回答者数	76	92	72	61	301

人）である。主な結果は次のとおりであった。

1. 調査対象者の属性

①健康状態

健康あるいはそれに近いという高齢者がほとんどであった。日常生活を不自由ながらも何とか自分一人でできる人を含めるとほとんどが自立していた。寝たきりあるいは全面介助を要する高齢者は古仁屋に二人いたが、これは加計呂麻諸島（加計呂麻島、請島、与路島）の高齢者はある程度「元気」でないと自宅で暮らせないことを示唆している。

②世帯状況

世帯状況は夫婦世帯と独居が多く、子どもとの同居は少なかった。特に加計呂麻諸島において子どもとの同居が少なく家族の人数も少なかった。別居している子どもは奄美大島の外に住んでいるケースが多かった。したがって、子どもとほとんど会わないというケースも多かった。特に、加計呂麻諸島では子どもとの交流頻度が低い傾向にあった。また、八割強が現在仕事をしておらず、主な収入は年金であり、ほとんどの世帯収入は二〇〇万円以下であった。そして少ない収入から食費や交際費をまかなっていた。主な支出として交際費が多いのは加計呂麻諸島であった。

2. 日常生活

普段の楽しみは、テレビ・ラジオ、友人との交流、菜園や釣りなど屋外活動であった。生きがい感尺度で調べた生きがい感の程度は良好で、大都市の老人大学校受講者に近いものであった。生活に満足している人も多かった。一方、不安については七割弱が何らかの不安を抱いていて、主な不安は病気や要介護状態になること、一人暮らしになること、収入であった。

3．社会参加と近隣関係

集落行事への参加度および近所付き合いの程度はかなり高く、特に加計呂麻諸島で顕著であった。近所付き合いの内容では、相談や家事手伝い、病気の助け合いなど密度の濃い付き合いが行われていた。病気のときにすぐ来てくれる者では子どもをあげるのが多かったが、次いで親戚や近所の人をあげる者もいた。

4．医療サービスについて

古仁屋では月一回の利用者が多いのに対し、加計呂麻諸島では巡回検診に合わせて月に二回利用する者が多かった。利用している医療サービスへの満足度は総じて高かったが、請島では不満を指摘する者が若干いた。医療サービスへの不満点としては、費用の高さを挙げるのが共通して多かった。請島と与路島においては医師の不在、施設のなさを指摘する者が多かった。

5．在宅福祉サービスについて

①在宅福祉サービス

二〇〇四年度九月に請島と与路島にかかる訪問介護等の交通費への町予算が設けられて介護保険サービスの全町的な提供が整った。在宅福祉サービスの利用者の満足度は高かった。不満点としては、施設のある古仁屋と加計呂麻島では不満の声は少なかったが、施設が近くにない請島と与路島では、施設が近くにないこと、デイサービスが台風などのときに中止になったり、また、デイサービスのために船で通うのが苦痛であったりという不満が多かった。

また、社会福祉協議会を知っている者は七割くらいとまあまあであったが、古仁屋での認知度が高いのに対して加計呂麻諸島では知らないと答えた者が三割もいた。

自分の介護については、可能な限り自宅でという希望を持つ者、特別養護老人ホームでという希望を持つ者が多かった。

②食事

食事の回数では一日三回とるという規則的な生活をしている者がほとんどであった。また、食事で気になるところがある者は少なかった。ただ、請島と与路島で栄養面や食事量の少なさなど指摘する者が若干いた。食事サービスについて、古仁屋と加計呂麻島ではその必要性を訴える者は少なかったが、請島と与路島では配食サービスや昼食会などの要望の声が挙がっていた。

6. 地域の問題と施策の要望

①地域の問題

多い順に並べると「交際にお金がかかる」「台風など自然災害に弱い」「老後の生活が不安」「急病のときの医療体制が不十分」「人口減で集落の維持が困難になっている」になった。交際費は伝統的な互助を維持するのに必要な経費と見ることができるが、深刻さは別にして、それが問題として挙がるということは、交際費のコストの面あるいは互助がもたらす恩恵の面から再検討をせまられているといえる。台風などの自然災害は奄美地方特有の問題であり、急病のときの医療体制の問題は「離島の離島」特有の問題である。人口減による集落の維持の問題は経済力のない地域特有の問題である。これらの問題が老後生活の不安をもたらしていると思われる。また、これらの問題は古仁屋や加計呂麻島より小離島である請島と与路島で多く指摘されていた。

②施策の要望

国や瀬戸内町に求める施策では、「緊急通報サービスの充実」「在宅介護サービスの充実」「通所サービスの充実」「配食サービスの充実」「医療機関の充実」「介護施設の充実」などが挙がっていた。電話の普及で解消されたかに見えた緊急通報サービスへの要望と訪問介護サービスの充実の要望が全体的に共通する要望であった。「通所サービスの充実」「配食サービスの充実」「医療機関の充実」は請島と与路島に共通して多い要望であった。

生活の便がよくて医療福祉施設も充実している古仁屋や、医療福祉施設のある加計呂麻島と比べると、請島と与路島の地域の問題指摘と要望の数は目立って多かった。

本調査の結果、「離島の離島」といわれる加計呂麻諸島の高齢者は、地理的・経済的なハンディを抱えながら良好な近隣関係に支えられ生きがいを持って暮らしている様子がうかがえた。同時に、地理的・経済的ハンディは地域社会の維持を困難にするまで深刻な影響を及ぼしつつあり、それがインフォーマル・ネットワークの弱体化や医療福祉サービスの届きにくさを助長し、住みなれた島での老後生活を困難にさせつつある様子も明らかになった。特に、請島と与路島の場合は島の規模が小さく、海による隔ても大きいので将来展望を描くのが容易ではない。島に伝統的にあったインフォーマル・ネットワークを現在の島のニーズに沿ったものに再構築する必要があろうし、介護保険制度の適用にしても全国モデルとは一味違った方式を考える必要があろう。それには島の住民のマンパワーと行政や社会福祉協議会などのサポートが求められている。

（小窪輝吉・田中安平・田畑洋一・大山朝子・山下利恵子）

注

（1） 本調査は、二〇〇四年度科学研究助成に基づく研究（「離島の離島における高齢者の自立生活と地域の役割に関する研究―奄美大島瀬戸内町の加計呂麻島、請島、与路島の高齢者調査を通して―」）のために行ったものである。本調査を実施するにあたり、大島支庁瀬戸内事務所福祉課、瀬戸内町保健福祉課、瀬戸内町社会福祉協議会、瀬久井東区長、花富区長、花富民生委員、芝区長、請阿室区長、池地区長、与路区長、特別養護老人ホーム奄美の園、特別養護老人ホーム加計呂麻園をはじめとする瀬戸内町の方々の協力と支援を得た。また、多くの高齢者の方々に調査に協力していただいた。ここに記して感謝する。

(2) 本稿は、小窪輝吉・田中安平・田畑洋一・大山朝子・山下利恵子(二〇〇五)「離島の離島における高齢者の生活と福祉ニーズ—二〇〇四年大島郡瀬戸内町高齢者調査から—」鹿児島国際大学地域総合研究第三三巻第一号、九七 - 一二七頁を再掲したものである。

文献

小窪輝吉・田畑洋一・田中安平・越田明子(二〇〇四)「瀬戸内町請島と与路島の高齢者の福祉ニーズについて—座談会形式の聞き取り調査からのまとめ—」『鹿児島国際大学福祉社会学部論集』第22巻第4号、二七 - 三九頁

越田明子(二〇〇三)「離島の「離島」における高齢者介護に関する一考察—加計呂麻島、請島、与路島高齢者の現状分析より—」『鹿児島国際学福祉社会学部論集』第22巻第2号、六七 - 八一頁

近藤勉・鎌田次郎(二〇〇三)高齢者向け生きがい感スケール(K - I式)の作成および生きがい感の定義 社会福祉学 第43巻第2号

田畑洋一(一九九六)「地域の振興と高齢者福祉」鹿児島経済大学地域総合研究所編『分権化時代の経済と福祉』日本経済評論社

田畑洋一・小窪輝吉・高橋信行(二〇〇〇)「離島における高齢者の生活と意識—瀬戸内町の高齢者実態調査から—」『鹿児島国際大学地域総合研究』第28巻第1号、六五 - 九七頁

福祉士養成講座編集委員会編集(二〇〇三)『老人福祉論』中央法規

内閣府監修(二〇〇二)『高齢者の生活と意識 第5回国際比較調査結果報告書』ぎょうせい

第Ⅸ章　島嶼集落における社会的かかわり状況と見守り、防災、医療体制

――奄美大島大和村における中高年者調査から――

はじめに

本稿の目的は、島嶼集落における中高年者の日常の社会的かかわり状況と、見守り体制、災害への備え、医療体制などの現状と課題をアンケート調査により把握し、地域課題の改善に役立てることである。

調査対象地である大和村は、奄美市名瀬の西方に位置する。大和村には一一の集落があり、東シナ海に面した海岸線沿いに点在している。名瀬に近い方の国直、湯湾釜、津名久、思勝、大和浜の東部地区五集落は波静かな思勝湾内にあり、土地の人から「ウラウチ」と呼ばれている。西部地区の大棚、大金久、戸円、名音、志戸勘、今里の六集落は東シナ海の荒海に面していて「アラバ」と呼ばれている（大和村誌編纂委員会、二〇〇五）。鹿児島県のＨＰによると、二〇一〇年の人口は一七六五人、うち高齢者は六四〇人で高齢化率は三六・三％であり県で五番目の高さである。『大和村誌』（二〇一〇）によると、村の人口は一九五〇年に六三七四人あったのが二〇〇五年には一九三二人へと七〇％も減少した。「ウラウチ」と「アラバ」では「アラバ」の集落の減少率が高い。人口流出の原因は農林漁業の衰退と高度経済成長のほかに、奄美群島復興特別措置法による公共事業と大島紬産業の興隆も指摘されている。たとえば、家族

で名瀬に移り住んで夫は土木建設に妻は紬織の仕事に従事するというパターンがみられ、その結果、大和村内の集落人口よりも名瀬の郷友会の人数が多くなっているところもあるという。なお、現在の人口は一六〇四人（二〇一五年六月三〇日現在：大和村HP二〇一五）である。

かつて、漁業では鰹漁、林業では枕木やパルプ用の伐採が盛んだったころもあったが、一九五五年代で終わっている。農業については、サトウキビ栽培と水田稲作が主であった。サトウキビ栽培は大和村が発祥の地とされているが、一九六五年代の後半には製糖工場出荷用のサトウキビ生産は終了している。また、稲作は人口流出による耕作放棄地の増加と米の生産調整により一九八五年代半ばに終焉を迎え、水田は蔬菜や果樹園芸の畑に変わっている。現在の村の代表的農作物はスモモやタンカンなどの果樹である。これも高齢化により後継者不足が課題となっているところである。（大和村誌編纂委員会二〇一〇）。

著しい高齢化が進むなか、村では二〇一一年から「住みなれた地域で自分らしく安心して暮らせる村づくり」を理念とした地域づくりを始め、住民主体の地域支え合い活動などに積極的に取り組んでいる。その成果として、一〇の地域支え合い活動団体が生まれ、住民が主体的に地域の課題に取り組む形ができつつある。

本稿は、大和村で実施した中高年者の日常生活実態調査の結果を集計分析することで、離島集落の地域課題を整理することを試みる。

一、方法

本調査は、奄美大島大和村にお住まいの四〇歳以上の中高年者を対象に「生活と福祉に関する意見」を調べるために実施したものである。調査方法は留置き調査で、大和村保健福祉課および民生児童委員の方々の協力により実施された。調査に回答していただいた方々および調査実施に協力いただいた方々に感謝申し上げる。

調査対象者は大和村一一集落にお住まいの四〇歳以上の男女一二四〇人で、そのうち九二八人から回答を得た（回収率七四・八％）。調査内容は、普段の生活状況、生きがい感、見守り活動、災害への備え、医療体制、地域の課題などであった。調査時期は二〇一四年二月から三月であった。なお、質問項目への無回答があるため、回答結果の集計における回答者数は質問項目ごとに異なる。

倫理的配慮について、調査用紙に調査の趣旨とともに、回答は自由意志であり、拒否しても不利益を被ることがないこと、調査は無記名で、個人が特定できないよう統計処理をすることを説明した文書を添付した。また、本調査は所属大学の教育研究倫理審査委員会の承認を得たうえで実施した。

なお、本報告の集計では、回答者の年代と各質問項目のクロス集計を中心に行った。その際、四〇歳以上五四歳以下を「中年前期」、五五歳以上六四歳以下を「中年後期」、六五歳以上七四歳以下を「高年前期」、七五歳以上を「高年後期」の四つに分類した。

二、結果

1. 回答者の属性

①性と年齢

性と年齢の両方に答えた方は八七八人であった。性別では、男性が四五・四％（三九九人）、女性が五四・六％（四七九人）であり、女性の方が多かった。

年齢について、四〇歳以上五四歳以下を「中年前期」、五五歳以上六四歳以下を「中年後期」、六五歳以上七四歳以下を「高年前期」、七五歳以上を「高年後期」として分類した。結果、「中年前期」は二五・一％（二二〇人）、「中年後期」は二三・一％（二〇三人）、「高年前期」は二〇・七％（一八二人）、「高年後期」は三一・一％（二七三人）であり、「高年後期」の割合が最も高かった。「中年前期」と「中年後期」を合わせて「中年」、「高年前期」と「高年後期」を合わせて「高年」と二つに分類すると、「中年」は四八・二%、「高年」は五一・八%であり、ほぼ同数であった。

性と年代でみると、「中年前期」は男女がほぼ同数、「中年後期」は男性の方が女性よりやや多かった。「高年前期」と「高年後期」はいずれも六：四で女性の方が男性よりも多かった。

②健康状態

健康状態を「健康である」から「健康でない」の四段階で答えてもらった。

全体では回答者八七八人のうち、「健康である」が二四・三%（二一三人）、「まあまあ健康である」が五二・六%（四六二人）、「あまり健康でない」が一六・四%（一四四人）、「健康ではない」が六・七%（五九人）であり、「まあまあ健康である」人が最も多かった。

「健康である」と「まあまあ健康である」を合わせて「健康」、「あまり健康ではない」と「健康ではない」を合わせて「病弱」と二つに分類した。結果、「健康」は七六・九%（六七五人）、「病弱」は二三・一%（二〇三人）となり、健康状態が良い人の割合が高かった。

年代別に見ると、「中年前期」から「高年後期」へと高年になるほど「健康」である者の割合が減少していた。年齢が上がるにつれ健康状態が悪い方が多くなっている。

③世帯状況

全体では回答者八六九人のうち、「一人暮らし」が二一・三%（一八五人）、「夫婦のみ」が三八・二%（三三二人）、「子供と同居（二世代同居）」が二五・七%（二二三人）、「子供と孫と同居（三世代同居）」が二・六%（二三人）、「その他」が一二・二%（一〇六人）であり、「夫婦のみ」の世帯が最も多く、二番目に多いのが「子供と同居」、三番目に多いのが「一人暮らし」であった。

年代別に見ると、「中年前期」で多いのは「子供との同居（二世代同居）世帯」「中年後期」「高年前期」「高年後期」

で多いのは「夫婦のみ世帯」であった。「高年後期」では「一人暮らし世帯」も多かった。

④世帯の主な収入

全体では回答者八六六人のうち、「常勤の仕事の収入」が三二・二％（二七九人）、「臨時の仕事の収入」が七・三％（六三人）、「年金などの収入」が五二・〇％（四五〇人）、「その他」が八・五％（七四人）であり、「年金などの収入」が最も多く回答者の半数を占めた。年齢別では、「中年前期」は「常勤の仕事の収入」が多く、「中年後期」では「常勤の仕事の収入」と「年金など」が多く、「高年前期」と「高年後期」では「年金など」が多かった。

2．近隣交流の変化

近隣交流の変化ついて、「非常に増えてきた」に五点、「少し増えてきた」に四点、「増減に変わりはない」に三点、「少し減ってきた」に二点、「非常に減ってきた」に一点を割り当てて得点化し年齢ごとに平均値を求めた。

全体の平均得点は二・七二であり、これは「増減に変わりはない」（三点）より低い値であり、近隣の交流が少し減ってきていることを示している。性と年齢の二要因分散分析を実施した結果、年齢の主効果のみが有意であり、年齢が高くなるにつれて近隣交流が減少していると答える傾向にあった（F（3.828）=6.64, p<.001）。「中年前期」が二・九六点、「中年後期」が二・七二点、「高年前期」が二・六八点、「高年後期」が二・五八点であった。下位検定の結果、「高年前期」と「高年後期」の高年者が「中年前期」より「近隣交流が減少してきた」と思っている程度が高かった。

3．日常生活状況について（社会関連性指標）

日常生活状況を調べるために社会との関わりの程度を中心に一五項目について質問した。これは安梅（二〇〇〇）の社会関連性指標の質問項目から一五項目を選んで用いた。社会関連性指標は、「地域社会の中での人間関係の有無、環境とのかかわりの頻度などにより測定される、人間と環境とのかかわりの質的、量的側面を測定する指標」である。

それぞれの質問項目に応じて「ほぼ毎日」～「月一度以下」「いつもある」～「特にない」、あるいは「とても」～「……しない」の四段階で答えてもらった。本報告では、安梅（二〇〇〇）と異なり、集計のために、「ほぼ毎日」を四点、「週二度くらい」を三点、「週一度くらい」を二点、「月一度以下」を一点として得点化した。他の質問項目への回答も頻度や程度が高いほど点数が高くなるように得点化した。最も頻度や程度が高いのが四点、最も頻度や程度が低いのが一点になる。

それぞれの項目について得点化して平均値を求めたところ、最も高いのは「テレビを見る」の三・九点（SD=0.541）、二番目に高いのは「家族・親戚と話す機会がある」の三・七点（SD=0.807）、三番目は「新聞を読む」の三・六点（SD=0.982）であった。一方、最も低いのは「地区会・センター・公民館活動に参加する」の一・三点（SD=0.575）、二番目に低いのは「ビデオなど便利な道具を利用する」の二・二点（SD=1.110）、三番目は「本・雑誌を読む」の二・四点（SD=1.240）であった。また、それぞれの項目について、性と年齢の二要因分散分析を実施した。結果を（表９‐１）に示す。

①家族・親戚と話をする頻度

「家族・親戚と話をする機会はどのくらいありますか」

回答者八五七人の平均値は三・七点（SD=0.801）であり、家族・親戚と話を頻繁にしていた。性と年齢の二要因分散分析を実施した結果、年齢の主効果が有意であった（F（3.849）=2.67, p<.05）。下位検定の結果、「中年前期」が「中年後期」よりも家族・親戚と話を頻繁にしていて、「高年前期」と「高年後期」は両者の中間であった。

②家族・親戚以外と話をする頻度

「家族・親戚以外の方と話をする機会はどのくらいありますか」

回答者八五五人の平均値は三・五点（SD=0.824）であり、家族・親戚以外の方と話を頻繁にしていた。性と年齢の二要因分散分析を実施した結果、有意差は見られなかった。

③訪ね合いの機会

表９-１　日常生活状況の諸側面における社会的関わりの程度

			平均値	標準偏差	性×年齢の２要因分析
1. 家族・親戚と話をする機会はどのくらいありますか	性別	男性	3.6	.896	n.s.
		女性	3.7	.710	
	年齢別	中年前期	3.8	.704	p<.05 中年前期 > 中年後期 ただし、高年前期と高年後期は両者の中間
		中年後期	3.5	.923	
		高年前期	3.7	.745	
		高年後期	3.6	.805	
2. 家族・親戚以外の方と話をする機会はどのくらいありますか	性別	男性	3.4	.856	n.s.
		女性	3.5	.797	
	年齢別	中年前期	3.6	.769	n.s.
		中年後期	3.5	.869	
		高年前期	3.4	.869	
		高年後期	3.4	.799	
3. 誰かが訪ねてきたり、訪ねて行ったりする機会はどのくらいありますか	性別	男性	2.7	.970	p<.01　男性 < 女性
		女性	3.0	.936	
	年齢別	中年前期	2.5	.911	p<.01 高年後期 > 中年後期 > 中年前期 ただし、高年前期は中年後期と高年後期の中間
		中年後期	2.8	.975	
		高年前期	3.0	.914	
		高年後期	3.1	.945	
4. 地区会・センター・公民館活動に参加する機会はどのくらいありますか	性別	男性	1.3	.589	n.s.
		女性	1.3	.555	
	年齢別	中年前期	1.3	.607	n.s.
		中年後期	1.3	.571	
		高年前期	1.3	.498	
		高年後期	1.4	.585	
5. テレビを見ますか	性別	男性	3.9	.535	n.s.
		女性	3.9	.557	
	年齢別	中年前期	3.9	.573	n.s.
		中年後期	3.9	.579	
		高年前期	3.9	.475	
		高年後期	3.9	.543	
6. 新聞を読みますか	性別	男性	3.7	.886	n.s.
		女性	3.5	1.049	
	年齢別	中年前期	3.7	.797	p<.01 中年前期 = 中年後期 = 高年前期 > 高年後期
		中年後期	3.7	.831	
		高年前期	3.7	.876	
		高年後期	3.3	1.218	
7. 本・雑誌を読みますか	性別	男性	2.2	1.219	p<.01　男性 < 女性
		女性	2.4	1.249	
	年齢別	中年前期	2.7	1.159	p<.01 中年前期 = 中年後期 = 高年前期 > 高年後期
		中年後期	2.4	1.247	
		高年前期	2.4	1.244	
		高年後期	1.9	1.198	
8. 職業や家事など何か決まった役割がありますか	性別	男性	2.9	1.290	p<.01　男性 < 女性
		女性	3.4	1.146	
	年齢別	中年前期	3.5	.988	p<.01 中年前期 > 中年後期 = 高年前期 > 高年後期
		中年後期	3.2	1.259	
		高年前期	3.2	1.239	
		高年後期	2.9	1.315	
9. 困ったときに相談に乗ってくれる方がいますか	性別	男性	3.2	1.065	p<.01　男性 < 女性
		女性	3.6	.856	
	年齢別	中年前期	3.5	.911	n.s.
		中年後期	3.3	1.009	
		高年前期	3.3	1.102	
		高年後期	3.5	.907	
10. 緊急時に手助けをしてくれる方がいますか	性別	男性	3.4	1.054	p<.01　男性 < 女性
		女性	3.6	.838	
	年齢別	中年前期	3.5	.901	n.s.
		中年後期	3.4	.978	
		高年前期	3.4	1.077	
		高年後期	3.6	.868	
11. 近所づきあいはどの程度しますか	性別	男性	2.8	.883	p<.01　男性 < 女性
		女性	3.0	.849	
	年齢別	中年前期	2.9	.879	p<.05 高年前期 > 中年後期 ただし、高年後期と中年前期は両者の中間
		中年後期	2.8	.882	
		高年前期	3.0	.777	
		高年後期	2.9	.907	
12. 趣味などを楽しむ方ですか	性別	男性	2.8	.979	n.s.
		女性	2.7	1.006	
	年齢別	中年前期	2.9	.876	p<.01 中年前期 = 中年後期 = 高年前期 > 高年後期
		中年後期	2.9	1.005	
		高年前期	2.8	.923	
		高年後期	2.5	1.074	
13. ビデオなど便利な道具を利用する方ですか	性別	男性	2.4	1.130	p<.01　男性 > 女性
		女性	2.1	1.084	
	年齢別	中年前期	2.9	.926	p<.01 中年前期 > 中年後期 > 高年前期 > 高年後期
		中年後期	2.4	1.111	
		高年前期	2.1	1.056	
		高年後期	1.6	.891	
14. 健康には気を配る方ですか	性別	男性	3.1	.776	p<.05　男性 < 女性
		女性	3.2	.652	
	年齢別	中年前期	2.9	.721	p<.01 高年後期 > 中年後期 > 中年前期 ただし、高年前期は中年後期と高年後期の中間
		中年後期	3.1	.678	
		高年前期	3.2	.663	
		高年後期	3.3	.711	
15. 生活は規則的ですか	性別	男性	3.0	.771	p<.01　男性 < 女性
		女性	3.2	.658	
	年齢別	中年前期	2.9	.794	p<.01 高年後期 > 中年後期 > 中年前期 ただし、高年前期は中年後期と高年後期の中間
		中年後期	3.1	.680	
		高年前期	3.1	.661	
		高年後期	3.3	.683	

「誰かが訪ねてきたり、訪ねて行ったりする機会はどのくらいありますか」

回答者八四〇人の平均値は二・九点（SD=0.962）であり、訪ね合う機会は週二度くらいであった。性と年齢の二要因分散分析を実施した結果、性と年齢の主効果が有意であった（性：F（1,832）=17.10, p<.01、年齢：F（3,832）=12.61, p<.01）。性差については、女性の方が男性よりも訪ね合う機会が多かった。年齢については下位検定の結果、訪ね合う機会の多さは「高年後期」>「中年後期」>「中年前期」であった。「高年前期」は「高年後期」と「中年後期」の中間に位置していた。年齢が上がると訪ね合う機会が増えていることを示している。

④公民館活動への参加

「地区会、センター、公民館活動に参加する機会はどのくらいありますか」

回答者七二四人の平均値は一・三点（SD=0.571）であり、公民館活動に参加する機会は三カ月に一度くらいで少なかった。性と年齢の二要因分散分析を実施した結果、有意差は見られなかった。

⑤テレビ視聴

「テレビを見ますか」

回答者八六八人の平均値は三・九点（SD=0.547）であり、テレビを見るのはほぼ毎日であった。性と年齢の二要因分散分析を実施した結果、有意差は見られなかった。

⑥新聞購読

「新聞を読みますか」

回答者八六四人の平均値は三・六点（SD=0.980）であり、新聞をほぼ毎日読んでいた。性と年齢の二要因分散分析を実施した結果、年齢の主効果が有意であった（F（3,856）=8.79, p<.01）。年齢については下位検定の結果、「中年前期」「中年後期」「高年前期」よりも「高年後期」の方が新聞を読む頻度が少なかった。

⑦読書

「本・雑誌を読みますか」

回答者八四一人の平均値は二・三点（SD=1.239）であり、本・雑誌を読むのは週一度くらいに近かった。性と年齢の二要因分散分析を実施した結果、性と年齢の主効果が有意であった（性：F（1,833）=9.13, p<.01、年齢：F（3,833）=15.45, p<.01）。性差については、女性の方が男性よりも本・雑誌を読んでいた。年齢については下位検定の結果、「中年前期」「中年後期」「高年前期」よりも「高年後期」の方が本・雑誌を読む頻度が少なかった。

⑧役割

「職業や家事など何か決まった役割がありますか」

回答者八四三人の平均値は三・二点（SD=1.233）であり、職業や家事などの役割がある程度あった。性と年齢の二要因分散分析を実施した結果、性と年齢の主効果が有意であった（性：F（1,835）=35.46, p<.01、年齢：F（3,835）=13.18, p<.01）。性差については、女性の方が男性よりも役割があると答えていた。年齢については下位検定の結果、「中年前期」＞「中年後期」「高年前期」＞「高年後期」であった。「中年前期」が最も役割があり、次いで「中年後期」と「高年前期」が同程度に役割があり、「高年後期」は役割が少なかった。

⑨相談者

「困った時に相談に乗ってくれる方がいますか」

回答者八五六人の平均値は三・四点（SD=0.971）であり、相談に乗ってくれる方は時々より少し多いぐらいであった。性と年齢の二要因分散分析を実施した結果、性の主効果が有意であった（F（1,848）=28.12, p<.01）。女性の方が男性よりも相談者がいる人が多かった。

⑩緊急時の援助者

「緊急時に手助けをしてくれる方がいますか」

回答者八五〇人の平均値は三・五点（SD=0.950）であり、緊急時に手助けをしてくれる方は時々より多かった。性と年齢の二要因分散分析を実施した結果、性の主効果が有意であった（F（1,842）=14.73, p<.01）。女性の方が男性よりも緊急時の相談者がいる人が多かった。

⑪近所づきあい

「近所づきあいはどの程度していますか」

回答者八五二人の平均値は二・九点（SD=0.872）であり、近所づきあいの程度は立ち話程度であった。性と年齢の二要因分散分析を実施した結果、性と年齢の主効果が有意であった（性：F（1,844）=14.83, p<.01、年齢：F（3,844）=2.61, p=.05）。性差については、女性の方が男性よりも近所づきあいが深いと答えていた。年齢については下位検定の結果、「高年前期」>「中年後期」であり「高年前期」が「中年後期」よりも近所づきあいが深かった。「中年前期」と「高年後期」は両者の中間にあった。

⑫趣味

「趣味などを楽しむ方ですか」

回答者八五一人の平均値は二・八点（SD=0.995）であり、趣味をまあまあ楽しんでいた。性と年齢の二要因分散分析を実施した結果、年齢の主効果が有意であった（F（3,843）=8.05, p<.01）。下位検定の結果、「中年前期」「中年後期」「高年前期」の方が「高年後期」よりも趣味を楽しんでいた。

⑬便利な道具の利用

「ビデオなど便利な道具を利用する方ですか」

回答者八四三人の平均値は二・二点（SD=1.113）であり、ビデオなどの便利な道具の利用はあまりしていなかった。性と年齢の二要因分散分析を実施した結果、性と年齢の主効果が有意であった（性：F（1,835）=7.54, p<.01、年齢：F（3,835）=71.68, p<.01）。性差については、男性の方が女性よりも便利な道具を利用していた。年齢については下位検定の結果、「中年前期」>「中年後期」>「高年前期」>「高年後期」であり、年齢が上がるにつれビデオなどの便利な道具の利用が少なかった。

⑭健康配慮

「健康には気を配る方ですか」

回答者八六〇人の平均値は三・二点（SD=0.714）であり、健康への配慮はまあまあであった。性と年齢の二要因分散分析を実施した結果、性と年齢の主効果が有意であった（性：F（1,852）=6.07, p<.05、年齢：F（3,852）=14.83, p<.01）。性差については、女性の方が男性よりも健康に配慮していた。年齢については下位検定の結果、「高年後期」>「中年後期」>「中年前期」であった。「高年前期」は「高年後期」と「中年後期」の中間に位置した。傾向として、年齢が上がるにつれ健康への配慮が高くなっていた。

⑮規則的生活

「生活は規則的ですか」

回答者八五八人の平均値は三・一点（SD=0.723）であり、規則的な生活はまあまあであった。性と年齢の二要因分散分析を実施した結果、性と年齢の主効果が有意であった（性：F（1,850）=23.59, p<.01、年齢：F（3,850）=12.21, p<.01）。性差については、女性の方が男性よりも規則的な生活をしていた。年齢については下位検定の結果、「高年後期」>「中年後期」>「中年前期」であった。「高年前期」は「高年後期」と「中年後期」の中間に位置した。健康への配慮と同様に、年齢が上がるにつれ、より規則的な生活を送っていた。

4．見守り体制

かつて大和村では「ともしび」活動に取り組み、見守り活動を行ってきた。見守り体制が現在どの程度機能しているのか調べるために、現在、見守りを必要とする方がいるのか、そして、見守り支援がどのような状態にあるのか質問した。

①集落における見守りを必要とする人の存在

見守りを必要とする人が「いる」と答えたのは五七・五％、「いない」と答えたのは一二・七％、「わからない」と答えたのは二九・八％であった。六割近くの方が「見守りを必要とする人がいる」と答えていて、見守り支援の仕組みが求められる状況にあった。

②見守りを必要とする人の状態（複数回答）

回答者四九一人のうち、見守りを必要とする人の状態として「一人暮らしの高齢者」をあげる方が最も多く四一二人いた。二番目に多いのが「認知症のある高齢者（一五六人）」、三番目が「身体障害のある高齢者（一一五人）」であり、以下「身体的な病気のある高齢者（六五人）」と「精神科の病気のある高齢者（三一人）」が続いた。

③集落に見守り支援の仕組みの有無

見守り支援の仕組みを「作っている」と答えたのは三七・七％、「作っていない」と答えたのは一七・七％、「知らない」と答えたのが四四・六％であった。見守り支援の仕組みが作られていると認識している人は四割に満たなかった。従前の見守り活動が停滞していることを示している。

④見守り支援の仕組みの機能

見守り支援の仕組みがあると答えた方のうち、それが「うまく機能している」と答えたのは四九・四％、「うまくいっていない」と答えたのは八・一％、「わからない」と答えたのは四二・五％であった。

⑤見守り支援の仕組みがうまく機能していない理由（複数回答）

見守り支援がうまく機能していないと答えた方は一〇四人であった。機能していない理由として「見守り活動に協力してくれる人がいない」と「見守りの仕組みがよくない」を挙げた方がそれぞれ三四人、「見守りの負担が大きい」を挙げた方が一五人、「対象者が見守りを望んでいない」を挙げた方が一四人いた。

⑥見守り体制についての意見

全体では、現在見守り体制はないが自然な形での見守りがなされていて、民生委員により見守りや自主防災組織による見守りがある、という肯定的意見が多かった。その中で、見守り体制を作ることの必要性や課題・提案に関する意見があり、これは年齢が上がるにつれ増えていた。見守り対象者である「高年後期」では見守りへの感謝の意見と要望・提案の意見が多く見られた。

結果を年代ごとに示す。

a.「中年前期（四〇歳～五四歳）」では、集落の見守りの現状として、「日常の見守り支援体制は作られていないが声かけなど自然な形の見守りがある」「いつも見かける人に会えない場合、民生委員に連絡している」などの記述があった。見守り体制はないが自然な見守りが行われていることを示している。また、「台風時には自主防災組織があり青年団や婦人会などが支援活動をしている」という記述もあった。「中年前期」の記述では見守り体制はないが普段から見守りがなされているという現状記述がみられた。

b.「中年後期（五五歳～六四歳）」では、集落の見守りの現状として、「かつては見守り体制があったが今は行われていない」という記述がある一方、「体制はないが民生委員等が見守りをしている」という記述もあった。これには「民生委員に任せた状態なので、班を作って分担して見守りをした方がいい」という提案や「見守り体制に若者が参加してほしい」という要望もあった。また、「地域支え合い活動が始まり今後体制ができてくる、少しずつ形になってくる」という期待もあった。課題として「見守り支援は言うに易く行うに難しいというところがあり具体的案に課題がある」「意識はあるが実行までいかない」などがあった。

c.「高年前期（六五歳～七四歳）」では、「民生委員が見守りをしている」「体制はないが自然な見守りが行われている」という現状記述があった。同時に、「見守り体制を作ってほしい」という要望や、「黄色い旗を入口にかかげたらどうか」という提案もあった。課題としては、「見守り役がいない、老々見守りで負担が大きい」があった。また、「民生委員の顔も名前も知らない」などの不満もあった。「高年前期」の記述には見守り体制の現状記述、見守り体制の要望、提案、課題があった。

d.「高年後期（七五歳以上）」では、「見守り体制はないが災害時には声かけをしてもらっている」「周りの方から見守ってもらっている」という感謝の記述があった。一方、「普段はいいが緊急時が心配」「見守りをする側の若者が少なくなっている」「若い人はつながり意識が薄れている」「民生委員の訪問があるが、身内の者も連絡などしたらいい」という課題の指摘があり、「一人暮らしの高齢者など頻繁に見回りに来てほしい」という要望があった。それに対して、「定期的な語りあいが必要」「見守り班を作ったらいい」という提案があった。「高年後期」の記述には普段の見守りへの感謝、要望、課題、提案があった。

5. 災害への備え

①自分の自然災害への備えの程度

自分の自然災害への備えについて一〇点満点で評価してもらった。全体の平均値は五・三四（SD=2.776）であり、あまり高くなかった。性×年齢の分散分析を実施したところ、年齢の主効果に有意差がみられ（F（3,771）=3.414, p<.01）、性の主効果に差の傾向がみられた（F（1,771）=3.459, p<.10）。下位検定の結果、「高年後期」の評価点が五・六九（SD=3.033）で「中年前期」の評価点四・九六（SD=2.651）よりも高かった。両者の中間に「高年前期」と「中年後期」が位置していた。これは年齢が上がるにつれて自然災害への備えができていると答える傾向があることを示している(図9-1)。性差については男性(M=5.50, SD=.690)の方が女性(M=5.19, SD=2.846）よりも備えができていると答える傾向にあった。

②集落の自然災害への備えの程度

集落の自然災害への備えについて一〇点満点で評価してもらった。全体の平均

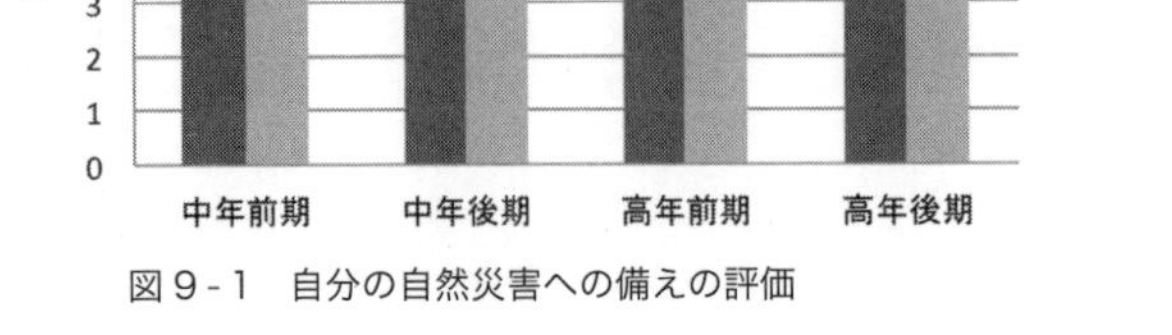

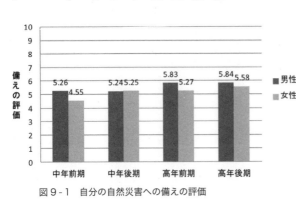

図9-1　自分の自然災害への備えの評価

値は六・〇五（SD=2.540）であり、自分の備えの程度よりは高かった。性×年齢の分散分析を実施したところ、性差は見られず、年齢の主効果が有意であった（F（3,716）=2.702, p<.05）。「中年前期」は六・二三点、「中年後期」は五・九〇点、「高年前期」は五・五五点（SD=2.585）、「高年後期」は六・三一点（SD=2.720）であり、下位検定の結果、「高年後期」の評価点が「高年前期」の評価点よりも高く、両者の中間に「中年前期」と「中年後期」が位置していた。「高年前期」の方は集落の自然災害への備えができていないと答える傾向があることを示している。

③災害時の緊急連絡手段（複数回答）

全体ではスマートフォン（以下、スマホ）を含む携帯電話を使うと答えたのが七四・四％で、固定電話は四八・五％、「その他」が四・五％であり、緊急連絡手段としては固定電話より携帯電話を挙げる方が多かった。年齢別に見ると、「中年前期」「中年後期」「高年前期」ではスマホを含む携帯電話を使うと答えた方が多かったが、「高年後期」では固定電話を使うと答えた方が多かった。

④災害情報の入手先（複数回答）

表9-2に示すように、全体ではテレビを挙げているのが最も多かった。二番目は集落の放送、三番目はラジオ、四番目はスマホを含む携帯電話であった。年齢別でみると、テレビからの災害情報の入手に次いで多かったのが「中年前期」ではスマホを含む携帯電話であり、「中年後期」と「高年前期」は集落放送であった。「高年後期」はテレビよりも集落放送からの情報入手が多く、また家族親族からの情報入手がスマホを含む携帯電話よりも多かった。

表9-2　災害情報の入手先（複数回答）

	中年前期	中年後期	高年前期	高年後期	合計
1. 携帯電話（スマホを含む）	②67.1%	④52.7%	④36.9%	21.0%	④43.3%
2. テレビ	①80.8%	①83.1%	①88.3%	②74.2%	①80.8%
3. ラジオ	④52.5%	③56.2%	③55.9%	③46.4%	③52.2%
4. 新聞	34.2%	39.3%	34.6%	29.6%	34.1%
5. 集落の放送	③60.3%	②72.6%	②74.3%	①78.3%	②71.6%
6. 回覧板	0.9%	1.0%	2.8%	3.7%	2.2%
7. 近所の人	21.5%	19.4%	29.6%	29.6%	25.2%
8. 家族親族	23.3%	19.4%	22.9%	④34.8%	25.9%
9. その他	6.4%	7.0%	1.1%	3.4%	4.5%
回答者数	219	201	179	267	866

⑤車の所有

避難手段として重要な車の所有については、年齢が高くなるにつれ車を持っていない傾向がみられた（χ^2=204.079, df=3, p<.01）。特に、「高年後期」の方の車の所有率が低かった。

⑥家の近辺の知識、災害への備え、避難の手助けの必要度と要援護者の存在

近辺の土壌や地形の知識の程度を「よく知っている」から「全く知らない」まで、災害への各種備え（家の補強、食料備蓄、防災用品の備え、避難所の決定）の程度を「十分にしている」から「全くしていない」まで、避難の手助けの必要度と要援護者の多さを「非常にある」から「まったくない」までの四段階で答えてもらった。

a．土壌や地形の知識

「あなたは家の近辺の土壌や地形の知識がありますか」

図９‐２に示すように、全体では「よく知っている」と答えたのが三二・六%、「少し知っている」が三三・九%、「あまり知らない」が二五・〇%、「まったく知らない」が八・六%であった。六割を超える方が家の近辺の土壌や地形を知っていると答えていた。

年齢別に見ると、「高齢後期」の方が土壌や地形のことを熟知している人が多く、「中年前期」の方が熟知していないと答えていた（χ^2=47.476, df=9, p<.01）。

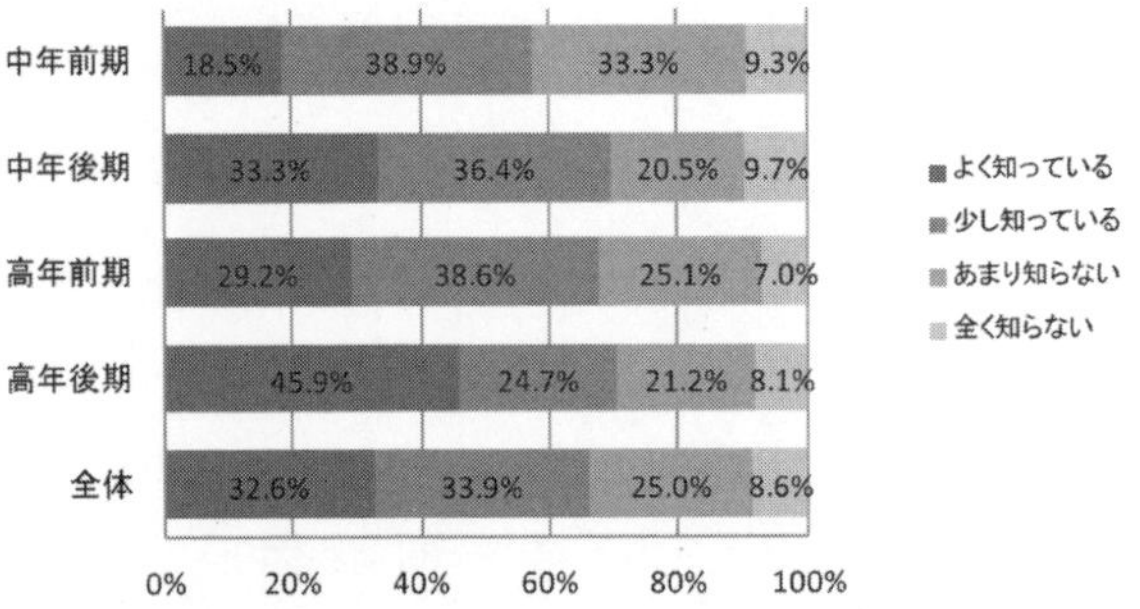

図９-２　土壌や地形の知識

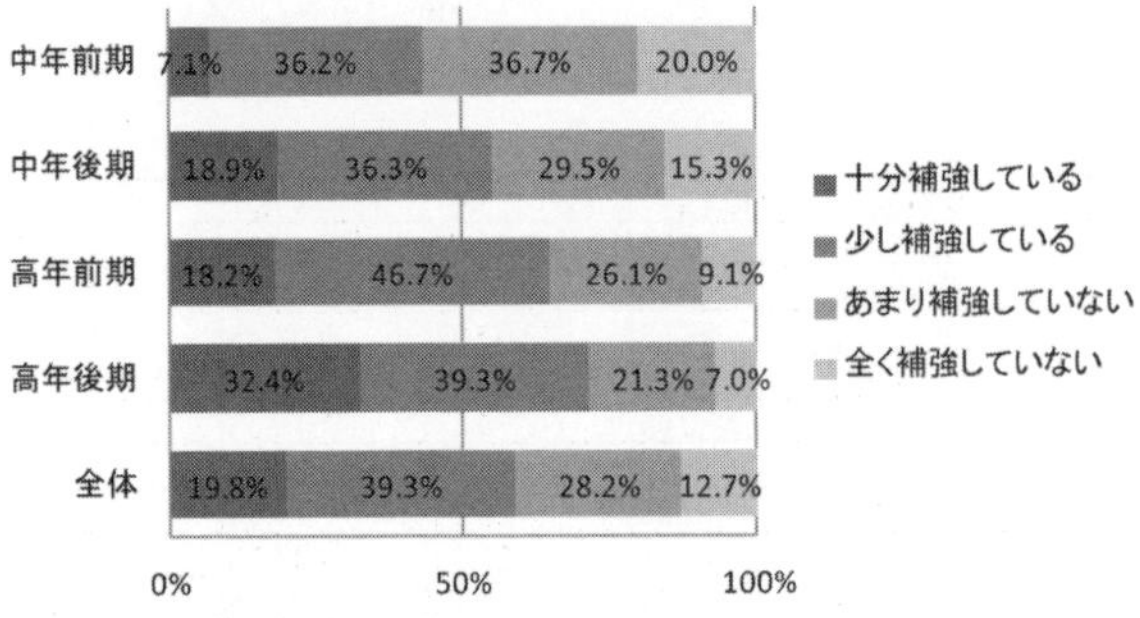

図９-３　家の補強

b. 家の補強

「あなたは災害に備えて家の補強をしていますか」

図9－3に示すように、全体では「十分補強している」と答えたのが一九・八％、「少し補強している」が三九・三％、「あまり補強していない」が二八・二％、「全く補強していない」が一二・七％であった。六割が家の補強をしていると答えていた。年齢別に見ると年齢が高くなるにつれて家の補強をしていると答える方が多くなっていた（χ^2=67.622, df=9, p<.01）。

c. 食料の備蓄

「あなたは食料品の災害用備蓄をしていますか」

図9－4に示すように、全体では「十分備蓄している」と答えたのが五・四％、「少し備蓄している」が二五・七％、「あまり備蓄していない」が四一・一％、「全く備蓄していない」が二七・八％であった。三割強しか食料品の備蓄をしていなかった。年齢別に見ると、「高年後期」の方が食料を備蓄していると答えていた（χ^2=27.775, df=9, p<.01）。

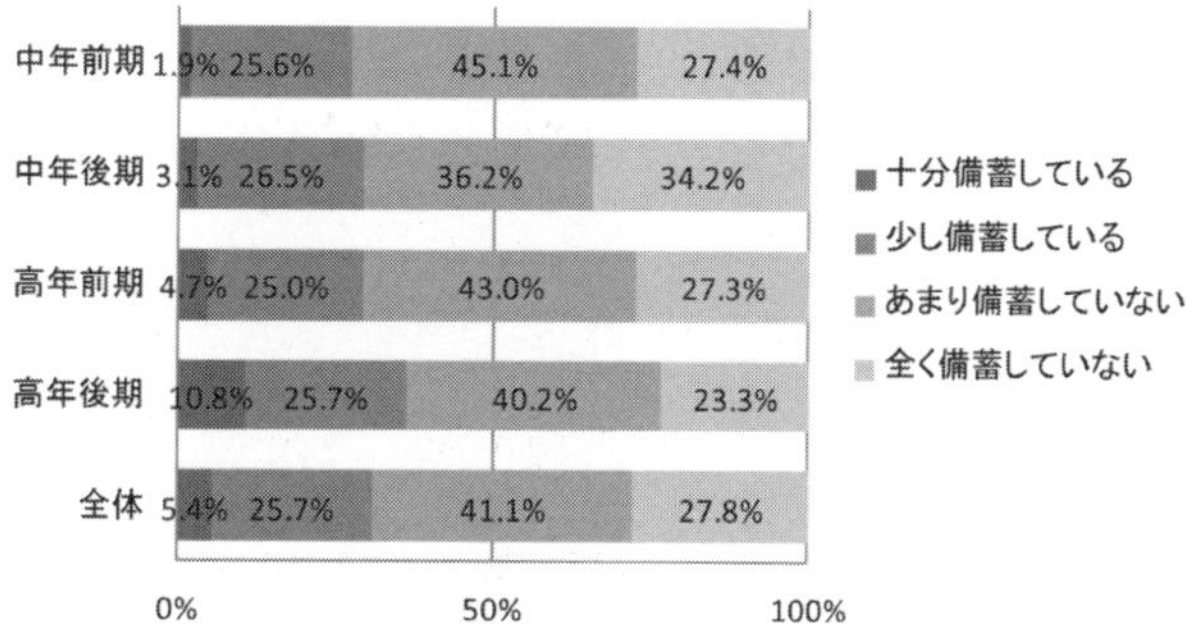

図9－4　食料の備蓄

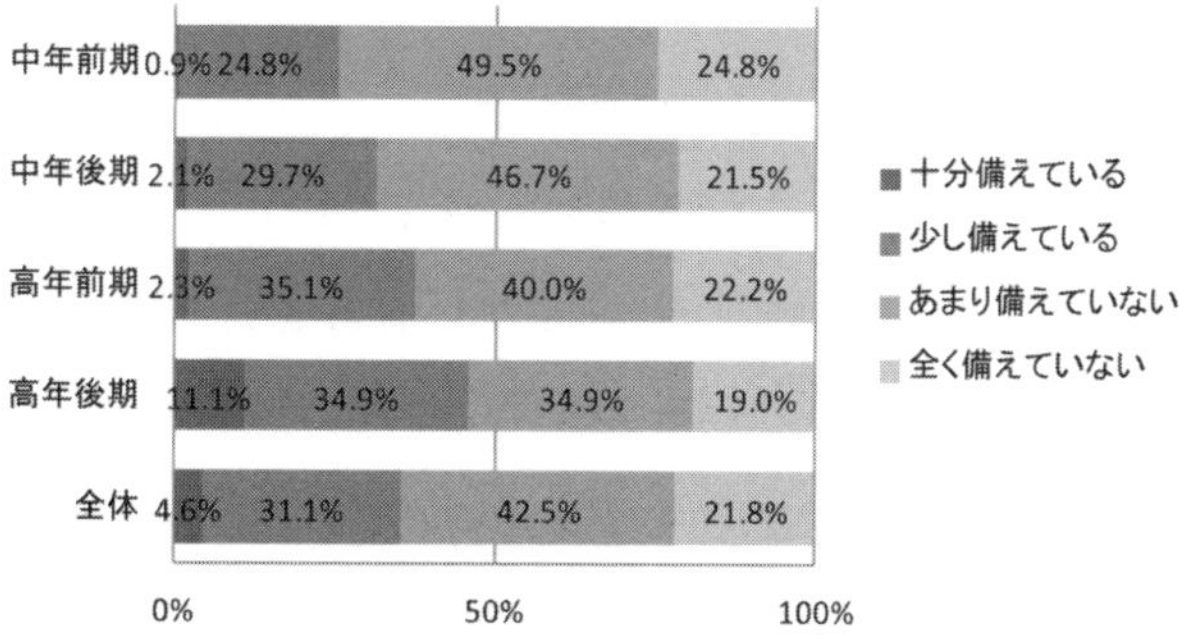

図9－5　防災用品の備え

d. 防災用品の備え

「あなたは防災用品の備えをしていますか」

図９－５に示すように、全体では「十分に備えをしている」と答えたのが四・六％、「少し備えをしている」が三一・一％、「あまり備えをしていない」が四二・五％、「全く備えていない」が二一・八％であった。何らかの防災用品の備えをしていると答えたのは三五・七％に過ぎなかった。

年齢別に見ると、年齢が高くなるにつれ、防災用品の備えをしていると答える方が多くなっていた（$\chi^2=47.933, df=9, p<.01$）。

e. 避難所

「あなたは避難所を決めていますか」

図９－６に示すように、全体では「はっきりと決めている」と答えたのが二三・八％、「ある程度決めている」が五三・四％、「あまり決めていない」が一七・一％、「全く決めていない」が五・七％であった。八割弱の多くの方が避難所を決めていた。年齢別に見ると、高年の方が中年の方よりも避難所を決めていると答えていた（$\chi^2=25.540, df=9, p<.01$）。

f. 避難の手助けの必要性

「あなたは避難所に行くのに近隣の手助けを必要としますか」

図９－７に示すように、全体では「非常に必要である」と答えたのが一二・二％、「少しは必要である」が一八・〇％、

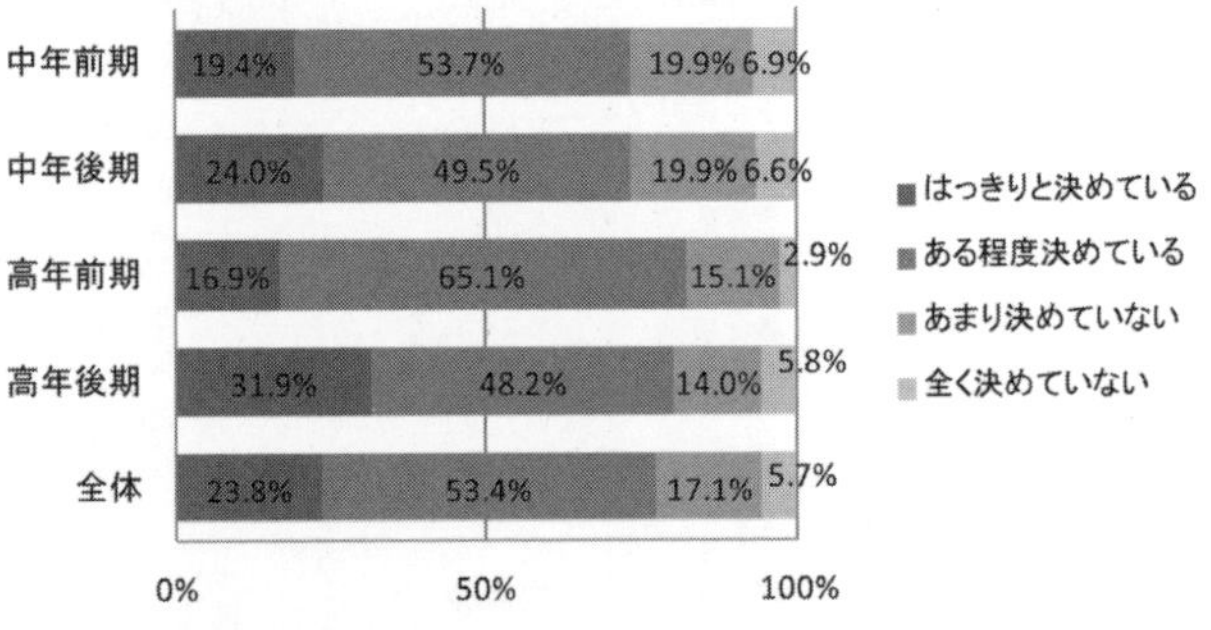

図９-６　避難所の決定

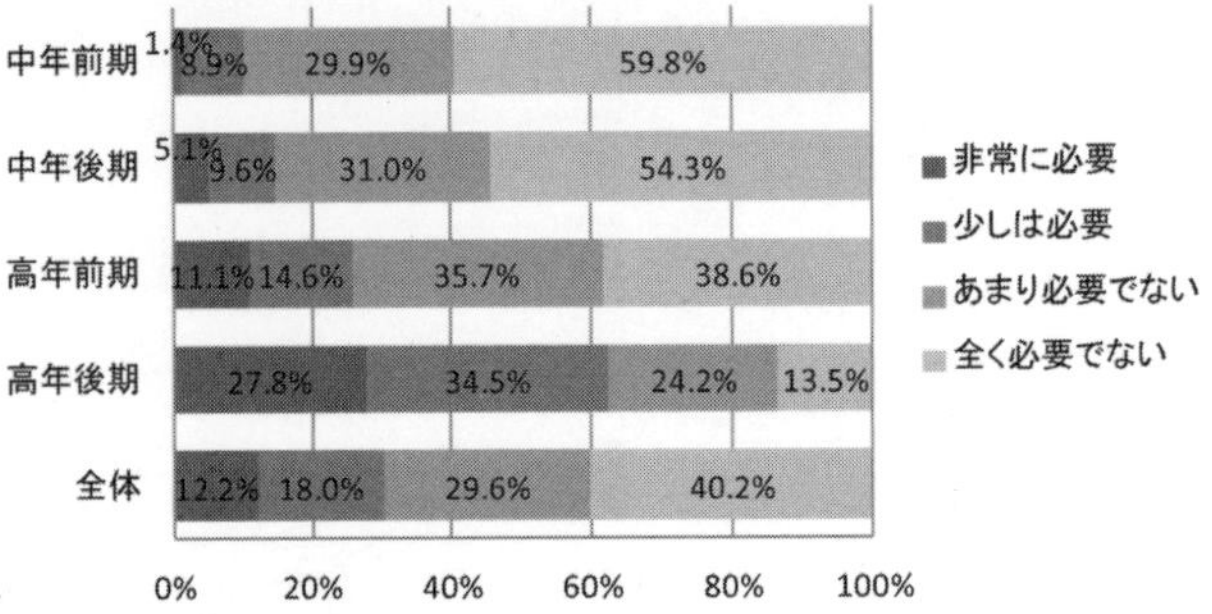

図９-７　避難の手助けの必要性

「あまり必要ではない」が二九・六%、「全く必要ではない」が四〇・二%であった。三割の方が避難の手助けが必要と答えていた。

年齢が下がるにつれ、必要性は低下していた（χ^2=219.491, df=9, p<.01）。

g. 自力で避難できない人の多さ

集落に自力で避難できない人が「非常にたくさんいる」と答えたのは一一・九%、「少しいる」は七五・九%、「あまりいない」は一〇・一%、「全くいない」は二・〇%であった。九割近くが手助けを必要とする方がいると答えていた。回答に年齢差は見られなかった。

⑦集落の自然災害への備えについての意見（自由記述）

全体では、防災組織等がありうまく機能しているという肯定的評価がみられたが、高齢になると災害時の見守りへの要望があった。課題としては避難路や避難所の確保と備蓄の充実が多く挙げられていた。水害への対策要望も多く見られた。その他、避難訓練や防災情報提供に関する要望もあった。

結果を年代ごとに示す。

a.「中年前期（四〇歳～五四歳）」では、一六件の記述があり、〔自主防災組織〕に関するものが三件、〔備蓄〕に関するものが三件、〔公民館（避難所）〕に関するものが二件、〔避難路〕に関するものが二件、〔側溝〕に関するものが二件、〔その他〕が四件あった。その中で肯定的評価は二件で、残りの一四件は不満・心配・要望であった。

〔自主防災組織〕については肯定的評価が二件、「機能するか」という不安が一件あった。〔備蓄〕については「食品、毛布、発電機などの備蓄をしてほしい」という要望があった。〔公民館（避難所）〕については「海岸近くにあるので津波の避難所として安全性が心配である」という意見があった。同様に「自宅が海の近くにあるので不安である」というものもあった。〔避難路〕については「逃げ道がない、高台に行く通路がない」ことを心配する意見があった。〔その他〕では、「空き家が問題」「リーダーがいない」「不十分」という意見と、「家の補修などを集落内のボランティアでするような助け合い活動を作るようにしたらいい」という提案があった。

b.「中年後期（五五歳〜六四歳）」では、二三件の記述のうち、〔備えへの肯定的評価〕に関するものが四件、〔備蓄〕に関するものが五件、〔避難所〕に関するものが四件、〔水害対策〕に関するものが三件、〔地形〕に関するものが三件、〔訓練〕に関するものが二件、〔その他〕が三件あった。

〔備えへの肯定的評価〕に関する記述では、「万全、だいたいできている」「集落のまとまりがあり心配ない、見守りが機能している」という記述があった。〔備蓄〕については「食料、毛布、発電機などの備蓄が必要」という意見があった。〔避難所〕については「避難所である公民館が海の近くにあり津波のときの安全性が問題である」「適切な避難所がない」という問題指摘があった。〔水害対策〕については「河川改修をしてほしい」「高波対策をしてほしい」「家周りの排水を良くしてほしい」などの要望があった。〔地形〕については「急斜面になっているので土砂崩れなどが心配」という意見があった。〔訓練〕については、「不十分、充実してほしい」という要望があった。〔その他〕については「老朽家屋による他の家屋への被害」の懸念、「集落の備えの周知」の要望、「防災センターは高台に作るべき」という提案があった。

c.「高年前期（六五歳〜七四歳）」では、一二件の記述のうち、〔備えへの肯定的評価〕に関するものが一件、〔弱者への対応〕に関するものが四件、〔水害対策〕に関するものが三件、〔避難訓練〕に関するものが三件、〔その他〕が三件あった。

〔備えへの肯定的評価〕については、「集落での支援体制が充実している」という記述があった。〔弱者への対応〕については、「障がい者、独り暮らし高齢者への対応と見守り」の必要性と、「若者がいないので自分のことは自分で守ろうと考えている」という記述があった。〔水害対策〕については、「防潮堤」の要望と「排水工事、河川対策」の要望があった。〔避難訓練〕については、「訓練が形式的なので実践的な訓練が必要」という意見と、「集落の訓練が定期的に必要」という意見があった。〔その他〕については、「避難場所の確保」「食料備蓄」「空き家対策」の要望があった。

d.「高年後期（七五歳以上）」では、三三件の記述があり、〔水害〕関係が九件、〔避難所〕関係が七件、〔老朽家屋〕

関係が四件、〔見守り〕関係が四件、〔防災備蓄〕関係が三件、〔防災情報要望〕が二件、〔その他〕が四件あった。

〔水害〕関係では、「高波や河川氾濫の心配と対策」の要望、「家の周りの排水対策」の要望、「山崩れ」の心配があった。〔避難所〕関係では、「避難所の老朽化」「津波の避難所の確保」「避難所の周知」の要望があった。〔老朽家屋〕関係では、「家が古くて台風時が心配」という記述があった。〔見守り〕関係では、「一人暮らし高齢者からの災害時見守り」の要望と、「見守りをしてもらっていて安心」という記述があった。〔防災備蓄〕関係では、「食料や水などの備蓄」の要望と、「防災リュックや防災グッズの入手」の要望があった。〔防災情報〕関係では、「早めの情報提供」の要望があった。〔その他〕では、「防災への備えの評価が不十分である」という記述などがあった。

6. 医療体制

①緊急の医療機関利用

ここ一年の間に緊急で医療機関を利用した方は一六・七％（一三五人）であった。また、年齢が上がるにつれ緊急で医療機関を利用する人がわずかではあるが増えていた（χ^2=9.923, df=3, p<.05）。

②緊急受診の理由（複数回答）

緊急で医療機関を利用した理由を調べるために「あなたはどのような症状で緊急に受診しましたか（○はいくつでも）」と複数回答で質問した。

緊急で医療機関を利用したと答えた一三五人のうち一二二人から回答を得た。「その他」を除いて、最も多いのが「腹痛」の二二人、その次に多いのが「発熱」の二〇人、三番目が「外傷」の一九人、四番目が「嘔吐」の一四人であった。

③医療機関の選択理由（複数回答）

緊急で医療機関を利用したと答えた一三五人のうち一二六人から医療機関の選択理由について答えてもらった。最も多いのが「かかりつけだから」の六五人で、二番目に多いのが「入院・検査設備が充実している」の五一人、三番目が「いつでも診療してもらえるから」の三七人、四番目が「家から近いから」の一九人、以下「処方される薬がよく効くから」の九人、「駐車しやすいから」の七人、「待ち時間が少ないから」の六人であった。

④地域の緊急医療機関の受入体制への満足度と不満の理由（複数回答）

全体では「満足している」が三四・九％、「やや満足している」が五二・八％、「不満である」が一二・三％であった。九割近くが満足していた。

年齢別に見ると、年齢が上がるにつれ、満足度が高くなっていた（χ^2=71.205, df=6, p<.01）。「中年前期」のように若い世代では四分の一が不満であると評価していた。

緊急医療体制に「不満」と答えた方のうち三八人から三九件の不満理由を答えてもらった。最も多い不満が「緊急医療機関まで時間がかかる」というもので一九件あった。二番目に多いのが「緊急医療機関がない」「緊急への対応が取れていない」の各四件、三番目が「緊急医療体制が整っていない」「設備と人材が不足している」の各三件であった。不満の主なものは、緊急医療機関が近くにないこと、緊急医療体制が不十分であることの二点であった。

⑤地域の医療体制への意見（自由記述）

全体では、地域の医療体制への肯定的評価がある一方で、不満や要望も多く見られた。村内に診療所があり大体のところ満足しているが、専門性や緊急性を要する場合への不安と二四時間医療や地域医療への要望があった。その他、診療所や名瀬にある病院への時間距離が長いことへの不安もみられた。

結果を年代ごとに示す。

a.「中年前期（四〇歳～五四歳）」では、二〇件の記述のうち、〔満足〕が六件、〔不満〕が七件、〔要望〕が七件あった。〔満足〕に関しては、「健康診断が充実している」「医師や看護師が良くて親切」「医療体制がよく応急処置もしてくれる」「診療所が近くにある」という記述があった。〔不満〕に関しては、「医療機関が遠い」「診療科が足りない」「土日や夜間の体制が整っていない」などの記述があった。〔要望〕に関しては、「高齢者などの患者のニーズに合わせて地域医療体制を強化してほしい」「満足というわけではないが診療所があるだけで助かっているのでなくさないでほしい」などの記述があった。

b.「中年後期（五五歳〜六四歳）」では、一五件の記述のうち、〔満足〕が二件、〔不安・不満〕が三件、〔要望〕が七件、〔その他〕が三件あった。

〔満足〕に関しては、「診療所が緊急時に対応してくれる」という記述があった。〔不安・不満〕に関しては、「医師の不在時が不安である」「病院が遠い」「特定疾患に弱い」という記述があった。〔要望〕に関しては、「奄美市の病院へ早く行けるようトンネルを造ってほしい」「医師不在時の対応のために医師二人体制にしてほしい」「緊急医療体制を整えてほしい」「在宅医療をしてほしい」「診療所の会計処理を早くしてほしい」「土曜日の診察をしてほしい」などの記述があった。〔その他〕に関して、「診療所に夜間受付があるのかわからない」という記述があった。

c.「高年前期（六五歳〜七四歳）」では、一七件の記述のうち、〔安心・満足〕が九件、〔不満〕が一件、〔要望〕が六件、〔その他〕が一件あった。

〔安心・満足〕に関しては、「良い」という評価と「村内に診療所があって安心である」という記述があった。〔不満〕に関しては、「大きな病気をしたときに近くに病院がない」という記述があった。〔要望〕に関しては、「二四時間医療体制、緊急医療体制を実現してほしい」「救急車の搬送を迅速にしてほしい」「集落内に緊急搬送をする係がほしい」「ネブライザー（吸入器）を診療所で使えるようにしてほしい」「地域密着型の医療をしてほしい」などの記述があった。〔その他〕では、「診療科目が限られているので奄美市の病院に行っている」という現状記述があった。

d.「高年後期（七五歳以上）」では、二六件の記述のうち、〔感謝・満足〕が一七件、〔不満〕が五件、〔要望〕が四件あった。〔感謝・満足〕に関しては、「診療所と医師・看護師に感謝する」「今の体制で良い」「充実している」「一般的には困っていない」という記述があった。〔不満〕に関しては、「診療所や病院が遠い」「医療設備が不十分である」などの記述があった。〔要望〕に関しては、「往診をしてほしい」「移送時間短縮のためにトンネルを造ってほしい」「医療の専門性を望む」

という記述があった。

7．地域の問題について（複数回答）

表9-3に示すように、全体では、地域の問題で最も多いのは「日常の買い物に不便である（五一・七％）」で、二番目が「ハブがいるので困る（三九・四％）」、三番目が「台風など自然災害に弱い（三五・〇％）」、四番目が「交際にお金がかかる（三四・〇％）」、五番目が「一人暮らし高齢者など老後生活に不安がある（三二・六％）」であった。買い物や交際費や老後生活などの社会的課題とハブや台風などの自然的課題の二つが地域の重要な問題となっている。

すべての年代で共通して最も多いのは「日常の買い物に不便である」であった。また、「中年後期」「高年前期」「高年後期」で二番目に多いのは「ハブがいるので困る」であり、「中年前期」で二番目に多いのは「台風など自然災害に弱い」であり、「ハブがいるので困る」は五番目であった。「高年前期」と「高年後期」で三番目に多いのは「一人暮らし高齢者など老後生活に不安がある」であった。「中年前期」で三番目に多いのは「急病のときの医療体制が不十分である」であり、「中年後期」で三番目に多いのは「交際にお金がかかる」であった。

8．行政や福祉への意見（自由記述）

全体では、比較的多い記述として、〔福祉〕に関する肯定的評価と要望・課題指摘があり、〔行政〕に関する不満と要望、それと若干の肯定的評価があった。少数

表9-3　地域で感じている問題（複数回答）

	中年前期	中年後期	高年前期	高年後期	合計
1. 日常の買い物に不便である	①62.2%	①47.9%	①53.3%	①42.9%	①51.7%
2. 医院や病院への通院で、足の確保が困難である	⑤27.6%	28.1%	25.5%	32.5%	28.7%
3. 急病のときの医療体制が不十分である	③35.2%	25.1%	1.2%	19.4%	25.6%
4. 福祉のサービスが不十分である	7.1%	6.6%	7.3%	7.3%	7.1%
5. バスや定期船など交通機関が充実していない	20.4%	20.4%	14.6%	12.0%	16.9%
6. 近隣道路が整備されていない	6.6%	5.4%	5.8%	7.3%	6.4%
7. 集会施設、商店など公共的建物が高齢者には使いにくい	4.6%	3.0%	9.5%	5.8%	5.5%
8. 台風など自然災害に弱い	②36.7%	⑤34.7%	⑤35.8%	④33.0%	③35.0%
9. ハブがいるので困る	⑤27.6%	②46.1%	②44.5%	②41.9%	②39.4%
10. 一人暮らし高齢者など老後生活に不安がある	20.9%	④37.1%	③39.4%	③35.6%	⑤32.6%
11. 趣味や習い事などの学習機会が少ない	7.7%	6.6%	3.6%	2.6%	5.2%
12. 老後の時間をもてあましている	3.1%	7.2%	7.3%	6.3%	5.8%
13. 子育てに不便である	6.1%	6.0%	4.4%	1.6%	4.5%
14. 交際にお金がかかる	④28.1%	③38.9%	④38.0%	④33.0%	④34.0%
15. 人口が減って集落や地域の維持が困難になっている	26.2%	23.4%	32.1%	28.3%	27.4%
16. その他	2.6%	2.4%	1.5%	3.1%	2.5%
回答者数	196	167	137	191	691

ながら〔防災〕〔人口減対策〕に関する要望、〔アンケート〕に関する意見があった。また、〔その他〕の個別意見もあった。

結果を年代ごとに示す。

a.「中年前期（四〇歳～五四歳）」では、一九件の記述のうち、〔福祉〕に関するものが五件、〔行政〕に関するものが四件、〔防災〕〔若者の流出〕〔アンケート〕に関するものがそれぞれ二件、〔その他〕が四件あった。

〔福祉〕に関する記述には「年寄りや子供にやさしい福祉体制」「高齢者にわかりやすい福祉事業」「在宅介護の充実」「安心して楽しめる老後の実現」「弱者への支援」の要望があった。〔行政〕に関する記述には「親しみのある対応」「住民全体を対象にした体制づくり」の要望と「相談しても上に止められる」「自分たちの生活の向上ばかり考えている」という不満があった。〔防災〕に関しては「避難所建設などより具体的な対策」「ライフラインへの対応」という要望があった。〔若者の流出〕に関しては「住居や職場がないので若者が減少している」という現状記述があった。〔アンケート〕に関しては「アンケートが多すぎる」「アンケートではなく個別の現場の意見をくみ上げる仕組みが必要」という意見があった。

〔その他〕に関しては「名瀬へのアクセス整備（トンネル）」「放送による情報提供の充実」「村長のあいさつ放送を流してほしい」という要望と「老朽化した家を直す手段がわからない」という記述があった。

b.「中年後期（五五歳～六四歳）」では、一八件の記述のうち、〔福祉〕に関するものが五件、〔行政〕に関するものが四件、〔人口減少〕に関するものが三件、〔その他〕が六件あった。

〔福祉〕に関する記述では、「病院や施設の拡充」「医療・福祉・行政の連携」「福祉職員の人間性教育」の要望、「福祉サービスがとても良い」という肯定的評価、「障碍者の外出が不自由」という課題指摘があった。〔行政〕に関する記述では「職員や役場の対応」への不満、「催し日程の広報の迅速性」「臨時職員の募集の公明化」の要望があった。〔人口減少〕では「人口が減って困る」という意見と「産業振興」「仕事の創出」の要望があった。〔その他〕では「交通の便が悪い」「交際費がかかる」「税金が高い」ことへの不満、「空き家対策」の要望があった。また「高齢者が明るくて良い地域だ」

という肯定的評価、「アンケートをすることは良いこと」という意見もあった。

c.「高年前期（六五歳～七四歳）では、一三件の記述のうち、〔行政〕に関するものが六件、〔福祉〕に関するものが三件、〔その他〕が四件あった。

〔行政〕に関する記述では、「役場職員が信頼できる」「役場職員は仕事を全うしている」という満足の意見と、「役場職員の対応（二件）」「役場職員の仕事ぶり」「地縁・血縁で行政が行われている」という不満があった。〔福祉〕に関する記述では、「大和村は施設等が充実して住みよい」という満足と、「老老介護と年金生活の状態で住宅改修をしたいのでアドバイスが欲しい」「福祉のことを詳しく知りたい」という要望があった。〔その他〕では、「いろいろな要望を集落役員が受け付けてくれない」「集落内に店がなくて不便である」「若い世代が礼節にかける」という不満と「アンケートの結果を知りたい」という要望があった。

d.「高年後期（七五歳以上）」では、一九件の記述があり、〔福祉〕に関するものが一三件、〔その他〕が六件あった。

〔福祉〕に関する記述では、「村が見守ってくれるから安心」「相談に乗ってくれる」「良くしてもらっている」「介護手当が助かる」「福祉介護への取り組みがいい」という安心と満足の記述があった。また、「一人暮らし高齢者の見守り」「福祉職員の質向上」の要望があった。そのほか「訪ねてくる人もいなくて」という声もあった。

〔その他〕に関する記述では、「村の活性化を祈っている」「津波対策、避難所の建設」「アンケートの結果を活かしてほしい」などの要望や「意見を書いたら後で困らされる」という声があった。

三、まとめに代えて

本稿は、二〇一四年二月から三月にかけて奄美大島大和村の中高年者を対象に実施した調査結果を集計したものである。調査対象者は大和村に居住する四〇歳以上の一二四〇人で、回答者数は九二八人（回収率七四・八％）であった。

調査内容は社会的かかわり状況、見守り体制、災害への備え、医療体制、地域の課題などであった。

1. 回答者の属性

性と年齢の両方の質問に回答した方は八七八人であり、性別では、女性の方が男性よりもやや多かった。年代別では、六四歳以下の「中年者」と六五歳以上の「高年者」はほぼ同数であった。健康状態では、健康な方が多かったが、年齢が上がると病弱な方の割合が少しずつ増えていた。世帯状況では、「中年前期」で多いのは「子供との同居(二世代同居)世帯」、「中年後期」「高年前期」「高年後期」で多いのは「夫婦のみ世帯」であった。「高年後期」では「一人暮らし世帯」も多かった。世帯の主な収入では、「中年前期」は「常勤の仕事の収入」が多く、「中年後期」では「常勤の仕事の収入」と「年金など」が多く、「高年前期」と「高年後期」では「年金など」が多かった。

2. 近隣交流の変化

近隣の交流は少し減ってきていた。なかでも高年者が「中年前期」より「近隣交流が減少してきた」と思っている程度が高かった。

3. 社会関連性指標

全体的に身近な人との交流は高いが、情報収集や社会参加が消極的な形で成されている傾向がみられた。

身近な人との交流については、家族・親戚および家族・親戚以外の方とも話を頻繁にしていた。誰かを訪ね合う機会は週二度くらいであった。訪ね合う機会は女性の方が男性よりも多く、年齢が上がるとその機会が増えていた。

近所づき合いの程度は立ち話程度であった。女性の方が男性よりも深い近所づき合いをしていた。また、「高年前期」が「中年後期」よりも深い近所づき合いをしていた。

相談に乗ってくれる方や緊急時に手助けをしてくれる方は「時々いる」と「いつもいる」の中間ぐらいだった。相談・緊急時の援助は女性の方が男性よりも多かった。

職業や家事などの役割はある程度持っていて、健康への配慮と規則的な生活はまあまあであった。役割や健康配慮・規則的生活は女性の方が高かった。役割については若い年代の方が高かったが、健康配慮と規則的生活は高齢世代の方が高かった。

テレビをほぼ毎日見て、新聞をほぼ毎日読んでいた。新聞については「高年後期」があまり読んでいなかった。本・雑誌を読むのは週一度くらいに近かった。本・雑誌については女性の方が男性よりもよく読んでいて、「高年後期」があまり読むことが多くなかった。公民館活動に参加する機会は三カ月に一度くらいで少なかった。

趣味は全体としてはまあまあ楽しんでいたが、「高年後期」はあまり楽しんでいなかった。ビデオなどの便利な道具はあまり利用していなかった。これは男性の方が女性よりもよく利用していて、若い年代ほど利用する傾向があった。

4．見守り体制

六割近くの方が「見守りを必要とする人がいる」と答えていて、見守り支援の仕組みが求められる状況にあった。見守りを必要とする人は「一人暮らしの高齢者」「認知症のある高齢者」「身体障害のある高齢者」であった。見守りが機能していない理由は、「見守り活動に協力してくれる人がいない」と「見守りの仕組みがよくない」であった。

また、現在見守り体制はないが自然な形での見守りがなされている状況にある。しかし、高齢者では見守りへの感謝がある一方、見守り体制を作ることが必要であるという意見があった。

5．災害への備え

自分の自然災害への備えはあまり高くなかった。集落の自然災害への備えは自分の備えの程度よりは高かった。

災害時の緊急連絡手段は全体ではスマホを含む携帯電話が多かったが、「高年後期」では固定電話の利用が多かった。災害情報の入手先は全体ではテレビが多かったが、その次に多いのは「中年前期」ではスマホを含む携帯電話であり、「中年後期」と「高年前期」は集落放送であった。一方、「高年後期」はテレビよりも集落放送からの情報入手が多かった。また、車の所有は年齢が高くなるにつれ、少なくなっていた。

災害への備えについて、家の近辺の土壌や地形について、六割を超える方が知っていると答えていた。「高年後期」の方が土壌や地形のことを熟知している人が多く、「中年前期」の方が熟知していないと答えていた。家の補強について、六割が家の補強をしていると答えていた。年齢別に見ると年齢が高くなるにつれて家の補強をしていると答える方が多くなっていた。食料の備蓄について、三割強しか食料品の備蓄をしていなかった。年齢別に見ると、「高年後期」の方が食料を備蓄していると答えていた。防災用品の備えについて、何らかの防災用品の備えをしていると答えたのは三五・七％に過ぎなかった。年齢別に見ると、年齢が高くなるにつれ防災用品の備えをしていると答える方が多くなっていた。避難所について、八割弱の多くの方が避難所を決めていた。年齢別に見ると、高年の方が中年の方よりも避難所を決めていると答えていた。避難の手助けの必要について、三割の方が避難の手助けが必要と答えていた。年齢別に見ると、「高年後期」のうち六割を超える方が避難の手助けが必要と答えていた。自力で避難できない人がどの程度いるかについては、九割近くが手助けを必要とする方がいると答えていた。

防災について、防災組織等がありうまく機能しているという肯定的評価がみられたが、高齢者からは災害時の見守りへの要望があった。課題としては避難路や避難所の確保と備蓄の充実が多く挙げられていた。水害への対策要望も多くみられた。その他、避難訓練や防災情報提供に関する要望もあった。

6．医療体制

緊急で医療機関を利用した方は一六・七％であった。年齢が上がるにつれ緊急で医療機関を利用する人が増えていた。

地域の緊急医療機関の受入体制については九割近くが満足していた。高年世代では満足度が高かったが、若い世代には不満も見られた。緊急医療体制への不満の理由としては、「緊急医療機関まで時間がかかる」「緊急医療機関がない」「緊急への対応が取れていない」などがあった。

地域の医療体制については、肯定的評価がある一方で、不満や要望も多くみられた。村内に診療所があり大体のところ満足しているが、専門性や緊急性を要する場合への不安と二四時間医療や地域医療への要望があった。その他、診療所や名瀬にある病院への時間距離が長いことへの不安もみられた。

7. 地域の問題

地域の問題で多かったのは、買い物や交際費や老後生活などの社会的課題とハブや台風などの自然的課題の二つであった。

地域の問題に関して、比較的多い意見として、福祉に関する肯定的評価と要望・課題指摘があり、行政に関する不満と要望、それと若干の肯定的評価があった。少数ながら防災、人口減対策に関する要望、アンケートに関する意見があった。また、その他の個別意見もあった。

謝辞

本調査にご回答いただいた高齢者の皆様、調査実施にご協力いただいた民生委員児童委員の皆様ならびに関係機関の皆様に感謝申し上げる。

（小窪輝吉・岩崎房子・大山朝子・田畑洋一・田中安平・髙山忠雄）

注

（1）本研究はＪＳＰＳ科研費二三三三〇一九〇の助成を受けた。

（2）本稿は、小窪輝吉、岩崎房子、大山朝子、田畑洋一、田中安平、高山忠雄（二〇一五）「島嶼集落における社会的関わり状況と見守り、防災、医療体制について―奄美大島大和村における中高年者調査から―」鹿児島国際大学福祉社会学部論集第三四巻、第二号、四五‐六四頁を再掲したものである。

文献

安梅勅江（二〇〇〇）『エイジングのケア科学―ケア実践に生かす社会関連性指標―』川島書店

近藤勉（二〇〇八）『生きがいを測る―生きがい感てなに？―』ナカニシヤ出版

大和村ＨＰ（二〇一五）「六月三〇日現在の人口・世帯数」
(https://www.vill.yamato.lg.jp/update/207.asp:2015.7.29)

大和村誌編纂委員会（二〇〇五）『大和村の民俗　大和村誌資料集２』大和村

大和村誌編纂委員会（二〇一〇）『大和村誌　大和村』

第X章　島嶼集落における地域支え合い活動と地域づくり

本章では、沖縄県内各地・池間島（宮古島市）・奄美市・大和村における活動例を紹介する。

一、沖縄における地域再生

1.沖縄の地域福祉活動

神里博武は、沖縄の小地域福祉活動について「自治会・町内会、字《あざ》レベルの小地域で地域ボランティアが主体となって展開されている福祉活動」とし、さらに、福祉コミュニティー形成という観点から「小地域に自主的組織としての福祉活動の推進組織があり、その活動として、小地域ネットワーク活動、ふれあい・いきいきサロン活動、その他の小地域活動の全て、またはその一部を実施している地域活動と基本形に不可欠な推進組織の結成まではいかないけれども、地域ボランティアによって、小地域ネットワーク活動、ふれあい・いきいきサロン活動、その他の小地域福祉活動が行われている活動形態がある」としている（神里二〇〇四：七三-七四）。その他に「介護予防・生活支援活動としての字、自治会の公民館や集会所を利用して実施している生きがい型のデイサービスがあるが、これについては小地域活動に結びつく可能性はあっても、ボランティアの参加がなく、行政などの職員のみで実施しているのは小地域福祉活動といえない」としている（神里二〇〇四：七三‐七四）。

①生活支援活動

小地域ネットワーク、ふれあい・いきいきサロンについて具体的にみていくと、さらに神里は、小地域ネットワーク活動とは「支援を必要とする個人・家族を近隣住民やボランティアが中心となり、チームを組んで支援する活動」と述べており、活動内容には、見守り、必要に応じた生活支援活動がある（神里二〇〇四：一八）。この活動は、ボランティア活動が中心であるが、在宅福祉サービスになると専門家の参加が必要になる場合もあり、近隣住民、ボランティアと専門家の協働活動として展開されるということもある。対象者は一人暮らし高齢者、障害者、介護を必要とする高齢者や家族、子育て不安を抱えた家族などで幅広い。そのため、まずは対象者について把握したうえで生活支援を行っていく必要がある。この活動は自然発生的に行われているが、組織的には、秋田県で一九八〇（昭和五五）年に取り組まれたのが始まりである。

②ふれあう活動

ふれあい・いきいきサロン活動について、神里は、「高齢者、障害者、子育て中の親などと、ボランティアが地域の公民館、集会所、個人の家などに一緒に集まってお茶を飲んだり、レクリエーションをしたり、食事をしたりしてふれあう活動」としている（神里二〇〇三：一八）。活動内容は、先に挙げた小地域ネットワーク活動が、自宅訪問をメインにしていた「訪問型」だったのに対し、この活動ではネットワークの対象となる個人も含めて公民館などに出かけていき、そこで当事者同士やボランティアとふれあっていく「ふれあい型」である。また、この活動の特徴としては、参加者すべてがボランティアとして関われる可能性があるということで、参加者とボランティアの区別が明確でないということである。

③その他の地域福祉活動

その他、地域福祉活動を整理すると、「交流活動」「見学・研修」「講座・教室」「健康づくり」「清掃・クリーン活動」「訪問活動」「協力活動」などの活動がある。

2. 沖縄の地域福祉活動の事例（地域再生への取り組み）

①宜野湾市「生きがい対応型デイサービス事業」

沖縄県の宜野湾市では「生きがい対応型デイサービス事業」を行っている。これは「宜野湾市あしび村やー（生きがい型）デイサービス事業実施要綱」に基づき実施している。実施主体は宜野湾市で、事業運営は宜野湾市の社会福祉協議会が受託しており、各地域の公民館で実施している。この事業の目的を、神里は「家に閉じこもりがちな高齢者に対して、地域の公民館に通所により生きがい対応型デイサービス事業を実施することにより、社会的孤独感の解消及び自立生活の助長を図る」としている（神里二〇〇四：七四）。この活動は、二〇〇三年八月の段階で、二三カ所で週一回実施されている。時間は昼食をはさんだ一一時（一〇時）～一四時と、一三時（一四時）～一五時（一六時）の二グループに分けられており、全体の七割が一一時から一四時の昼食付きを利用している。そのデイサービスには社会福祉協議会から援助員が派遣されているが、運営はボランティアが行っている。この事業は、一九九六年度、一九九七年度はふれあいのまちづくり事業のモデル事業、一九九八年度からは国民健康保険の総合健康づくり推進事業、そして、二〇〇〇年度以降は、介護保険制度の介護予防・生活支援事業として実施している。

②那覇市真地団地の取り組み

――本研究プロジェクト主催「平成二三年度沖縄シンポジウム報告：「地域づくりの現状と課題」Aさん（那覇市社会福祉協議会地域福祉課主査）」テープおこし資料より――

真地団地は一二棟あり一一二五名の住人がいる。そのおよそ三〇％が六〇歳以上という状況である。自治会ができた当時の敬老会参加者は一〇名程度であった。しかし、今六五歳以上というと集会場に入りきれないほどの数になっており少子高齢化が進んでいるのである。また、真地団地は五階建てでエレベーターがない。さらに被災避難者の方も市営住宅に住むため、なかなか新しい入居者が来ない現状がある。自治会を維持していくためには、自治会費が必要となってくる。しかし、そのような状況が続いていると自治会費も集まらないこともあり、その範囲内での内容の活動をせざるを得ない。

沖縄県那覇市の自治会は東京都内の自治会加入率と比較し低い。実際に、二〇一一年度の「自治会活動の手引き」のデータによると東京都内の加入率が六〇％であるのに対し、那覇市は二一・九％と東京都の半分にも満たない状況であった。さらに、自治会役員の新しい担い手が少ないという現状は那覇市全体で共通している。そのようななか、真地団地の自治会が取り組んでいる大きな活動の一つに七月三〇、三一日に二日続けて行う夏祭りがある。高齢者対策ということで行事による住民同士のつながりを基礎とし、「地域力」を高める努力をしている。

二〇〇〇年、那覇市で「ふれあいデイサービス事業」が始まり、真地団地は第一号として制度を活用した。内容としては敬老会の集まりを中心にした、ふれあいデイサービス事業を行っている。さらに、行政が行っている内容を生かして真地団地の自治会独自で五階まで手すりをつける取り組みを行っている。そういったことで、新規入居者を増やすことや、高齢者の生活空間に対する課題に対してもアプローチしている。

真地団地は小高いところに立地している。そのため、以前から駐車場整備に関してトラブルになっていた。それを踏まえ、各棟の前にあった花壇を壊し駐車場にするといった自治会長独自の取り組みもある。さらに、海抜約三〇〜四〇メートルというと車を持っている者や若者であれば問題はないが、高齢者にとって歩いて買い物をするのが不便であるという課題も挙がっていた。そのことからスーパーまでの片道徒歩約一〇分の距離の途中に、買い物をして休む広場を作るということも自治会長が独自に進めている。それにより、広場で子どもも遊べ、高齢者にとって休む場にもなり、地域のつながりを深められる場にもなる。

その他にも高齢者の課題の一つに生活空間の狭さがある。移動手段がない、外出する機会がない、会話する相手がいない、自身の身体状況の変化、家族の独立などにより家から出なくなるのである。また一方では、外出したいがドアノブが自分で回せないことで外出できないことがある。そして、行事を中心にしながら住民同士の関係を濃くするということで、見守り支援やゴミ出し支援なども行っている。真地団地の棟は二戸の住居が向かい合って真ん中に階段がある。そうすると、ゴミ出し支援以前に、そのことを踏まえた住民同士の関係を濃くするということが、まず重要な取り組みとなってくる。団地は「毎日が高齢社会」ということで、自助・共助による自立の発想を大事にして取り組んでいる。社会福祉協議会の事業として、緊急時に備えて「マップづくり」も行っている。そして、自治会はその方の情報を記入した紙をそれぞれの家の冷蔵庫に入れておいて緊急時に備えるという取り組みも行っている。自治会だけでは実現できないところは行政などと連携しながら取り組んでいる内容もある。他にも団地でよく話に挙がるのが鍵の管理である。団地にマスターキーがなく、以前には、認知症になってボヤを出したというケースがあった。そこを住民とどのようにして信頼関係を築きながら、鍵の管理をしていくかが自治体としての今後の課題である。最近の取り組みでは、自治会のなかで地域福祉部を作り、福祉を中心に取り組んでいる。今までは、うるま市からパンの販売が週に一回来たり、野菜の販売が週一回来たり、それぞれ、別々の曜日に来ていたものを、木曜日に、「たまいち」という移動販売という形で買い物支援を補う一つの取り組みを行っている。そういった業者を一週間に一回集め、買い物支援に取り組んでいる。

③宮古島市池間（高齢者支援「一品持ち寄り、夕食の会」からNPO設立へ）

——本研究プロジェクト主催「第5回研究会（宮古島市）Bさん（いけま福祉支援センター理事長）」テープおこし資料より——

「一品持ち寄り、夕食の会」を二〇〇三年から始める。内容は、一品を持ち寄ってもらい、ご馳走をするというものである。最初は二時間、話をしたり、遊んだりしてもらう。そこでは、介入せず、島の人たちだけで話をしてもらう。次に、隣のおばあちゃんも誘ってもらい集めて夕ご飯を食べにきてもらい、島の人たちだけで話をして帰ってもらう。そのやり取りを続けていくうちに「あっちのおばちゃんも行きたいって言っている。でも足が弱くて行けないみたい」ということで迎えに行く。驚くのは、周囲一〇キロくらいの範囲であり、島の果てから果てまで一〇分で行ける距離だが、その方は長い間会っていない方とのことである。つまり、お年寄りは歳をとり、足腰が弱って、家の中に引きこもらざるを得ないということ。年中行事に参加したくても、当たり前のことが当たり前のこととして出来なくなっている。高齢化により年中行事を運営する体制が整わず、少しずつ簡素化されているのが見えてきた。聞き取り調査をしたときに、二〇〇五年度は高齢化率が四七％であった。この方々が、池間島を離れたくないと言っていた。それを聞くと、一度も島を離れることなく、この島で生まれてからずっと育って生きてきた人たちにとって、この島から離れることは「死」を意味することだということが分かる。

ある事例だが、昨日まで、おばあちゃんと寝たきりの方がいる家で遊んで帰った。翌朝、おばあちゃんがいないので尋ねると、子どもたちが平良の施設に入所させたとのこと。平良の施設に行ってみると、おばあちゃんは「お願いだから戻してくれ」と私に何回もお願いした。それを家族に伝えると「これ以上、家で見るということはどういうことか」と言われた。島の現状としてほとんどがひとり暮らしと老々暮らしである。その家族が島に住んでいないこともあり、「何かあったときに、お前たちに責任はとれるのか」と叱られた。その当時、私どもスタッフには何も力がなかったため、その時はそのまま引き下がるしか方法がなかった。

島に暮らしている人たちは入院のために島を出る。たとえ島に橋が架かっていても、そこから二度と島に戻れないとのこと。戻っても一人になり、支える人がいないのである。そして、退院すれば施設に入る。家族がきちんとした施設を探せればいいが、どうしていいのか分からず、病院を転々とするといったことが見られた。島のお年寄りは、自分たちがこの島で生まれ育ったので、たとえ動けなくなり介護が必要になっても島で暮らしたいという。

そこで、スタッフが島の方々に何ができるかを考えた。島の方々も含め二〇〇三〜二〇〇五年まで話し合いをしてきた。そして、二〇〇六年度にアンケートを行った。その時、島の方々から出た意見が、昼間はみんなで一緒に出て行って遊びたい、でも夜は家に帰り眠りたいというニーズであった。その当時、介護保険制度を利用している方は全体の五分の一にも満たなかった。島の方々は介護保険制度について理解していない状態であった。

そこで、介護保険制度についての勉強を行った。その最中、二〇〇六年度に国が小規模多機能型居宅介護事業を打ち出すという情報を二〇〇五年につかんだ。話し合いで、島のお年寄りは「在宅に暮らしながら遊びに行ったりする、そして、病気をして家に一人でいれなくなっても家にいたい。ここまで生きてきたので命は惜しくない。ただ、苦しみたくないから医者にはできれば診せてほしい」という。そこで、スタッフは勉強をし、訪問診療という答えを導き出し、二〇〇六年一一月より開始した。さらに、宮古市に協力をもらい、小規模多機能型居宅介護事業所という指定を取った。この事業所が少し手を貸すだけで島のお年寄りが介護が必要になっても安心して暮らしていけること、そして、家の畳の上で最期を迎えられるように取り組んでいる。

ところが、取り組んでいるうちに、人間が歳を取ることが介護に直結するのではないことが分かった。ある島の高齢者が、「犬や猫の子は養っても、年寄りを捨てる」と方言で言ったことであった。なぜかを問うと「歳を取ったら役に立たないからさ。そして、口うるさい。自分たちは口うるさくしようと思って言っているのではない。昔から伝えられてきたことを自分たちは当たり前のこととして、若い方々に伝えている。これが口うるさいになっている。だから、年寄りは嫌われて捨てられるんだ」とのこと。昔は若い人に常識や、島の規律などを伝えることが高齢者の役割として根づいていたが、このことを口うるさいと扱われてきた。

このことから、高齢者の生きがいづくりとして、役割を作ることに取り組んだ。認知症の方で一枚の写真から昔のことを語られる方がいた。自分たちが若い頃、島で元気に働いていたことを忘れていない。小規模多機能型居宅介護事業所を立ち上げた時に、ある認知症高齢者の方の写真が手に入り、見せたところ一日中ずっと語り続けた。そこから、古い写真集めを始めた。宮古市の協力も得て、写真修復をした。そして、今では三〇〇枚ほど修復した写真がある。その写真を使い観光客が来た時に、本人たちに話してもらうというのが、これから取り組む予定の「おじぃやおばぁが語る島の昭和史」である。

さらに、沖縄県の体験滞在交流事業として、二九名の修学旅行生に、七五～八八歳までの高齢者の方の家に泊まってもらう。そして、おじいちゃんからは魚の獲り方、さばき方など教えてもらう。おばあちゃんからはマキについて、起きる時間、野菜について、食の大切さ、生きることについてなど教えてもらう。すると、高齢者の方々は目を輝かせながら延々と子どもたちに語る。池間では戦後、トゥンカラという風習があった。住宅が狭く貧弱だった時代に、少しでもゆとりのある家に泊まりに行っていた。そのトゥンカラした子どものことをトゥンカラアグという。このトゥンカラをした子どもたちは自分のお母さんと同じような形で、何かあると帰ってきて兄弟として関わっていく習慣があった。高齢者を主体としたこのトゥンカラを島おこしとして行おうと準備している。

④南大東島の事例（島独自の短期入所サービスの誕生）

八五歳の男性は妻と二人暮らしをしている。二〇〇三年七月、骨髄異形成症・急性心筋梗塞・心不全で島外の病院へ急患搬送され、そのまま入院となった。しかし、本人が島へ帰りたいと強く希望したため、妻は息子夫婦と相談し、本人の意思を尊重し、島に帰ることになった。退院に伴い介護のために、息子夫婦が島に転入し、療養生活と息子夫婦同居による介護生活が同時にスタートした。

その後、息子夫婦が一時的に島を留守にすることとなり、「島で短期間預かってほしい」という希望があった。島には、高齢者生活福祉センターで自立高齢者を対象とした短期入所の事業はあるが、介護保険制度の短期入所サービスはない。この事業では要介護者高齢者は対象外であり、受け入れたことがなかった。しかし、この事例をきっかけに専門職者は島独自の短期入所サービスを誕生させ、要介護高齢者も利用することができるようになった。

まず、役場福祉担当と介護支援専門員は、事例のニーズに合わせて高齢者生活福祉センターで短期入所ができるように村長へ働きかけた。村長は介護保険サービスの対象ではないが、高齢者生活福祉センターで二四時間のケアができるような体制をつくることに合意し、準備が始まった。高齢者生活福祉センターで要介護者の短期入所が始まったことで、診療所医師は自宅同様に高齢者生活福祉センターに往診した。また、点滴管理などデイサービスの准看護師やヘルパーに対し医療技術指導を行い、医療面からサポートした。

死亡までの半年間で七回、島独自の短期入所を利用したが、日中はヘルパーが施設内ケアを行い、夜勤は主にデイサービスの准看護師が交代で対応した。その間のデイサービスの看護業務は、保健師が担当していた。つまり、短期入所のニーズが発生したため、島独自の短期入所サービスを提供するために、それぞれのルチーン業務の枠を超えた役割を担っていた。医師がコメディカルや福祉職に医療技術を指導し、訪問介護担当のヘルパーは日中の短期入所のケア、日中のデイサービス担当の准看護師は夜勤の短期入所のケア、保健師はデイサービスの看護業務を担っていた。

⑤特用農産加工を活用した高齢者の起業的経営の展開の事例（具志川市の事例）

沖縄県ではサトウキビといった工芸作物が主力農産物であるものの、近年における担い手の高齢化が原因でサトウキビ作が敬遠されつつある。基幹作物であるサトウキビ作の減少は、農村そのものの衰退につながる（菊池ら二〇〇三：九三）。そのことから沖縄県具志川市では、サトウキビの代わりになる新たな品目の模索をした。

具志川市において、以前、養蚕業で使用していた繭の乾燥機を活用でき、サトウキビよりも収益性が高く、作業も容易で高齢者でも十分に作業ができることから、一九九四年にグアバ茶生産部会を設立し、「グアバ」の取り組みを開始した。構成員は二〇名（内訳は五〇歳代が一名、六〇歳代が一九名）である。生産部会の組織構成は、部会長の下に企画、販売、会計があり、特に企画においてさまざまな商品の開発がなされている。それぞれの役割担当者は常勤ではなく、必要に応じて出役しており、常勤は商品の製造や注文を受けるために一名雇用している。

グアバの収穫は年に三〜四回であり、葉を原料として農薬使用を極力控えている。そして、最終的には有機農業化を目標とし、製品の差別化を図る予定である。グアバは茶葉として利用できるまでに三年、さらに安定的な葉の収穫に四年以上の期間が必要である。現在、消費者の健康志向の高まりで消費量が増加傾向にある。産地としては生産量増加のために新たな会員の増加や圃場の整備が必要となってくる。さらに、グアバ茶を製造・消費化するためには設備として乾燥機、粉砕機、洗浄機が必要である。設立当初は繭乾燥機で行っていたが、現在はシイタケ乾燥機を転用している。しかし、これでは生産量に限界が見られている。新たにグアバ専用の乾燥機を導入したいが、組織がまだ任意団体的な生産部会では農協の融資が取れないことから現状維持である（菊池ら二〇〇三：九六）。

消費者への流通経路は、生産量が限定されることもあり、卸売業者や代理店を通じた委託販売はできず、小口の販売を行っている。販売ルートは農協系統を利用したものと郵便局の代金引換による販売を行っている。県外と県内の販売比率は八：二である。販売促進方法は新聞媒体を活用している。今まで販売は、具志川市と旧ゆいな農協管内であったが、沖縄県内各地から注文依頼があることから、従来の販売方法を再検討し販路拡大を検討している（菊池ら二〇〇三：九七）。

おわりに

以上のことから、沖縄県では地域ごとにさまざまな取り組みが行われていることが分かる。これらの取り組みを見ていくと、行政、医療保健関係機関、ＮＰＯ法人、地域住民、ボランティアなどが、地域の課題解決のために協力し地域再生に力を入れている。地域に住む一人ひとりの力が一つの目標に対して団結することは島独特の風習であり、これを活かすことで島全体に活気が出てくる。

しかし、財源不足であったり、すぐには結果が目に見えないこともあり、維持し続けることが厳しいという課題もある。沖縄においても若者が職を求め、地域を出る。そのようななか、自然を維持し、観光に頼り続けることには限界がある。これらの取り組みの先行きも同様に不透明であることは否定できない。フォーマルサービスとインフォーマルサービスが、お互いに連携していくことは、これからの地域の生活を支えるうえで重要になる。

（黒木真吾）

二、「島を元気にしたい」という願いを実現する
——池間島の地域活性のあゆみ——

池間島は宮古島市に属し、島面積二・八三平方キロメートル、周囲一〇キロメートルで宮古島の北に位置している（図10-1）。平成四（一九九二）年に開通した全長一・五キロメートルの池間大橋によって宮古島と陸路で結ばれている。一九六五年代までは遠洋漁業とカツオの加工が島の産業の中心であった。しかし、漁業領域の制限や漁獲量の減少傾向等のため、現在は半農半漁である。

島には航海の安全と大漁を祈願する「ミャークヅツ」や五穀豊穣を祈る「ヒャーリクズ」が明治時代から行われており、現在も島を挙げてこれらの伝統行事を継承している。また、池間島の人々は自らを「誇り高き池間民族」と呼ぶ習慣が残っており、人々は島への愛着と強い連帯意識で結ばれている。

池間島の人口は架橋を境に減少傾向を辿り、一九九二年には約九三〇人であったのが、二〇一二年には七〇三人まで減少している。島民の四六・三%が高齢者で（平成二二〈二〇一〇〉年国勢調査）、池間小学校と池間中学校は二〇一二年度から小中校として統合された。

1．きっかけは島の高齢者のことば

「島のこどもたちは大人になると島をすてる」——二〇〇二年、NPO法人いけま福祉支援センター理事長の前泊氏に語った島の高齢者のことばが地域活性の契機となった。橋が架かったことで島に帰る機会が増えた前泊氏は、そのような声から島の

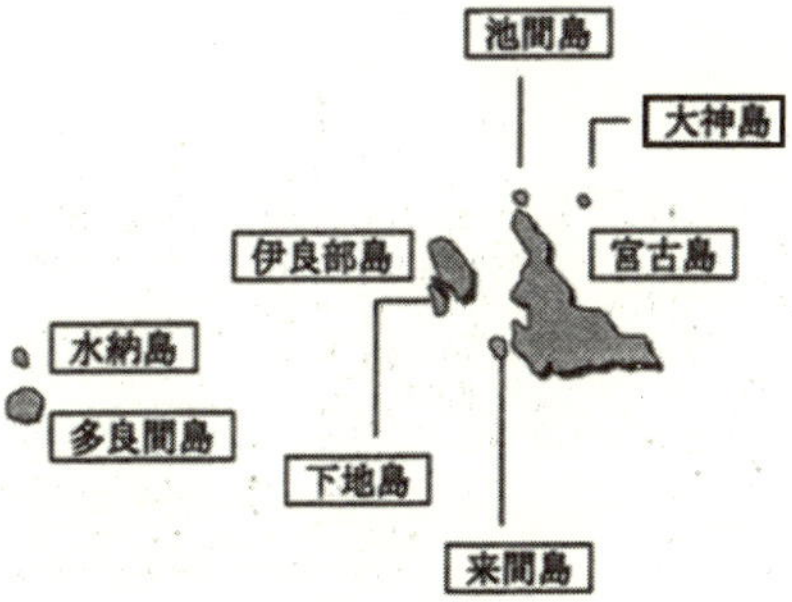

図10-1　池間島の位置

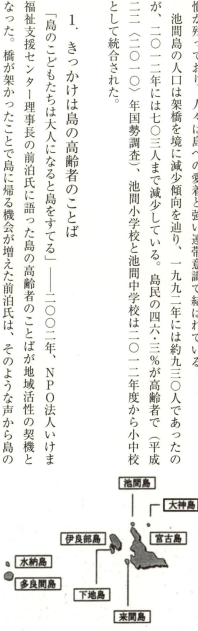

高齢者に対して何らかの行動を起こすことの必要性を感じ、二〇歳の頃から模合を続けている島の同期生六人に呼びかけた。

仲間で最初に取り組んだのは、高齢者が集うサロンを開くことであった。前泊氏の実家を開放し、週に一回、一品料理を持ち寄って高齢者同士が語り合い、高齢者の声を聞く場を設ける。この活動から、集まった高齢者のなかには隣近所であっても、心身の衰えから互いに行き来することができなくなり、交流が途絶えていた人がいることが分かった。サロンはその後、公民館に場を移して継続された。そして二〇〇四年にはＮＰＯ法人格を取得し、翌年から宮古島市の委託を受け、生きがいデイサービスを開始した。活動拠点は当時使われていなかった「池間島離島振興支援センター」の指定管理を受託して確保した。乏しい財源のなか、六人のメンバーでセンターの掃除、廃品を回収して備品を整えるなど、手作りで活動拠点を作っていった。そして、その過程を見守っていた島の人々が、次第にセンターの整備に関わるようになった。

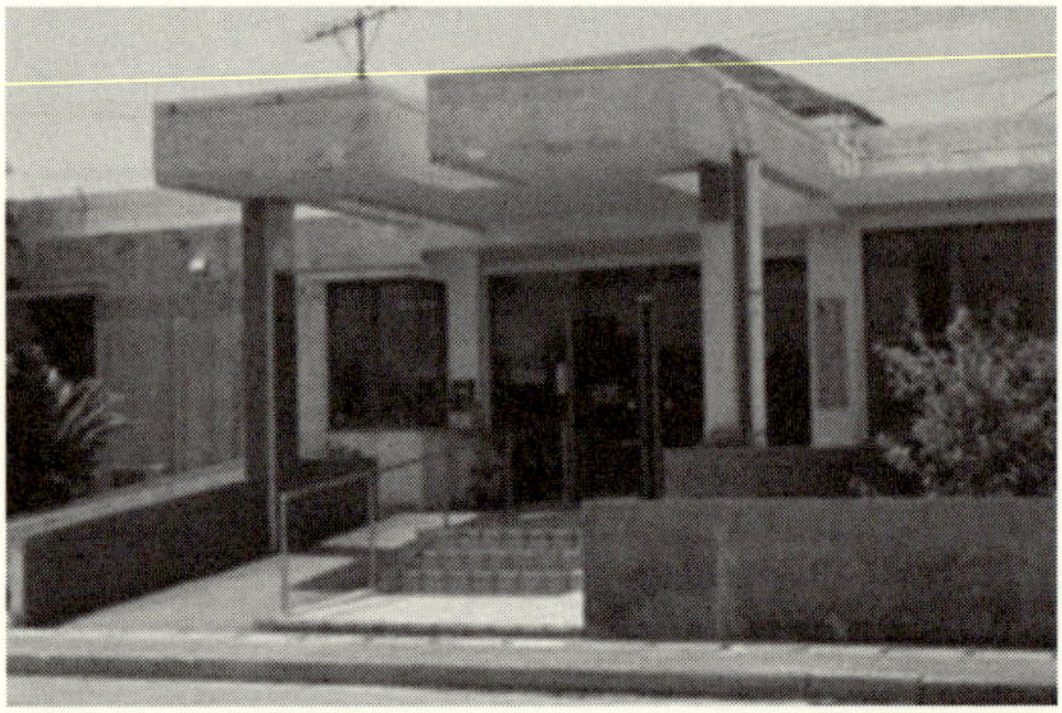
写真 10 - 1　きゅーぬふから舎

2. 小規模多機能居宅介護事業所の開設と事業所としての活動の限界

二〇〇六年、前泊氏らは島の高齢者全員を戸別訪問し、アンケート調査を実施した。三〇五人の島の高齢者から得られたのは、「島にいたい」「家で暮らしたい」「遊びたい」という声であった。この声に応えるために、小規模多機能居宅介護支援事業所「きゅーぬふから舎」を立ち上げた。島の高齢者によって事業所に名づけられた「きゅーぬふから」とは「今日も笑顔で」という意味である。　事業所を開所した当初は、利用者が二名のみ、初年度は二〇〇万円の赤字が生じたが、次第に利用者が増え、経営は軌道に乗っていった。

その矢先の二〇一〇年、島で生じたひとり暮らしの高齢者の孤独死が、サービス提供事業所の支援の限界を認識する機会となった。この出来事を契機に、島の高齢者の安否確認や見守りを、同じように島で暮らす高齢者に協力を依頼し、島民みんなで島の人々の暮らしを支えるための仕組みづくりに取り組むことになった（写真10－1）。

3．民泊事業の取り組み

①事業の経過

池間島の民泊事業は、池間島観光協会とNPO法人いけま福祉支援センターが主催し、二〇一一年から開始した。民泊の受け入れでは、島の高齢者が主役となり、農業体験や漁業体験、島の食文化体験、耕作放棄地での畑づくりなど、島の人々とのふれあい、島の人々がもつ技術や経験、暮らしの知恵などを紹介する機会を設け、島外からの客をもてなす。県の離島体験交流推進事業の一環として始まったこの取り組みは、当初は伊良部島での受け入れが計画されていたが、その実施が難しくなったことから、前泊氏が池間島での受け入れに名乗りを上げて始められたという経緯がある。

受け入れに際しては、「きゅーぬふから舎」が民泊受付の窓口を務め、宮古島観光協会は学校や旅行者との交渉を担当する。そして、島の高齢者の世帯が簡易宿泊施設の許可を得て客を受け入れる。二〇一一年度の受け入れ数は二五〇人、二〇一二年度が五〇〇〇人、二〇一三年度が七〇〇〇人（累計）と年々その数は増え、修学旅行の一環として民泊を体験するケースは年々増加している。

スタートした当初は、民泊を受け入れる世帯が足りず、要望に応えることができない場合があった。そのため、前泊氏らが一軒一軒を訪ねて、島民に受け入れの協力を要請した。しかし、すぐには引き受けてもらえず、何度も訪ねて頼み込み、ようやく引き受けてもらえるという状況であった。

島民への民泊の受け入れ要請と併せて、池間島観光協会は島民を対象に勉強会を開催、さらに簡易宿泊所の許可を取得するための消防・保健所への申請の支援等を行う。初年度の二〇〇一年度は一二軒、二〇一二年度には四一軒、二〇一三年度は三六軒が民泊を受け入れている。

②柔軟な発想をもち、客をもてなす

島を訪れた児童生徒のもてなしには、島の資源を活用するための柔軟な発想や工夫が現れている。島の名所や旧跡を巡るウォークラリーで民泊する家まで辿り着き、民泊先では、豆腐づくり、漁船を繰り出しての魚釣りなどを体験する。普段は早い時間に灯りが消える島内だが、民泊の時期になると一〇時、一一時まで民家の灯りがともり、島が活気に満ちあふれる。受け入れ先の島民には島のごく普通の生活体験を提供することを依頼し、客と島民が、互いに気負わずに交流し、民泊の思い出をつくることにも留意している。

③島の高齢者の意識・生活の変化

「高校生と交流ができてよかった」「結婚したら報告に来ると言われた」「その後も便りがある」などの話が島の人々の間で語られるようになり、当初は、受け入れに消極的だった島の人々も、次第に民泊を受け入れてみたいという気持ちをもつようになる。民泊した児童生徒との交流の継続の他に、受け入れの動機づけとなったのが、民泊による収入であった。島の高齢者の多くは月三万円程度の年金で生活をしている。「今年は去年より多くの肥料が買えた」「民泊のお金で畳の表替えをした」など、民泊による収入が、高齢者の生活にうるおいをもたらすようになる。

民泊による生活の変化は島に住む人々にとどまらない。民泊を受け入れる時期になると島外で生活をしているこどもたちが親の応援のために島に帰ってくるというケースも出てきた。現在民泊を提供しているのは七〇代、八〇代の島の人々であるため、その下の世代の受け入れ先を開拓することが課題である。現在は五〇代の受け入れ先が一カ所ある。それは以前、民泊で島を訪れた高校生との交流が契機となったということである。

4. 池間島写真館

二〇一一年一一月、池間島離島振興センター内に島の高齢者と観光客がふれあう休憩所を設置する。島について深く知りたいという観光客に、島の歴史や文化、さらに高齢者の知恵と経験を紹介するのが目的である。休憩所の一部には一九五五〜一九六五年の池間島を撮影した写真を展示し、「ゆんたく（おしゃべり）観光」を提供する（写真10-2）。展示されている写真は、集落や行事、約五〇年前まで島の基幹産業であったカツオ漁の様子などを撮影したもので、池間島を研究のフィールドとして活動した民俗学者の野口武徳氏の撮影によるものや、島の人々が撮影・所蔵しているものを修復したものである。そこでは島の高齢者がボランティアで、写真館の案内と解説を行っている。

5．島おこし活動とアマイウムクトゥの取り組み

①島おこし活動

二〇一二年度には、「新しい公共支援事業」の交付金を受けて「高齢者を主体とした持続可能な観光による島おこし計画」に取り組む。この事業に取り組むために、自治会、漁業協働組合、老人クラブ、体育協会、ＰＴＡ、郷友会、ＮＰＯ法人いけま福祉活動センターで構成される池間島おこしの会を組織化する。会の活動は、定着しつつある民泊の活動メニューを充実させることや、民泊には関わっていない島の高齢者の知恵や技術を発揮する場づくりを通して、島を活性化させることを目的としている。

島おこしの会は、島の自然環境や景観の再生（島内の緑化、池間湿原の再生、耕作放棄地の再生、いけま憲章の制定）、島の伝統や文化の継承（豊年祭や大漁祈願、方言の継承、カツオ漁の存続）、イベントや学習会の企画（島の資源の探索、島おこし戦略や先進事例の学習）、関係団体間の情報交換・情報共有など、島の活性化を図るためのさまざまな実践を展開している。

写真10-2　池間島写真館

②アマイウムクトゥ

島おこしの活動と並行して取り組んでいるのがアマイウムクトゥのプロジェクトである。アマイウムクトゥとは、池間島の方言で「高齢者の知恵、生きる力や思想」を意味し、島に残るアマイウムクトゥを次の世代に継承するための取り組みである。島の高齢者への聞き取りによるアマイウムクトゥの掘り起こし、島の高齢者によって残されている手仕事の記録と再現などの取り組みが行われている（表10‐1）。さらに今後は、いけま暮らし資料館の開設や在来作物の下大豆の復活、高齢者が捕獲した雑魚の加工・販売等が計画されている。これらの島おこしとアマイウムクトゥの取り組みの情報集約・発信の役割をＮＰＯ法人いけま福祉支援センターが担っている。

表10 - 1 池間島の地域活性の取り組みとその契機

時 期	活動の内容	活動の契機
2002 （平成 14）	高齢者が集うサロンを開く サロンの開催を民家から公民館へ移動 離島振興支援センターを借用する	島の高齢者の声 島出身の女性たちの問題意識
2004 （平成 16）	NPO 法人格を取得 生きがいデイサービスを受託 離島振興支援センターの借用	手作りの活動拠点づくり 島の人々の協力
2006 （平成 18）	介護サービス事業への参入 （「きゅーぬふから舎」の開所）	島民へのアンケート調査
2010 （平成 22）	島民による島民の安否確認・声かけ	孤独死の発生
2011 （平成 23）	民泊事業を開始 池間島写真館を開設、ゆんたく観光を行う	事業委託の打診 宮古島観光協会との協働
2012 （平成 24）		国の交付金による「高齢者を主体とした持続可能な観光による島おこし計画」
2013 （平成 25）	島おこし活動の開始 アマイウムクトゥの取り組み 「すまだてぃだより」の刊行	

6．考察

池間島の地域活性の取り組みの根底には、島の将来は自分たちでつくるという理念がある。島の将来とは、高齢者が自尊感情を持ち続けながら、島で最期を迎えることができ、若い世代が島で生活できるような経済的な基盤をもつということである。ＮＰＯ法人いけま福祉支援センターによる介護保険事業への参入や島おこしの会による助成事業の獲得は、そのための契機といえる。

「やってみなければわからない」「やりながら考える」というのは、それまで未経験であった介護保険事業や民泊事業等に取り組む時の前泊氏のスタンスである。しかし、活動の主体である、島の高齢者の意向を確認し、その実現のために「島の高齢者の力と豊かな自然」を活用し、「ないものねだりはしない」という明確な方針をもつ。

その一方で、さまざまな島の資源を俎上にのせ、活用の仕方を考える際には、島外の人材やモデル事業、研究プロジェクト等、来るものを拒まず、島の外から寄せられる資源を柔軟に導入する。

「思いが先行した、まったくの素人がはじめた取り組み」と前泊氏はこれまでの取り組みを振り返る。しかし、島の高齢者への敬い、ともに取り組むという目線、島の人々が自らの活動の成果を実感することができるような仕掛けと住民との距離の取り方など、NPO法人いけま福祉支援センターを中心とした池間島の取り組みは、地域の福祉を育てるためのさまざまな要素を備えているといえるのではないだろうか。

おわりに

池間島の地域活性の取り組みを時系列に整理し、その内容について考察した。島が元気であるということは、島の人々同士、島外の人的・物的資源、社会情勢等との相互作用によって成り立つものであり、その時々の状況に適した発想と展開が求められる。池間島の地域活性の取り組みの継続にあわせて、次世代への継承という点についても今後注目したい。

本報告は、二〇一一年一一月、二〇一二年二月、二〇一三年九月の現地調査と資料調査に基づいてまとめた。この場を借りて、調査にご協力いただいた皆様に深く感謝を申し上げます。


（玉木千賀子）

注

本稿は、田畑洋一（二〇一四）「島嶼地域の保健福祉と地域再生―奄美・八重山の調査から―第三章　島を元気にしたいという願いを実現する―池間島における地域活性の歩み―」平成二三年度～平成二五年度日本学術振興会科学研究助成費補助金基盤研究（B）「琉球弧における地域文化の再考と地域再生プランおよび実践モデル化に関する研究（研究代表者：田畑洋一、課題番号二三三三〇一九〇）」研究成果報告書一〇八 - 一一二頁を再掲したものである。

三、奄美市における保健福祉基盤強化と地域再生の事例

1．奄美市の基本情報と保健福祉の現状

総面積一二三九平方キロメートルで、有人八島（大島本島、喜界島、徳之島、沖永良部島、与論島ほか三島）から構成される奄美群島。奄美市は、この奄美群島の大島本島に位置する。奄美大島の気候は四季を通じて温暖な気候であり、降水量も多く、年間二八〇〇ミリの雨が降る。日平均気温が一〇℃以下になる日がなく、日最高気温が二五℃以上の夏日の期間が一一二日間もあり、台風の常襲地となっている。奄美市の人口は、二〇一六年十月末日現在、世帯数が二万三六八八世帯、男性が二万一〇二〇人、女性が二万三二四九人で計四万四二六九人となっている。

奄美市の産業は、観光業、農業、水産業、林業、商工業である。観光業に関しては、奄美市の雄大な自然を生かした観光名所が多く、特産品である大島紬などで有名である。主な交通アクセスは、空からのアクセスとなるが、鹿児島から約五〇分、福岡から約一時間二〇分、大阪から約一時間三〇分、東京から約二時間一〇分、沖縄から約一時間となっている。奄美への観光旅行に対する支援事業もあり、奄美の魅力を知ってもらうための事業も展開している。

農業としては、奄美市の北部地域では、山の少ないなだらかな地形を利用したサトウキビと肉用牛や野菜等との複合

経営を中心に盛んである。南部地域では、地域の大半が山岳部のため、海岸沿いの狭小な農地や傾斜地を利用したタンカン、スモモなどのほかパッションフルーツ等のトロピカルフルーツの栽培が盛んである。

水産業としては、沿岸がさんご礁に囲まれ、定着性水産動植物の好生息場であり、たこ・いか類などのほこ突き漁が営まれている。近海、東シナ海側には数多くの曽根が点在し、マグロ、カツオ、シイラ等の回遊魚をはじめ、ハマダイ、アオダイ、タイ類を対象とした一本釣漁業を、主に小型延縄や素潜りによる漁業生産形態で行っている。加えて、経済的、社会的に厳しい状況にある離島の漁業再生のために、「離島漁業再生支援交付金」を交付している。

林業としては、森林の伐採や手入れ、鳥獣の飼養及び有害鳥獣の捕獲を行っている。

商工業の取り組みとしては、①奄美市高卒ルーキー雇用奨励補助事業、②奄美市新卒ルーキー家賃補助事業、③奄美市地域産業雇用奨励サポート事業、その他、産業振興として、「ふるさと融資制度（地域総合整備資金貸付）」がある。

奄美市における保健福祉の現状として、高齢者向けの福祉制度やサービスが整備されている。具体的には、①緊急通報システム事業、②家族介護用品支給事業、③「食」の自立支援事業、④生きがい対応型デイサービス事業、⑤高齢者等日常生活用具給付等事業、⑥生活支援移送サービス事業、⑦ひとり暮し高齢者見守りネットワーク事業、⑧入浴サービス事業、⑨生活支援ハウス事業、⑩地域健康教室等がある。

2．奄美市における地域再生の事例

本項では、「琉球弧における地域文化の再考と地域再生プランおよび実践モデル化に関する研究」において実施されたグループインタビューや研究会、シンポジウムの内容を踏まえて、地域再生における取り組みについて考察していく。

①「奄美大島における地域（集落）の支え合いの現状と課題」に関して

奄美の文化は、「ことば」であるといえる。島における一番すばらしい文化は「シマグチ」であるという意見があった。すばらしい文化としながらも、段々と薄れており、使われる機会が減少してきていることを感じているとのことであった。その背景には、昔、鹿児島県の教育の一環として、方言を使わないようにしたことがあり、そのため方言を使えないようになった人が出てきたのではないかとのことであった。特に、学校の授業は標準語で行われており、学校外でも徹底していた集落もあった。しかし、学校区から離れた集落では、家庭や集落内で方言を話すので、今でも方言を使うことができる若い人もいる。もう一つの文化は、奄美の伝統行事である八月踊りであり、同じ唄でも各集落、地域によって異なる。五穀豊穣を祈った踊りで、農繁期の終わりに集落中が集まって踊って楽しく過ごした行事であるが、その唄の歌詞も純粋な方言である「シマグチ」であり、文化伝承する若者がいなくなっていることが文化自体の衰退にもつながっている。島で誇れるものはシマごとに異なり、集落の中でも上村、下村、横村、右村、左村で異なる。喜界から与論までの間に約三〇〇近い集落があるが、それぞれの集落に違いがあり、その違いが奄美の文化の特徴でもある。加えて、奄美文化の特徴の一つに「多様性」がある。踊りにしてもそれぞれの集落で創意工夫して唄や踊りを作り上げていく多様性が文化の魅力であるといえる。そして、この多様性こそが、自分たちの存在意義を感じて、集落における所属意識を高め、幸せを感じているのではないかという意見もあった。

「近隣との支え合い、日常生活における奄美の利点、欠点」に関しては、奄美市においても地域（集落）によって、近隣住民同士のかかわりが異なる。奄美市は笠利町と住用村と名瀬市の合併であるが、笠利町と住用村に関しては、近隣ネットワークが機能しているが、名瀬に関しては、近隣同士のつながりが希薄になっている。六〇代以上の方々の関係については大きな変化もなくつながりも強いが、若い世代については関係の希薄化が進んでいることが懸念される。近隣とのつながりを強めるために、六〇代以上の方々の近隣との付き合い方を学んでいくことが必要であると感じている。

地域のコミュニティーに関して、地域のコミュニティーが確立している集落は、住民が孤立していないという意見もあった。昨年（二〇一〇年）の集中豪雨の際に、区長を中心として集落の中にいる高齢者や障害のある方の状況を把握していて、迅速な対応が出来ていることや収穫祭を通して食文化が伝承され、誰がどのような食材を持っているかなど人間関係を構築することが災害時などに生かされてくると考えられる。地域のコミュニティーは、集落の行事の中で培われるもので、互いにつながりがあって、見知っているからこそ緊急時の対応に生きてくるのである。しかし、現代では個人情報保護により、助け合いやコミュニティー形成のためのやり取りが希薄になりつつあり、奄美の良さである「結いの精神」も希薄になるのではないかと懸念される。

「奄美市の再生、奄美の未来について」の問いについては、貧しい島であるという意見があった。具体的な意見として、沖永良部の花木栽培を例に挙げながら、島の環境に合わせた特産品作りを島おこしとして行っていくことが必要であるという意見があった。他には、雇用の場がないという意見があった。海に囲まれながらも漁が乏しく、台風も多いために農業も変則的で安定性に欠け、島の環境に合わせた改善をしていかなくては産業＝経済として定着していかない。結果として、後継者である若者が島を出て、若者が減ってしまう悪循環に陥ってしまう。沖永良部の例のように、島の環境と共存できる産業構築を目指していかなければ経済も育たない。経済が育たなければ、集団組織も自治体も育たずに、奄美の良さを生かすこともできない。環境に適した産業の在り方を模索しながら、島内から島外に向けた販促経路を確立することも必要であり、関係機関が協力しながら、島の魅力を発信する取り組みが必要となるだろう。他にも、高齢者にとっての深刻な問題として、買い物の苦労も挙げられていた。移動手段がある場合には何ともないことでも、近くにスーパーがなければ買い物一つも苦労する。交通手段の確立も今後の課題として意見があった。

②「教育、保健福祉、地域づくり」に関して

瀬戸内町社会福祉協議会事務局長の報告によると、1．地域のつながりと暮らしの存在について、過疎地域に暮らす高齢者の不安には、「日常生活の不便」などに代表される諦め感があると思っていたが、実際は自分の生活自体を理解した上で、その地で暮らしている現実があることを指摘している。2．奄美の島々の祭事、催し物、行事は、ノロ信仰が基礎となっており、そこには福祉のシステムが存在している。高齢者を敬う、尊ぶ、亡くなった方を弔うという日々の暮らしの中で、シャーマンであるノロの方が中心になっており、トラブルがあった時は、ノロ神様のところで白黒をつけてもらうことが実際に行われていた。地域には誰かしら中心になる文化があったが、集落の暮らしのネットワークが変わってきている。近年、介護サービスが拡充しつつあるが、介護度が重度化するとその集落では生活できない現実があり、その現実に対処するための方法として、集落が福祉施設的に支え合う機能を持つことも考えられる。3．福祉と災害ネットワークの強化において予想以上の災害が起こった時に、過去の経験値を用いて判断してしまうこともあり、過去の経験値が今後は役に立たないこともあることを考慮して、福祉と災害をネットワークで結ぶことを検討していく必要性を感じていた。4．これからの地域づくり・地域支援の課題について、①地域生活支援ネットワークの強化の必要性を述べている。それは、地域のリーダー的な存在の必要性から出た発言であり、非常時の対応のためにも、ネットワークの拡充を模索していた。②結いと疎外感として、災害時の対応だけでなく、何かあった時の支え合いの精神、結いの精神があるのではないか。冠婚葬祭などの祭事も含めて、行事などにあまり参加されていない方々が相当いることは疎外感があることであり、このことは結いということばの裏側にあるのではないかと考えているとのことであった。③地域づくりと郷友会では、集落を維持するために郷友会の存在を挙げている。各集落の祭事の時には準備段階から介入したりする役割があり、このような存在が福祉施策のテーマになるのではないかと考えている。課題としては、若い世代の参加が低いことがあるが、地域づくりの手段となり得るという意見があった。④今の生活スタイルの維持と集落維持に価値観を見いだすことについては、経済をよくするというよりも、今の集落をどのように維持するかという視点に価値観を見いだしているという意見があった。自分の生まれ育った土地での生活だけでなく、先祖代々のお墓に入る、子ども達にお墓を守ってもらいたいという願いが多いように感じる、という意見もあった。

③「奄美大島における保健福祉の現状と地域文化」に関して

a．奄美大島における保健福祉の構造

保健福祉の構造として、医療、高齢者、障害者、児童、地域、貧困などさまざまな構造が整備されている。健康・医療に関する仕組みとして、各種健診〈特定〈長寿〉健康診査など〉、健康教室〈特定保健指導、認知症予防事業など〉、

予防接種、各種健康診査（妊婦健診、四カ月児健康診査、七カ月児健康相談など）、健康相談・教室等（母子健康相談、子育て教室など）、乳幼児医療費助成制度、ひとり親家庭等医療費助成などがある。福祉に関連する仕組みとしては、後期高齢者医療制度、介護保険、戦傷病者戦没者遺族等、民生・児童委員、主任児童委員、児童福祉、高齢者福祉、障害者福祉、生活保護などで構成される。

b．奄美大島における保健福祉の現状

奄美大島本島における耕地率、田畑の面積は二・七％、林野率にいたっては八五・四％であり、森が非常に深い島であるといえる。喜界島や沖永良部島、与論島の林野率はほとんど一〇％台であり、耕地の方が多いことが分かる。このことからも奄美群島といっても島々によって地形に違いがあることが分かる。地理的に不利な状況の中で、サービス業や建設業の依存度が高くなっている。加えて、高齢化率も高くなってきており、保健福祉に関するニーズが年々高まっている現実がある。奄美大島では交通基盤や産業基盤などの社会資本の整備が進められており、生活水準も向上しているが、地理的条件や台風常襲地帯であるなどの自然条件下にあることや人口の流出などの課題がある。そのような状況が保健福祉に対する需要を益々増大している一方で、地理的悪条件が保健福祉活動を行うことを容易としない現状がある。そのような中においても、地域の実情を把握した上で保健福祉行政を進めていくことが必要であるが、行政だけでは対応できないこともあり、地域力が求められてくる。奄美地域は、「結い」の精神からも分かるように、人と人のつながりが残っており、そのような助け合いの中で、地域力を生かして社会システムを構築することが必要となる。

島が育んできた文化は高齢者の中にあるといえる。八〇、九〇歳になる方々は博物館と同じで長年蓄積された知識や経験を感じることができる。高齢者の方々に蓄積された知恵を集落の中で生かせるのではないかという考えもある。集落全体が福祉施設になってしまうと集落からお年寄りが消えて、伝統的な文化や伝統的行事もなくなってしまうことになる。そうすると集落再生もできなくなるので、集落にお年寄りを残していく介護の在り方や、島全体で介護に取り組み、対価として賃金を支払うような仕組みを考えることについての意見もあった。

3. 考察

奄美にはさまざまな文化や伝統があり、近隣住民との緊密なつながりの中で、受け継がれてきた部分が多いことが分かった。しかし、現代においては、地域（集落）によっては、これまでの「つながり」が希薄になり、文化や伝統の継承の難しさが生じているだけでなく、近所の存在自体も認識できなくなりつつあることも明らかになった。奄美の文化の象徴であることば（シマグチ）も使われる機会が減少していることや地域のコミュニティーの現状に関する意見からも分かるように、「つながり」こそが有事の対応に生きてくるので、改めて「他者とのつながり」を考える必要があるだろう。

その他にも、経済の発展についての意見もあり、島おこしの一環として、島の環境に合わせて、島の内から外へ向けた産業構築を行い、後継者が育ち、奄美の良さを生かすことのできる発展の必要性についても意見が出ていた。

地域づくりに関しては、郷友会の存在が福祉施策のテーマとなるのではないかという意見があった。世代によって参加意識が異なるが、地域づくりのための手段と成り得ることや結いの精神として何かあった時の支え合いの精神が芽生えるのではないかということであった。奄美文化の特徴の一つである「多様性」についても、それぞれの集落で創意工夫して唄や踊りを作り上げていく多様性が文化の魅力であるとした上で、この多様性こそが自分たちの存在意義を感じて、集落における所属意識を高め、幸せを感じることにつながるとの意見もあった。

地域再生に関する事例として、グループインタビューや研究会などの意見を参考に考察を行ったが、奄美市という離島におけるさまざまな文化や伝統がある中で、そこに暮らす住民が抱える課題はさまざまあるが、昔からの「結いの精神」が希薄になってきていることが最大の課題であるといえる。しかし、「結いの精神」を無理やり回復させることは容易ではないので、「結いの精神」の本質は何なのか、つながることの意義は何なのかについて、島民が気付くかが重要となるだろう。

4. 奄美市における保健福祉の展望

これまで論述してきたが、奄美市における結いの精神を如何に生かしていくかが今後の展望であるといえる。「つながりを持つ、つながりを深める」ことは、有事の対応において生きることはいうまでもないが、他者のために行動することは簡単に出来ることではない。近年になって、交通網が発達してきているとはいえ、離島であることに変わりはなく、離島であるが故の自然環境や条件に適した生活をしていくことが求められてくる。既述した内容にもあったが、経済の発展について取り組んでいくことも必要である。雇用の場の創出も必要であるが、島の環境に合わせた特産品作りを行っていくこと、島おこしとしても産業を開拓することが重要であるといえるだろう。自然環境にも左右されるために農業も安定性に欠けるので、島にいても仕事がなく、島を出ることになってしまう。結果として、島の担い手が不足し、制度やサービスとして、保健・医療・福祉に関する仕組みが充実しても十分に機能しない恐れがある。保健福祉の展望としてだけでなく、島の存続という意味でも、「働き、暮らし続ける」ことができる環境整備が必要となるだろう。

後継者の育成や交通における利便性など離島における課題は多く存在するが、それらの根底にあるものは世代間の交流であり、世代を継承することが重要である。島との共存を図りながら、島の魅力を発信していくことで、島を離れた人々にも奄美の良さを伝えることが出来るはずである。同時に、島外の人にとっても、観光などをきっかけとして島の魅力を知る機会が増えていけば、本当の意味で豊かな環境が形成されるのではないだろうか。

（川﨑竜太）

四、大和村における地域支え合い活動の経過と現状

――大和村地域包括支援センターCさんへのインタビューを中心に――

大和村では二〇一一年四月に住民流福祉についての事前勉強会を行い、地域支え合い活動に取り組んでいる。

われわれは、二〇一四年二月に大和村を訪問して、集落内を案内してもらい、Cさんへのインタビューを行った。ここでは、大和村における地域支え合い活動の現状と、Cさんへのインタビューをもとにした取り組み経過について報告する。

表10‐2に大和村の集落の人口と地域支え合い活動について示す。人口は一六五〇人である。ちなみに、二〇一三（平成二五）年三月発行の『大和村地域福祉計画・大和村地域福祉活動計画』によると、大和村の二〇一三年三月時点の人口は一六四一人で、高齢化率三七％である。

図10‐2に示すように大和村には一一集落あるが、その中の一つ志戸勘集落は人口が一二人と少ないので隣の今里集落と一緒に活動している。単純に一〇集落と見た

表 10-2　大和村の集落の人口と世帯数、地域支え合い活動グループ名、活動内容（数値は平成 25 年 11 月 13 日大和村作成資料。活動グループ、活動内容は平成 25 年 10 月現在のもので大和村提供資料）

集落名	世帯数	男性	女性	人口	活動グループ	活動内容
国直	59	65	60	125	国直荚の会	本読み、小物や裾上げ等、野菜出荷、拠点の花植、集落トイレの清掃
湯湾釜	50	51	49	100	湯湾釜ハッピースマイル	野菜集荷・販売
津名久	81	70	88	158	元気つなぐ会	体操・手芸等、カラオケ
思勝	66	67	71	138	思勝おがみ会	お茶会、神社の清掃
大和浜	131	133	144	277		
大棚	156	137	152	289	大棚結の会	お茶会・体操、惣菜作り
大金久	53	50	47	97	金久あいのこ会	カラオケなど、集落トイレの清掃
戸円	107	51	78	129	戸円てぶらの会	お茶会、グラウンドゴルフ
名音	109	109	97	206	名音ティダの会	お茶会、野菜や花の栽培・集荷・販売
志戸勘	7	7	5	12	今里和の会	畑でお茶会、グラウンドゴルフ
今里	59	58	61	119		
計	878	798	852	1650		

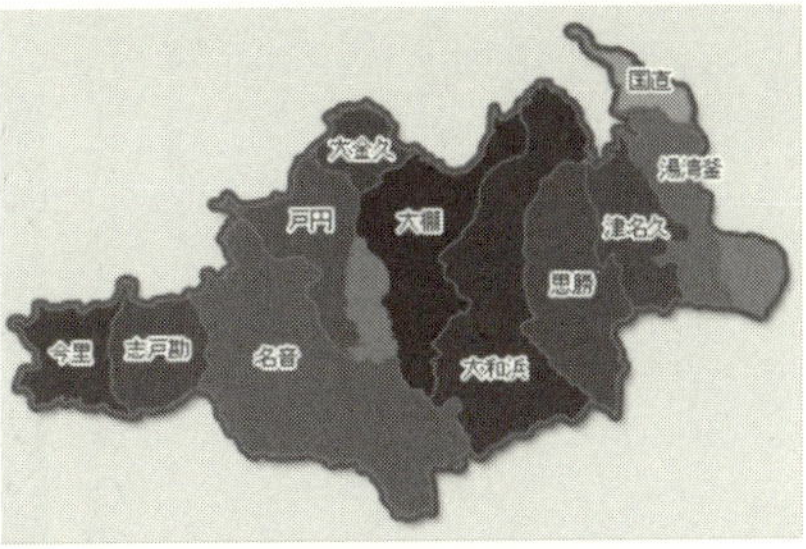

図10-2　大和村集落図(大和村HPより)

場合、集落規模は九七～二八九人になる。大和村では地域支え合い活動は一〇集落のうち大和浜集落を除く九集落で実施されていることになる。

大和村の地域支え合い活動の特徴は活動拠点を用意してそこでさまざまなサロンを開き、さらに集落独自の活動を取り入れているところにある。始まりはマップづくりだったが、マップづくりに終わらなかったところにも特徴がある。今回はいくつかの集落における住民の集いの拠点をCさんに案内してもらった。以下、それらの写真を掲載する。

①津名久集落の新築中の集いの家（写真10-3）。屋根と外パネルがつけられている段階で、未完成だった。集落のはずれにあるので集まりにくいという懸念もあるが、道路を挟んで墓地があるのでお墓参りついでに集まりやすいかもと言っていた。この家は、会のみんなが協力して作っているところである。

②思勝《おんがち》集落の集いの家（写真10-4）。集落の中にある商店の前にあり、これも新築で完成していたが、まだ「表札」はなかった。店の前なのでみんなが集まりやすい場所になっている。Cさんによると、この家は大工さんが一人で建てたそうで、津名久のようにみんなで造った家と思勝のように大工さんに任せた家では、思い入れが違うかもしれないので、今後の利用状況がどうなるかと関心を寄せているという。

③大棚集落の共同売店「大棚商店」の一角にある「結の会」のコーナー（写

写真10-3　津名久集落の集いの家

真10-5、6）。この店は朝七時三〇分に店が開き、夏場は午後八時、その他は午後七時に店を閉める。店は鉄筋で古かった。内部は生鮮食品の少ないスーパー、あるいは古いコンビニ風の感じだった。店の中の片隅が「結の会」の集いの場所になっていた。机一つと椅子と仕切りがあり、仕切りには惣菜のメニューが貼ってあった。値段は一律一〇〇円である。週二回、お昼ごはんに間に合うように朝早くからボランティアが惣菜を作って一一時ごろ並べる。早めに来た人は販売が始まるまでの間、そこでお茶を飲んで過ごす。ボランティアのメンバーが帰りがけに配達もする。売れ行きが良くて移動販売をしようという話も持ち上がっているという。ボランティアは女性が多く、男性は七三歳の方が一人参加していて、他は女性で最高齢者は七五歳、若い人は四一歳である。

　役場からの初期活動支援で机と椅子および鍋や釜など調理道具を買って、調理場所は物産館を使っている。役場からの支援は最初だけで、その後の費用は惣菜の販売利益で賄っている。集いの場所には小学生がスポーツ少年団の練習が

写真 10-4　恩勝集落の集いの家

写真 10-5　大棚集落共同売店「大棚商店」

写真 10-6　「結の会」コーナー

始まる前に集まったり、学校帰りに寄って宿題をして帰ることもあるという。この売店は大正時代から集落の人が株主となって運営されていて、年一回の総会で代表者を決めている。代表者（女性）の話ではパート四名で運営していて、現在の株主は設立時からすると孫の世代になるという。奄美大島ではこのような共同売店は宇検村と奄美市の大熊《だいくま》に残っている。

④大金久集落の集いの家は海を背にして立っていた（写真10－7）。プロの大工さんが建てたという。正面に「よらわん場」という表札がつけてあった。家の周りに花を植えたりして公園にする予定だという。

⑤名音《なおん》集落の倉庫を改造した集いの家「ティダの会喫茶」（写真10－8、9）。名音のことを「のん」とも言うらしい。Cさんが鍵を借りてきて開けてくれて、内部の写真を撮った。「お世話焼きさん」の中に地域包括支援センターの職員がいるということで、シンポジウムや活動の写真をA４サイズの用紙にコピーしてたくさん貼っていた。

写真 10-7　大金久集落の集いの家「よらわん場」

写真 10-8　名音集落の集いの家「ティダの会喫茶」

写真 10-9　壁に貼られた活動記録

大和村の地域支え合い活動について地域包括支援センターのCさんにお話を伺った。以下、インタビューの要旨と逐語記録を掲載する。

〔インタビューの要旨〕

大和村における地域支え合いマップづくりの取り組みは、村の理念を定めること、足元を見直すこと、今までの取り組みを見直すことから始まった。それが「**暮らし慣れたん島なんてぃ　心配《せわ》ぐとぅぬねん　暮らし出来《でぇけ》るん　大和村（住み慣れた大和村で安心して豊かに自分らしく暮らせる）**」という村の理念へと結実した。

マップづくりは福祉関係の雑誌を見て知り、ネットで調べて部内に説明していった。結局、「よく分からないけどやってみたら」ということになり取り組み、やっていく中でみんなの理解が進んだ。

住民流福祉総合研究所の木原孝久先生に来てもらい、村内一〇カ所で支え合いマップづくりの指導をしてもらった。木原先生のマップづくりについていく中で、参加者への入り方やとらえ方、まとめの仕方を学んだ。マップづくりでは民生委員を通して「お世話焼きさん」と思われる方に集まってもらった。支え合い活動を担っている方たちは六〇代が多く、中にはIターン者やUターン者も入っている。

マップづくりの中で、要支援者が支援者として資源になることに気づいたり、施設に行くことになるだろうが「本当は嫌なのよ」という声に接して村の現状が見えてきたり、公的サービスが入ることで近所の支え合いが弱体化することに気づかされたりする「気づき」が生まれ、さらに「じゃあどうしようか」という風に展開していった。マップづくりは目的ではなく住民の目線で人と人とのつながりが生まれる手段であることを学んだ。

集いの場所や道具が必要だという声が上がったので、補助金を活用してその初期費用を支援した。マップづくりもそうだが常に利用可能な補助金を探して申請している。

村としては支え合い活動を「指示する」のではなく「支持する」、「させる」のではなくて「促す」、見守り活動を「見守る」という形で支援している。そのために情報収集を絶えず行っているが、それも地域包括支援センターの通常の業務の中でチームワークを活かして行っている。

支え合い活動グループの組織化は特に行っていないが、年四回の交流会を開いたり、年一回のシンポジウムを開いたりして意識を高め、動機づけを高める努力をしている。また、他所からの視察や取材なども積極的に活用して活動への意欲維持を図っている。

大和村の地域特性としては人と人の距離が非常に近いこと、結の精神が残っていること、シマ（集落）を愛する気持ちが強いことが挙げられ、これらは支え合い活動においても下支えになっていると思われる。人間関係が密であることの裏返しとして集落内に派閥のようなものがあり、一つにまとまりにくいこともあるが、無理にまとめないで進めている。これもまた支え合い活動において利点となる方向になることもあると期待している。

現状については決して成功しているとは思っていない。住民へは見守りつつ関わるという姿勢でやりながらの対応をしていこうと思っている。支え合い活動と公的サービスがうまく組み合わさって「大和村に住んでよかった」「一人暮らしであっても安心して暮らしていける」というようにつながって行けるよう、長い目でやっていこうと考えている。

〈大和村地域包括支援センターCさんへの聞き取り調査の逐語記録〉

目　的　大和村地域包括ケアシステム構築への取り組みに実質的にかかわってこられた地域包括センターのCさんにお話をお聴きし、地域特性を活かした住民主体の地域づくりの進め方の指針を探る。あわせて、島嶼集落に残る地域文化を福祉資源の観点から再考する一助とする。

日　時　二〇一四年二月四日（火）一三時三〇分から一四時五一分

場　所　大和村役場

聞き手　小窪輝吉・岩崎房子（鹿児島国際大学福祉社会学部社会福祉学科）
話し手　Cさん（大和村地域包括支援センター）

質　問：マップ作りの背景あるいはきっかけは何だったでしょうか？

Cさん：マップ作りのきっかけは何点かあります。一つは、福祉の関係者でいろいろ取り組みをするなかで「大和村に理念的なものが定まっているのかな」という思いがあり、こんなに小さな村ですし、みんなが協力するためには目的というか共通理念を確認する必要があるんじゃないかと感じていました。二つ目は、「人もどんどん減っているし、やっても駄目じゃないの」という声があるなかで、「小さいからこそあるんじゃないか、気づいてないだけじゃないか、それを見直すきっかけになるんじゃないか」ということがありました。三つ目は、「これまでの事業の取り組み方が間違っていたのではないか、着手の仕方が逆なんじゃないか」「マップ作りのやり方は住民の動きが見えて大和村に合っているのではないか」ということで「まあ取り組んでみようかね」ということになりました。

質　問：支え合いマップ作りの存在はどのようにして知りましたか？　県社協が進めているマップ作りの研修を受けて取り入れたのですか？

Cさん：例えば青森県のどこ地区はこんなになっているよ、とかいろんな事例の載った福祉関係の雑誌をたまたま読んでいてマップ作りを知り、そこから調べていきました。

県社協がマップ作りの推進に取り組んだのとほぼ同時期ですが、それよりちょっと前に大和村が取り組んでいます。私たちの取り組みの翌年にですが、県社協が前から構想していたマップ作りを全県的に広めようとして、ちょっと前後していますが、独自でしたね。

こちらがちょっと先だったので、県社協さんから事例として報告してください、というようなことで行ったりはしていました。

質　問：周囲の反応は最初どのような感じでしたか？　部内の理解は円滑に進みましたか？

Cさん：ネットで検索していろいろ調べて、「何人かにこういう方法があるのだけど、どう思う」と話したら、「いいんじゃない、どうなるか分からないけどやってみたいよね」ということになって企画書を書きました。

部内では最初説明が難しかったです。「マップって何？」とか、数字がこうなるというものでもないし、理解は難しかったですね。「どうなるのか、本当に効果があるのか、これじゃないといけないのか」とかいう意見がありました。最初は絵を使ったりして作って、村長も含めて繰り返し説明をして、最後は「もうよく分からないけどやってみたら」という感じでした（笑）。でもやっていくうちにだんだん理解してくださるようになりました。

質　問：マップ作りに取り組んで何年になりますか？

Cさん：私は二〇〇〇年に大和村役場に入らせてもらっていて、今年でちょうど一三年目になります。マップ作りは一〇年過ぎたころ二〇一一年に木原先生に来ていただき始めました。木原先生には自分で連絡しました。冊子とかネットとかを見て、連絡先があったので電話とかメールとかしてみました。

質　問：マップ作りはどういう場所でしましたか？　またどのような方に集まってもらいましたか？

Cさん：大和村の集落は一一集落ありますが、一集落は七人しかいないので隣の集落と合わせて実施しました。集落の公民館などで一〇カ所ですね。

木原先生と回って聴取をしていただきました。木原先生から「お世話焼きさんと思われる方に声をかけてください」と言われたので、民生委員さんを経由して参加していただきました。こちらもお世話焼きさんという方は把握していましたが、あえてこちらから声をかけず民生委員さんの役割として声をかけてもらいました。民生委員さんも活動の中に入ってこられるでしょうから、一つの役割ということでお願いしました。来られた方々はこちらが思っていた方でした。たまに集落の役の方を呼ばれる民生委員さんもおられたのですが、役に関係なくお世話焼きさん、お世話好きさんに参加してもらいました。たまに男性の区長さんが入りはされましたけれど、木原先生から「女性にしてください。世話役さんは女性の性質ですよ」ということでしたので女性が多かったです。ちなみに、大和村の民生委員さんは各集落一名の計一〇名です。

最初は、木原先生に聴取をしていただいたのですが、私たちも「どうするのかな」「どうなるのかな」というように分からないという状態でした。その後、私たちも木原先生にずーっとついて回って、先生の手法を見て学んでいきました。

質　問：木原先生のマップ作りの指導を見られて、行政の立場と視点が違うと感じられたところはありますか？

Cさん：違いますよね。話に入りやすいきっかけとして、たとえば、「高齢者一人暮らしどこなの～」とか聞いたりします。そして「この人とかかわっている人はこの人で、この人がちょこちょこやっているからまあ見守り的にやっているんだね」とかいう中で線がつながらない人というのがひとつは出てくるし、逆に線がたくさんある人が出てきます。福祉の立場・行政としてはすごく気になって認知症もあるし心配している対象なんですけど線がいっぱい結ばれていて、この人の家にこの人もこの人もちょこちょこ集まって話をしているとかあれば、「それならこの人の家をサロンにすればいいんじゃないの」となっていきます。

ターゲットとなる人のとらえ方もちょっと違うような気がしますし、もちろん近所だからといって知ってそうで実は知らない線というのがいっぱい出てくることに気づくというところもあります。やりとりの営みとかそういう中からまあ一本でも線があってこの人がしっかり支えていれば複数でなくてもいいじゃないか、というのもあります。そんなところで一人ひとりの本当に支援が必要な場所はどこなのかというのが見えてきたりするのはありますね。

質　問：マップで線が引かれない方はいらっしゃいましたか？

Cさん：まあたまにいますよね。そこまではないですけど、でもこの人は絶対ないだろうなと思われる人が逆にすごい線が引かれていたりします。また、一本だけだけど毎日あるという発見があったりします。絶対線が引けないという人はいないのかもしれないですね。

質　問：木原先生にはどういうところまで関わっていただきましたか？　予算はどのようにしましたか？

Cさん：木原先生はマップ作りをされる方なので、先生のやり方でやってみてくださいというようなことお願いしました。何回か来ていただいたり、何泊かしていただいたりして、結局一〇カ所でマップ作りをしてもらいました。忙しい先生なのでちょこちょこ間をおいて、ある時は詰めてスケジュールを組んで来ていただいたという形です。

予算は、村の予算ではなくて、いろんな財団がやっている一〇〇％の補助を見つけたのでそれで申請をしました。委託契約の設計書を作って、大体何回くらいだろうかと見積もりました。実際は、急な要望とか、ここでこんな集まりをするので一回来てほしいとかあって、来られたなかで結構隙間に詰め込んで指導してもらいました。また、途中で必要になれば「まとめておくのが必要そうだからまとめをしましょうかね」とかいうような話をしながら進めました。設計は設計で粗粗で、だいぶ変わりましたけど（笑）。

質　問：マップ作りをされてどのようなものが見えてきましたか？

Cさん：一番は「気づき」ですね。たぶん大きいのは、そこにいる人の資源だったり環境の資源だったり、それに気づくというのが一番あると思うんですよ。福祉から見れば要援護者、つまり助けの必要な人に違いないという目線で行くんですけど、実はこの人にこういう力があったり特技があったりして、これを活かすことでその人が支援者になるというような図式が出来上がってくるというパターンが結構あるんで、それが大きいのかなというところがあります。あとは村がどういう現状だということがよく分かってきて、たとえば「この集落はこんなに施設に行く人がいるけど、なぜなんだろう」というのをみんなで考える場にしてみたり、みんな施設に行くから私も行くつもりだけどでも「本当は嫌なのよ」という、この「本当は嫌なのよ」というのはアンケートじゃ出てこないじゃないですか。希望はするけど本当はというのが分かります。そこをしっかり確認ができる、そういう意味で現状が分かるということはありましたね。

あと、いろんなサービスが入ってくることで、やっぱり今までやっていたお互いの近所の支え合いが弱まるという事例が多々あるということがとてもよく分かります。それを住民の方と一緒にマップ作りをしているので、住民の方も気づくし、私たちも気づいて、一緒に「そうなんですね」ということになり、「じゃあどうしようか」と考えることができるようになります。

質　問：マップを作るのにどれくらい時間がかかりますか？

Cさん：木原先生がおっしゃるには一時間半ぐらいが限度だろうということです。それ以上だとだらだらとして疲れるだろうし、以下だと足りなくなるし、一時間半ぐらいがベストかなと思います。実際そういう感じかな。超えると本当に頭が回らなくなるというか、話は尽きないので。一応原則みたいな感じで先生は仰っていましたけど、「一時間半ぐらいじゃないかなあ」と。

質　問：現在県内に出かけて講演をされていますが、マップ作りのどういう点について話をされているのですか？

Cさん：今、県社協さんがあちこちでマップ作りを展開する中で、「マップ作りをするんだけど、それから進まない」というのがあるようです。大和村の場合はマップ作りをきっかけに住民の行動につながるという部分があるので、そこを知りたいということで呼ばれています。マップ作り自体は木原先生のセミナーとか県社協さんがされるところなので、呼ばれるのはその後の展開ですね。

マップ作りを、私のところではどうなるか分からないけど、まあ考えるきっかけが大事だということで、そこから入っているんです。ただマップ作りのやり方を習ったりして入られる方たちは、マップ作りをして住民に何かをさせるという見方はあれなんですけど、「課題を抽出しなければならない」とか、「何かにつなげないと」とか、そこが大き過ぎてたぶん難しくなっているのかなと思うんですよね。

マップ作りは手段なんです。そこに住む人々が自分で地域のことを考えないと地域は動いていかないと思うんですよ、良くも悪くも。良くしようと思えば、どう良くしたいのかというのも。そこに暮らしていないと分からないので、それに対してそこに住んでいない、ましてやマップ作りをして何かの展開だけを考えていくと、作業になってしまうんです。「課題をどう出せばいいんだろう」とか、作る側が悩むんですけど、たぶんやっている中で課題は出てくるので、結局、構いすぎるんでしょうね。住民が主体なので、ついそう考える時点で、やる側主体になっているのかなという印象はあるんですけど。

質　問：いわゆるマップ作りを仕掛けた人たちは背後に下がり、地域の方々が最終的に「やったあ」と思えるようになればいいということでしょうか？

Cさん：そうですね。かえって、じゃまぐらいの方がいいと思います。楽しんでやれるといいのかなと思います。木原先生だったので、そういう視点はいろいろ持ってらっしゃるので、たぶんマップ作り上でも投げかけてみたり、技ですね。住民さんがハッと気づいて口に出すようなやり方をされているので、課題が出てくるんだと思います。

質　問：仕掛ける方も実は技術がいるということで、マップを作るときは木原先生もそうでしょうけど、福祉課の方も一緒になって進めているのですか？

Cさん：数名で一応やった後に、聞き取ったのをまとめる時間というのを設けていったので、それをまあ交互に、私は担当なのでずっとついて回ったんですけど、できるだけ交互に入ってもらって、そして社協が、社協は県社協の役割ということで進めていますけど、一応一緒にですね、大事な機関ですから、最初から一緒に考えていくようなことをしています。時間が夜だったり、日曜にしたりなので、いろんな方が組み合わさって、ここに行けそうという人はそこに、ここの集落に行きたいという人はそこに行ってもらい、全部まわりたい人は回っていいよ、とかしています。

質　問：ある程度マップができて地域の人に降ろす時にどのようにしていますか？

Cさん：地域へは降ろさないですね。その辺は違うかもしれないですね。「どう返すの」とかを心配されてよく聞かれたりしますが、「うちはやっていないですね」ということで話しています。出てきた方がやっていく、その行動を住民の方が見るじゃないですか、そのことが見てもらうことになって、まあ「マップの結果がどうだったよ」というマップ自体の返しは検討していないですね。

地域の人の中には、「何をしているのかな」という方もあるでしょうし、やり方とか、その見えない部分も結構あるじゃないですか。マップ作りは考える手段としてあくまでもやっています。

質　問：たとえばサロンをつくるとか、ああいったものも自然と住民の方が住民の方を呼んでこうなっていったというのに近いですか？

Cさん：例えばサロンというか、「ちょっと居場所がここはないよね」といったことがあります。海岸にぽつぽつと夕方になれば定期的に集まると、それはサロンでいいのですけど、「ちょっと集まってお茶を飲んだりとかするような場所がほしいよね、うちにはないよね、公民館では堅苦しいし、緊張するし、ちっちゃなところがあるといいよね」というのが出たところは、「それを作ってみたいんだけど、だれを集めればいいかな」というのをまた各々で考えていくということをしています。だからそこに来た何人かで進めるところもあるし、集落全体に諮ろうかなということで集落委員会にかけるところもあります。

集落委員会にかけたところで、例えば「こういうマップ作りをして、こういう課題が出たのでこうしていきたいんだけど」と説明をなさっているところもあるし、またそれぞれの集落で独自で、合った形でいいのかなと思います。

質　問：うちの集落はちょっと変わって来たなと感じてこられた方もいらっしゃるのではないですか？

Cさん：どうですかね。まあ今から、これからでしょうけどね。「活気が出た」とか、「まとまりができた」と言う方もおられますよね。アンテナが張られるようになったとか、人を気にかけるようになったとかあります。

そういう活動をされている人たちがつながるようにということで、交流会をするんですが、その中で意見交換をするときに出てきますね。活動してこういう風につながってきたとか、自分がたとえば集落で孤立してるんじゃないかと思っていたけど、こういう活動を続けて人とつながれるようになって、自分にもよかったとかですね。いろんな感想がありながらやっています。

質　問：地域の課題が出たときは地域（集落）で解決するのもあればそうでない場合もあると思います。役場に相談に来られる世話焼きさんとかいらっしゃいますか？

Cさん：そうですね。出された課題とか「自分たちは何をやりたいと思っていたのよ」とか言って来られる方もいます。それと普段からそういう目線でやられている方がいらっしゃるところは、もうたんたんと自分たちで進んでいくところもあるし、ちょっと二の足を踏んでいるかなというときには、ちょっと声をかけたり、「この間こんな話し合いをしていましたけどどうなりました」、とか、「必要だったら言ってくださいね」、とか声かけをしています。

だから、もちろん相談に見えたりすることもあるし、行った方がいいかなというときはこっちから行くこともあります。様子を見ながらとか、情報が来る中で、行った方がいいかもねというときはですね。

質　問：役場ではどういった方が地域の活動の様子を見守っていますか？

Cさん：主に地域包括支援センターのメンバーですよね。ケアマネさんという役割があったりするじゃないですか。あと外に出る仕事で認定調査に行ったりして、行った先で何か情報を持って帰ってきたりするんですよね。このグループがどうなっているかという情報じゃなくて、普段の中のいろんな情報のなかで集めています。それらの情報にはどうしても重なってきたりというのがあるものですから。情報屋というのがいるわけではないのですけど、情報はできるだけ入るようにはしていますね。

質　問：いい方向に変わってきているという手応えはありますか？

Cさん：まあどうでしょうね。今からどうなっていくというのもあるし、今のところは住民のみなさんは結局のところ、自分たちのために必要と思って楽しみつつやっていればいいのかなと思うんですけど。結果どうなっていくのかというのも、状況を見てみないとなんともですね。生き生きしている人とか、たとえば閉じこもってどんなサービスで声かけても動かなかった方が、地域の方の声かけとか活動ですごく元気になったよというのがあれば、それも一つの評価でしょうし、一、二例なのかもしれないでしょうけど、まあないよりはですね。積み重ねですね。なかなか気づかないと思うんですけど、気づいていくという目線があるというのはたぶん福祉の力が強まってくるので、積み重ねかなと思います。

質　問：定期的なシンポジウムとか、あるいは自分たちの取り組みの成果を報告する機会はある意味・・・しかけでもあるのではないでしょうか？

Cさん：そういうのは大事と思いますね。隣の集落のことは全然知らないとか、同じ近所でも知らないというのは結構あるので、いい活動と思えば、こっちの目線かもしれないですけど、いいものはどんどん広めたりしていってていいかなと思います。集落回りや説明会をするときに、ちょっと添えて「こういう人たちはこうなっていますよ」とか話すことは大事かなと思います。

質　問：外から視察に来られたりとか取材に来られたりというのも、励みになるのではないでしょうか？

Cさん：励みになると思いますね。「そういうのが来ましたよ」というのをこちらから言ってみたり、放送か何かあったときにはいろんな場所で一緒に見てみるとか、やはり励みになると思いますね。活動をやると思ってやっているのではないので。ご本人たちは「当たり前のことをやっている」と仰っていますけど、やっぱりやっていることを見てもらうということはその人に光が当たることなので、次の欲につながるじゃないですか。励みにですね。

大変なところもあるかもしれないんですけど、煩わしいと思っている方もいらっしゃるかもしれないですけど、励みになればまたいいでしょうし。

質　問：「この取り組みをしたいのだけれど、金が……」という相談はありませんか？　その取り組みはどういった内容が多いですか？

Cさん：ありますね。こういうのをやりたいというところには、行政の方で、初期費用を予算立てしました。立ち上げの費用ですね。そのお金がないことでやめてしまうよりは、そのお金さえあれば動くのであれば必要経費という考えで、立ち上げの費用ですね。初年度に限ってということで、二〇一一、二〇一二、二〇一三と今三年ですね、やってみています。

取り組みの内容は、初年度はいろいろで、拠点を作るんだったら拠点の材料費だったり、木材とかを買ったり、農業支援しようということで耕運機を買ったり、一カ所だけですがトイレができなくてという方が多いので、トイレの和式を様式に改修すれば足の悪い方も来られるというところもあります。あと、今年、グラウンドゴルフのセットを買って置いておけば、そこに人が行って毎日でも使えるからと、そういうのを買ったところもあります。自分たちが必要と思うこと、さまざまですね。

質　問：大和村のマップ作りが厚労省で取り上げられた資料がありますが、何かモデル事業として行われたのですか？

Cさん：違います。これは何かこういう事例がありますよというもので、「こういう事例があれば出してください」と、県から何かあったら事例を出せと言われて、活動を一枚にまとめたものを出したら、そこに載せられてしまったということです。事例を出しただけ、提供しただけ、紙を一枚作って出しただけです。本当はやっているものに勝手にモデルと付けられているというだけで、全然モデルでも何でもないです。だからみんな後づけですね。やっているのにいろんなものがくっついて、乗っかってきているような感じです。

この住民の初期費用とかは、また別の補助金を申請して、さっきの木原先生とは別の事業として国に申請したものです。補助金をしょっちゅう探しますね。やっぱり有利なものを、支出をできるだけ抑えつつ、効果があるのであれば、積極的に書いています。

質　問：九つの集落ごとに会がありますが、それの組織化みたいなことはされてないのですか？

Cさん：いや特にしていないです。ここの立ち上げ費用が必要だというところが、この事業を使ってやっている関係でここに載っています。ここはその立ち上げ費用を応援しましたよという所を載せているので、「補助金を処理するために会長さんに通帳を作ってください。振り込みをするために、代表者を決めてください」と頼みました。補助金のやり取り上ですね、それもなければ別に決める必要はないし、自分たちで必要だったら会長、副会長、会計、なんとか委員とか決めているところもあるし、わざわざ決めないところもあります。

行政の方では、さらっと、なんとなく把握はしていますけど、厳密には必要はないですね。

質　問：これらの会の連合会はありますか？

Cさん：一応あります。会の活動をする中でお互いに「どんなことをやっているのか知りたい」とか、「ほかの活動を見てみたい」とかいう声が上がって来たので、「だったら交流会をしましょうか」みたいな話をしていたら、「こういう会が定期的にあった方がいいね」ということになったので。年にだいたい四回ぐらいですかね。報告だったり、お互いの相談だったり、「自分たちはこんなことで困っているけど、そっちどうしているの」とかです。名前は特にないですね。まあ付ければ付けられるんでしょうけど。

質　問：その年四回の会の取り持ちはどこがするのですか？　場所はどこでしていますか？

Cさん：一応ですね、マップ作りに社協さんに一緒に入ってもらったので、その日程調整を社協さんの役割で動いてもらっています。実施の場所とか、その会で何を話したいというのは各グループの持ち回りで、「今日はうちの場所へおいでよ」ということから、「こういうおかずをちょっと食べてほしいな」と思ったら、おかずを準備したりとかしています。会の中身も司会進行も持ち回りです。日程調整を一応社協さんにお願いしてやってもらっていますけど、日程調整がなかなか進んでないなと思ったら、「今度いつするの」とか、「そろそろしたいと言っていたよ」というようなつなぎをしています。

場所は、それぞれのグループが考えた所で、集いの場所があれば集いの場所でしたり、集いの場所がちょっと人数が入らないなと思ったら公民館になったりしています。

質　問：二年たって、行政側としてはどのような課題があると思っていますか？

Cさん：そうですね、課題はやりながらでしょうね。こういう活動をしながら、また活動自身も展開があったり広がりがあったり、逆にちょっとやりすぎて疲れちゃったなという部分も出てきたりするのですから、見守りつつです。住民主体の活動なので、こちらの枠では決してないので、まあ、様子を見ながらしかならないかもしれないですね。

でもやりにくいとか、つらいとか、やっている中でトラブルがあったりする場合はずっと関わっていきます。

質　問：地域包括支援センターや保健福祉課が関わるのですか？

Cさん：保健福祉課としての身分もありますから、まあ保健師という立場もありますから。誰がここに携わるという担当でもなく、いろんな立場で関わればいいと思います。

関わるのは保健福祉課全体でないかもですね。それぞれが業務があるので。でもまあ気づく範囲とか見える範囲ではしっかり継続して続けては行こうとは思います。

たとえば、シンポジウムはうちの課が主催で私のところが企画担当でします。それも去年やって、なかなか好評だったので今年もやらないかということでしたので。

質　問：集落の人たちも、役場が見てくれているというのがあって持つ部分もあるのではないでしょうか？

Cさん：そうです。役場がバックについているし、困ったときには応援に来てくれるし、相談に乗ってくれるし、というところはあると思います。役場（村）としても目指すべき方向を自分たちはやっているんだというような強みにもなるし、「だから心強い」というようなことを言われる方もいます。ちょこちょことそんなに関わりがなくても、やっぱりそんな気持ち、こう足元が強くなっていって、困ったときはどこに行けばいい。そう強みがあるということでしょうね。

質　問：主に地域の中でいろいろと活躍してくださっている年齢層は六〇代ですか？　男の方たちもいらっしゃいますか？　もともといらっしゃった方が多いですか？　Ｉターンの方とかは入っていませんか？

Cさん：はい六〇代です。まだまだ元気でという方たちが多いような気がします。集落によりますけど、結構男性もいらっしゃいます。

Ｉターンの方が入っているところもありますね。前々からいらっしゃた方もＩターンの方も一緒に入ってされているところもあります。うまくＩターンの方が入ってされているところもあります。Ｉターンの方がうまく入り込めるというのはいいですね。

質　問：大和村の活動は奄美の中から関心を持たれていますか？

Cさん：どうでしょうかねぇ。たとえば包括の連絡会とか、地域の報告会とか、いろいろ各市町村がやるところに「ちょっと報告して」というので、声がかかることはありますけど。

でも島なんか実際あちこちやっているんですよね。大和村はマップ作りをして、それがきっかけで活動が起こっているというところに着目して、呼ばれたりという場合があります。マップ作りはひとつのきっかけであり手法だったりするのかもしれないですけど、活動だけを見るとこういうふうな活動をしているというのは多々あるじゃないですか。あるので、マップ作りをしたのでまあ珍しいのかなということじゃないかと思います。

質　問：大和村のような小さなところでマップ作りが求められるのには何か理由があるのでしょうか？

Cさん：最初、私も木原先生に「小さなところである程度把握している場所でもマップ作りは有効なんでしょうか？」みたいなことで直接聞いたんです。そうしたときの回答も、こちらがあまりはっきり把握できなかったんですけど、やってみたら意味が分かりました。知っているとか、見守っているとかいうことじゃなくて、ということに今につながっているので、結構必要だったということですね。まあ使い方ですかね。

質　問：思っていることを形にしてみて、結局それが資源なんですよね。見守りしているとか、おすそわけしているとか、こんなに資源があるんじゃないかということでしょうね。

Cさん：まずそれに普段意識していないので、「それが資源じゃないの」というところも大事じゃないですかね。で、気づくのが大事で。

質　問：これから経過を見ながら、ということですね。

Cさん：そうですね、まあどう進んでいくのかなぁと思いながら。しかし、最終的にこういうのは一部ですけど、こういう方たちの力とか、公的サービスの必要なところはもちろん大事ですし、そういうのがしっかり組み合わさって、「大和村に住んでてよかった」とか、「ひとり暮らしであっても安心して暮らしていける」とかそういうところにつながっていったときに初めて、結果が出るんじゃないかなというところで、まあ結果が出るのか出ないのかというところですけど。一つの住民主体というところかなと思っています。長い目でやっていきたいと思っています。

質　問：今後のことを考えると人材をどう大和村に戻すかとか、そういったところも考えていかないといけないかと思いますが、その点についてはいかがですか？

Cさん：そうですね、活動している方たちは自分たちの後継者をどうしようとか、すでに考えていらっしゃるみたいです。その時の社会状況とかですね、やっぱり変わってくる中でのことでしょうけど。そういう方が地域に、たとえばいる、作るというより、いるところを見つけるとか、そういうことが必要かなと思っています。

前は（人材を）つくろうとしてうまくつくれなくて、失敗ばかりしていますけど、以前はですね。そもそもつくるという発想じゃいけなかったと思っています。そもそも、いるじゃないのと。やりながらまあいっぱい失敗をしながらなんですけど。発想を変えるというのは大事ですね。活動をしたりして、いろいろやってみるのもいいでしょうし、かといってこれがいいとか成功しているというわけでは決してなくて、まあ成り行きを見ないと、先みたいな目標に到達してはじめてというところでしょうから。今もやってみてという段階です。これを突き進めて行くというわけでもないし、違ったら方向転換をしていけばいいと思います。

質　問：マップ作りを地域に進めていくにあたって、奄美にもともとある結の精神というのは下支えしていると思いますか？

Cさん：それがないとできないというわけではないのかもしれないですけど、下支えしていると思います。大和村においてはそれが非常に良い風に働いたかなと思います。結の精神は大和村では強いというか、普段からお互いのことを知っていたり、煩わしいという人ももちろんいますけど、それがあって話をしたりとか、人に気を配ることが当たり前だったりとか、良い風に働いたのかなとは思います。それがたぶん強みを生かす、資源を生かす、何もないじゃなくてそういうところが生かせる、ということだったかなと思います。

質　問：地域の特性だからやりづらかったというのはありますか？

Cさん：お互い知り過ぎていてですね。派閥が一〇〇％あります。ご近所ならではなんでしょうけど。それが根深いというところで、いまのところ全部あります。ですが、同じようにあって、それがまた強みに変わっていけばいいなと思っています。例えばこういうところもまあ代々なんかトラブルがあったりして、いろいろしていれば「この活動自身はすばらしいと思うけど、この人がここにいるから絶対協力しない」とかをあからさまに言うのが大体ありますね。それは知り過ぎたり、親しいがゆえの阻害要因かなと思ったりします。おもしろいですね。

わざわざ苦情を言いに来たり、県の機関とかどこかの機関に電話してみたり、そこまでされる方とかありますけど、それでこう実情が分かってきたりするんですけど。

マップ作りには派閥の両方が来るんですが、何かが始まると自分はしないとかあります。やいやい言って帰るとかもありますよ（笑）。だけどそれぞれがお世話焼きさんで、それぞれの人が資源じゃないですか、だからそれぞれがそれぞれでしっかりできればいいのかなと思うんです。必ずしも一緒にしなくても、相性が悪い同士無理やりするのは無理なので、例えばこっちはこうしているけど、自分たちが思うのがあれば同じ集落の近いところに二つの活動があったりすればいいかなと思っています。両方ですね。それぞれいいので。最初はつぶそうつぶそうというのが、結構あるのですが、でもだんだん減ってきて、その辺がおもしろいです。それがあって、こうきずなも強まっていくんでしょうね。

集落のまとまりはもともとある程度あります。団結力のある集落もあるし、そうじゃないところもあるということで集落によって差がありますけど。派閥やグループが別にあったりしていろいろいやな思いをされるかもしれないですけど、自分たちは何のためにしているのかというところでしょう。こういう人たちとつながったりするのでプラスに変えて行くことと、まあ見ていくことですね。

質　問：Cさんは島外から大和村に来られたときに結など島の特性を何か感じられましたか？

Cさん：なんて隣との距離が近いんだと思いました。近所との距離は近いし、話題はほとんど人のことで、近所の人のことかいう話題がなんて多いんだいうのをとても感じました。それが嫌だと思えば嫌だし、それが強みになれば強みになるでしょうから。

あとシマ（集落）を思う気持ちを口に出される方が多いなと思いますね。「自分たちのシマじゃがね」というシマへの愛情というか、一回出てUターンされた方とかもやっぱりその思いが強いですよね。「育ったこのシマを」とか、交流会の中で、「この活動ってなんだろうかね」と言いながら、「シマを愛する気持ちじゃない」とか言ったり、そんな会話が聞かれるからおもしろいんですけど。そういう風に見れば、ですね。情報の出し方とか描き方とかあるんでしょうけど。

質　問：支え合い活動の取り組みと通常の仕事がありますが、大変じゃないですか？

Cさん：その辺は、チーム力で。チームも大事ですね、いいチームがあると、たぶんみなさんいい仕事ができるんでしょうし。今はもう活動しながらですが、最初はなかなか理解が難しかったです。村長とかも今は「しっかりやれ」と言ってくれたりするし、保健福祉課長とかも応援体制とかそういう意味で、とてもいいチームで今つながるかなという思いもあります。

住民のもとに足を運ぶのが決して私だけではなく、いろんな方の声もあって、ひとりではとてももちろんできないです。私は担当がありますけど、やはり力を合わせてですね。

質　問：最後に、よその地域ではマップ作りが行き詰まるケースがあると聞いていますが、大和村のマップ作りのコツは何でしょうか？

Cさん：マップ作りの対象を絞ることで、その人のための活動に志向が限定されると行き詰まるのかな。何日に一回見守りをしようとか、この人をどうしようとかいう活動だったらしにくいでしょうね。逆にいろいろやっていると産業おこしだったり、地域おこしだったりみたいなところで、いろんなものにつながって行くと思います。入りはマップかもしれないけど、どこかにつながっていくかもしれないですね。大和村のマップ作りは住民の暮らしから見たマップ作りになっています。健康づくりとか介護予防とかいう視点ではなくて、やっぱりそれを生きがいとか役割とかにできるような、たとえば野菜が売れてうれしいとか、一〇〇円だけど小遣いをもうけてとか、そういうことがちゃんとつながっていくというところだと思いますね。健康づくりで野菜を売るという視点というのは出てこないじゃないですか。そういう意味ではやり方が違うのかなと思います。たとえば、Iターンの高齢男性の方で惣菜を作っていらっしゃるんですけど、朝早く七時とか八時とかにおかず（惣菜）を作るそうです。それがないと夜更かしをして朝もダラダラしてしまうが、毎週二回必ず出てきます。それが生活リハビリになっていますが、生活リハビリをするために何かをするとたぶんできないですよね。

以上

（小窪輝吉、岩崎房子）

注

本稿は、田畑洋一（二〇一四）「離島地域の保健福祉と地域再生—奄美・八重山の調査から—第三章　奄美大島と沖縄における地域支え合い活動と地域づくり」平成二三年度〜平成二五年度日本学術振興会科学研究費補助金基盤研究（B）「琉球弧における地域文化の再興と地域再生プランおよび実践モデル化に関する研究（研究代表者：田畑洋一、課題番号二三三三〇一九〇）」研究成果報告書、七八 - 一一二頁に加筆訂正したものである。

文献

奄美市役所ホームページ「観光・産業」
http://www.city.amami.lg.jp/kanko/index.html
奄美市役所ホームページ「高齢者福祉：福祉制度一覧、サービス一覧」

http://www.city.amami.lg.jp/korei/machi/fukushi/koresha/index.html

奄美市役所ホームページ「まち、くらし：健康・医療、福祉、子育て」

http://www.city.amami.lg.jp/fukushi/machi/kosodate/index.html

NPO法人いけま福祉支援センター　すまだてぃだより（第1号‐第12号）

NPO法人いけま福祉支援センター（http://npoikema.sakura.ne.jp/index.html）

大湾明美・坂東瑠美・佐久川政吉ほか（二〇〇八）「小離島における「在宅死」の実現要因から探る看護職者の役割機能―南大東島の在宅ターミナルケアの支援者たちの支援内容から―」『沖縄県立看護大学紀要』第9号、一四‐一五頁

神里博武（二〇〇三）「小地域福祉活動と福祉コミュニティ形成の課題―沖縄県における小地域福祉活動調査を通して―」『地域総研紀要』第2巻、第1号

神里博武（二〇〇四）「沖縄における小地域の福祉力形成の課題―小地域福祉推進組織、地域ボランティアを中心に―」『地域総研紀要』第2巻、第1号、七三‐七四頁

神里博武（二〇〇四）「沖縄県の「ふれあいまちづくり事業」について―事業評価を中心に―」『長崎ウエスレヤン大学現代社会学部紀要』第2巻、第1号

菊池香・中村哲也・魏台錫ほか（二〇〇三）「特用農産加工を活用した高齢者の起業的経営の展開に関する研究」『琉球大学農学部学術報告』第50号、九三頁

宮古新報（二〇一二年一月一日付）

宮古毎日新聞（二〇一二年九月三〇日付）

宮古新報（二〇一三年一一月一日付）

■執筆者（50音順）

岩崎房子　（鹿児島国際大学福祉社会学部准教授）
上地武昭　（沖縄大学人文学部教授）
大山朝子　（鹿児島国際大学福祉社会学部准教授）
川﨑竜太　（広島国際大学医療福祉学部特任講師）
國吉和子　（沖縄大学名誉教授）
黒木真吾　（中九州短期大学経営福祉学科講師）
小窪輝吉　（鹿児島国際大学福祉社会学部教授）
島村枝美　（元沖縄大学人文学部非常勤講師）
髙山忠雄　（鹿児島国際大学大学院客員教授）
田中安平　（鹿児島国際大学福祉社会学部教授）
田畑洋一　（鹿児島国際大学大学院特任教授）
玉木千賀子　（沖縄大学人文学部准教授）
村田真弓　（大妻女子大学人間関係学部助教）
屋嘉比和枝　（浦添市役所地域支援課社会福祉士）
山下利恵子　（鹿児島国際大学福祉社会学部非常勤講師）

■編著者紹介

田畑洋一（たばた・よういち）

1945年鹿児島県生まれ。東北大学大学院文学研究科人間科学専攻博士後期課程修了、博士（文学）

西九州大学助教授、鹿児島国際大学教授を経て、現在同大学院福祉社会学研究科特任教授

〈主著〉

『社会保障―生活を支えるしくみ』編著（2016年3月、学文社）

『少子高齢社会の家族・生活・福祉』編著（2016年3月、時潮社）

『現代ドイツ公的扶助序論』単著（2014年3月、学文社）

琉球弧の島嶼集落における
保健福祉と地域再生

二〇一七年二月二十日　第一刷発行

編著者　田畑洋一

発行者　向原祥隆

発行所　株式会社　南方新社
〒八九二―〇八七三
鹿児島市下田町二九二―一
電話　〇九九―二四八―五四五五
振替口座　〇二〇七〇―三―二七九二九
URL　http://www.nanpou.com/
e-mail　info@nanpou.com

印刷・製本　モリモト印刷株式会社
定価はカバーに表示しています
乱丁・落丁はお取り替えします
ISBN978-4-86124-356-1 C0036